"中国新闻学丛书"编辑委员会

顾　问：柳斌杰　南振中

主　任：李　彬　赵月枝

委　员：（按姓氏笔画顺序排序）
　　　　王君超　王润泽　王维佳　王鹏飞　史安斌　吕新雨
　　　　李　珮　李　彬　李希光　杨萌芽　吴　玫　吴　靖
　　　　张　垒　张　桐　赵月枝　胡　钰　俞　凡　洪　宇
　　　　程曼丽

"中国新闻学丛书"出版委员会

主　任：杨国安　杨萌芽

委　员：（按姓氏笔画顺序排序）
　　　　马　龙　王鹏飞　纪庆芳　杨　波　杨国安　杨萌芽
　　　　陈建恩　郑　鑫　胡玲霞　姜　畅　谌洪波　薛建立

SHIDAI YINJI:
ZHONGGUO XINWENJIANG ZUOPIN XUANDU (1990-2022)

时代印迹：中国新闻奖作品选读（1990—2022）

高红波　编

河南大学出版社
·郑州·

图书在版编目（CIP）数据

时代印迹：中国新闻奖作品选读：1990—2022 / 高红波编. -- 郑州：河南大学出版社，2024.9. -- ISBN 978-7-5649-6058-2

Ⅰ．I253

中国国家版本馆 CIP 数据核字第 20241BR244 号

责任编辑　郑　鑫
责任校对　柳　涛
装帧设计　翟淼淼　李雪艳

出版发行　河南大学出版社
　　　　　地址：郑州市郑东新区商务外环中华大厦2401号　邮　编：450046
　　　　　电话：0371-86059715（高等教育与职业教育出版中心）
　　　　　　　　0371-86059701（营销部）
　　　　　网址：hupress.henu.edu.cn
排　　版　河南大学出版社设计排版部
印　　刷　河南瑞之光印刷股份有限公司
经　　销　全国新华书店
版　　次　2024年9月第1版　　　　　　　　　　　印　次　2024年9月第1次印刷
开　　本　710 mm×1010 mm　1/16　　　　　　　印　张　14
字　　数　266 千字　　　　　　　　　　　　　　定　价　42.00 元

（本书如有印装质量问题，请与河南大学出版社联系调换。）

总序：新时代　新征程　新闻学　新探索

李　彬　赵月枝

　　中国共产党成立一百年前夕，酝酿有年的"中国新闻学丛书"开始问世。"中国新闻学"自然指立足于中国的新闻学，它离不开中华民族5000多年源远流长的文明史、中国人民近代以来180余年屡挫屡奋的斗争史、中华人民共和国70多年正道沧桑的发展史，以及其中蔚为大观的新闻与传播实践史，包括新闻学与传播学的学术传统。同时，由于主流传统同马克思主义道统水乳交融，中国新闻学又始终心系天下，关注人类命运共同体及其新闻传播实践，离不开《国际歌》寄寓的国际主义情怀——"英特纳雄耐尔"（international）。充分展现这些学术内涵，乃是这套丛书的学术工作任务，而非一篇总序所能应对的。而说明丛书的缘起，至少可以彰显"中国新闻学"的立意与定位。

　　早在2002年，范敬宜甫任清华大学新闻与传播学院首任院长之际，高瞻远瞩，身体力行，积极倡导以马克思主义为指导，建设具有"中国特色、中国气派、中国作风"的新闻学及其学科体系与教育体系，一时影响广泛。2008年，由于金融危机爆发以及全球资本主义体系性危机进一步加重，"马克思归来"日益成为汇聚中外前沿学术思想的时代强音，而如何赓续中国新闻学的马克思主义中国化传统，进而创新网络时代的马克思主义新闻学，愈发成为中国新闻学人迫在眉睫的时代使命。

　　党的十八大后，随着新时代的气息春风徐来，新闻学也迎来前所未有的良机。2016年，习近平主持召开哲学社会科学工作座谈会并发表讲话，强调加快构建中国特色哲学社会科学及其学科体系、学术体系和话语体系，并重点建设具有"支撑作用"的学科（其中引人注目地提到了新闻学），令人倍感鼓舞。

　　为了响应新时代召唤，中信改革发展研究基金会（后面简称"中信基金会"）于2014年成立，聚集了一批各学科守正创新的一流学者，致力于推进中国特色、中国气派、中国风格的哲学社会科学建设。2017年，中国特色新闻学研究会在清华成立伊始，就与中信基金会密切合作，举办了首届"中国特色新闻学高级研讨班"。其间，我们同来自五湖四海的青年学者一起，从不忘本来、吸收外来、面向未来的视角畅谈了理论逻辑与历史逻辑有机统一、普遍意义与中国特色若合一契的中国新闻学构想。

在此基础上，中信基金会将"中国新闻学丛书"作为重点研究项目列入基金会工作计划。之所以亮出"中国"的旗号，当然不是也不可能是"囊括四海，并吞八荒"，而只是凸显梁启超所谓"中国之中国、亚洲之中国、世界之中国"的历史意识，表明更自觉地面向中国实践、更深入地扎根中国大地、更自信地践行中国道路的学术追求，也就是中信基金会的三句宗旨——坚持实事求是、践行中国道路、发展中国学派。

——坚持实事求是。丛书作者术有专攻，论著也是各抱地势，但无论是深入历史，还是透视现实；无论是穷究学理，还是钻研实务：无不遵循实事求是的治学精神，如一代马克思主义新闻学家甘惜分晚年希冀的"立足中国土，请教马克思"。

——践行中国道路。坚持实事求是为的是践行中国道路，正如解释世界为的是改变世界。何谓中国道路？一句话，就是中国共产党领导的革命、建设、改革所开辟的道路。而这条道路的灵魂在于社会主义，即习近平所言，中国特色社会主义不是别的什么主义而是社会主义。中国新闻学说到底也是为社会主义新闻业立魂，立言，立心。

——发展中国学派。随着中国道路日渐开阔，文化自觉与学术自觉日益醒悟，中国学派也呼之欲出。事实上，近代以来，特别是新中国成立70多年以来，中国新闻学已经取得长足进展，从梁启超到邵飘萍，从邹韬奋到范长江，从邓拓到穆青，从延安窑洞人民广播的手摇发电机到数字时代融媒体，一代代中国记者以及学者以其辛勤耕耘和开创性工作奉献了无数心血和智慧，也为中国新闻学及其学派奠定了厚实基础。现在的关键在于我辈是否具有足够自信，摆脱制约中国新闻学想象力与创造力的"学术殖民"心态，用中信基金会理事长孔丹的话说，将"他信"变为"自信"，将著书立说的立足点从"彼岸"转到"此岸"。

19世纪初，西方文脉俨然在欧陆，德国柏林洪堡大学等更是文化圣城，吸引着东西南北的欧美知识精英，而在立国不过六十多年的美国，哈佛文人R. W. 爱默生（Ralph Waldo Emerson）却提出了美国文化走自己路的主张，发表了美国文化的独立宣言《美国学者》（"American Scholar"）。如今，经过建设和改革开放锻造的中华人民共和国，已经进入建设中国特色社会主义的新时代，发展中国学派以审视中国经验、提炼中国理论、贡献中国方案,更可谓名正言顺、水到渠成。

2019年立春时节,河南大学新闻与传播学院与河南大学出版社同意,将这套丛书纳入河南大学献礼中华人民共和国成立70周年的重点图书。河南,向称中原,数千年来一直被视为中华文明的腹心,一句"逐鹿中原"总能激荡人心。而河南大学又是百年名校,文脉悠长,俊采星驰,校友中就包括一代中国名记者邓拓。"中国新闻学丛书"能够落户河南大学,也是得其所哉。

大鹏之动,非一羽之轻也;骐骥之速,非一足之力也。十多年来,我们一直勉力耕耘,与各方有生力量一道推进中国特色、中国气派、中国风格的新闻学建设,这套丛书就是一批阶段性成果。我们深知,无论是中国特色社会主义事业,还是中国特色社会主义学术事业,都不可能一蹴而就,也不可能仅凭少数人埋头苦干就获得成功,而需要持之以恒的扎实工作,更需要一批又一批、一代又一代的中国学者共襄此举。

2022年6月

李　彬,清华大学新闻与传播学院教授,河南大学黄河学者(2013～2018)

赵月枝,清华大学人文讲席教授,加拿大皇家学会院士

前言

中国新闻奖，设立于1991年，乃中国新闻界之最高荣誉。它不仅深刻描绘了马克思主义中国化时代的社会风貌，更体现了马克思主义新闻观在中国实践中的丰硕成果。该奖项为构建具有中国特色的新闻传播学学术体系、学科体系、话语体系，提供了众多杰出的新闻实践范例。笔者认为，深入研究自中国新闻奖设立以来的标杆性获奖作品，可揭示马克思主义新闻观在中国的发展脉络。从获奖作品的新闻价值、文本特色、话语解析到技术应用等层面，我们可探索在实践中构建中国特色新闻传播学自主知识体系的可行之道。期望通过系统研究历届中国新闻奖获奖作品的独特资源，能够生动展现从"新时期"迈向"新时代"的中国特色社会主义新闻传播实践历程。

一、获奖新闻作品遴选标准

中国特色新闻佳作中，中国新闻奖尤为引人注目。该奖项由中华全国新闻工作者协会评选，被誉为中国新闻界的最高荣誉。其获奖作品，特别是一等奖作品，已成为大学新闻专业本科生的"经典教科书级"学习材料。自1991年首届评选至今，已成功举办33届。从宏观角度看，这些作品不仅描绘了马克思主义中国化伟大实践的社会图景，更代表了马克思主义新闻观中国化优秀实践成果的最高水平。

党的二十大报告提出了"中国式现代化"的概念。回顾33届中国新闻奖作品，我们可以清晰地看到它们记录了自1990年代以来，新时期、新世纪、新时代下中国式现代化的发展与变革。因此，从"今天的新闻是明天的历史"，"新闻是历史初稿"的视角出发，《时代印迹：中国新闻奖作品选读（1990-2022)》致力于展现中国式现代化30多年的社会变迁，通过新闻作品还原历史进程。

同时，中国特色新闻在中外比较视野下呈现出独特之处。某些作品深刻反映了中国民众特有的政治、经济、文化记忆，尤其是传统文化的时代烙印。这其中体现了"第二个结合"的特色，即中华优秀传统文化与马克思主义的融合，这种融合在文化题材和文体特征上表现得尤为突出。此外，中国特色语汇在新闻报道中的使用和凸显，也成为识别中国特色新闻作品的重要标志。

总之，中国特色新闻学聚焦于以人民为中心的新闻作品，这些作品不仅反映了马克思主义中国实践的时代性和大众性，还描绘了马克思主义中国化的社会图景变迁。同时，它们也体现了马克思主义与中华优秀传统文化的深度融合，展现出鲜明的中国政治、经济、文化特色。这些优秀新闻作品，特别是历届中国新闻奖的一等奖和特等奖作品，深刻反映了中国式现代化的历史进程。

二、获奖新闻作品呈现出的社会图景

第一本《中国新闻奖作品选首届（1990年）》（"中国新闻奖"评选委员会编，中国广播电视出版社，1992）前言："首届'中国新闻奖'的评选于1991年举行。这里，将评出的一、二等奖作品和有关材料编辑出版，使更多的新闻工作者和社会各界了解'中国新闻奖'的概貌，并进行批判、研究。"[1] 首届中国新闻奖荣誉奖作品1件，《人民呼唤焦裕禄（通讯）》（作者：穆青、冯健、周原）。一等奖作品有《稳定压倒一切（社论）》（作者：李德民）、《第十一届亚运会在北京召开（新闻摄影）》（作者：李士炘）、《欧共体决定立即恢复同中国的关系（消息）》（作者：杜平）、《黄河大桥贪污案引出的问号（评论）》（作者：杨诚勇）等17件。

第二届中国新闻奖一等奖作品17篇，主要有《革命圣地延安无铁路的历史结束》（作者：赵中庸、王发仞）、《改革开放要有新思路》（作者：皇甫平）、《江总书记急切奔灾区》（作者：王广林）、《荣城渔民跨国赶集 中国活鱼蹦上日本早市》（作者：王悦之、邢飞）、《'91中国抗洪曲之二＜雄师百万＞解说词》（作者：陈荻芳、王满、卢国庆、周安银、李安东等）。[2]

第三届中国新闻奖一等奖作品18篇，主要有《上海证券交易与国际市场接轨》（作者：时赛珠）、《东方风来满眼春》（作者：陈锡添）、《张学良接受大陆赴台记者采访》（作者：王求）等。[3]

---

[1] "中国新闻奖"评选委员会办公室编：《中国新闻奖作品选首届（1990年）》，中国广播电视出版社，1992，前言。

[2] "中国新闻奖"评选委员会办公室编：《中国新闻奖作品选（1991年）》，新华出版社，1993，目录。

[3] "中国新闻奖"评选委员会办公室编：《中国新闻奖作品选（1992年）》，新华出版社，1994，目录。

第四届中国新闻奖一等奖作品16件,主要有《中国投巨资加快长江沿岸地区开发》(作者:陈铭)、《三次"上书"总书记的普通农民》(作者:朱颖、曹显钰)、《花冈悲歌》(作者:唐召明)、《拜金主义要不得》(作者:胡占凡)、《农民要减轻自身负担》(作者:段荣鑫、朱海虎、苗民培、吉红枝、张芹)等。[1]

第五届中国新闻奖特别奖作品1件、一等奖作品18件,主要有《六百勇士斗死神 雷场放飞和平鸽》(作者:杨统时、徐文良、郑蜀炎)、《菜价追踪》(作者:苏会志、王进业)、《孤岛守塔人——中华英模之55》(作者:陈淦)、《和平,使沙漠变绿洲》(作者:盖晨光、胡阳、孙宏、奚祥、水均益)等。[2]时任中国记协副主席、人民日报社社长、中国新闻奖评委会主任邵华泽在《促进新闻界多出精品多出人才——写在第五届"中国新闻奖"评选圆满结束时》一文中说:"评价一件作品,首先要看这件作品是否真实地体现出当年度改革开放和社会主义现代化建设各条战线的重大成就,是否反映了人民群众奋发进取的精神面貌。"[3]

第六届中国新闻奖特别奖1件,《领导干部的楷模——孔繁森》(作者:何平、朱幼棣、陈雁、陈维伟、魏武、王世亮)。一等奖作品18件,主要有《论孔繁森的时代意义》(作者:任仲平)、《NGO全会代表批评西方新闻媒介缺乏公正》(作者:张丹、陈瑶)、《寻找时传祥》(作者:孙德宏)、《农机千里走中原》(作者:杨华等)。[4]

第七届中国新闻奖特别奖2件,《把党和政府的温暖送到千家万户》(作者:季进成、殷敖佗)、《岗位作奉献 真情为他人》(作者:刘连枢等)、《北京有个李素丽》(作者:郭萍、吴晓向)等。一等奖作品19件,主要有《旗帜鲜明地同民族分裂主义和非法宗教活动作斗争》(作者:黄元才)、《种树"种到"联合国》(作者:李广华、孙亚辉)、《国庆节,中英街国旗高悬》(作者:韩建勇、

---

[1] "中国新闻奖"评选委员会办公室编:《中国新闻奖作品选(1993年第四届)》,新华出版社,1995,目录。

[2] "中国新闻奖"评选委员会办公室编:《中国新闻奖作品选(1994年第五届)》,新华出版社,1995,目录。

[3] "中国新闻奖"评选委员会办公室编:《中国新闻奖作品选(1994年第五届)》,新华出版社,1995年,第2页。

[4] "中国新闻奖"评选委员会办公室编:《中国新闻奖作品选(1995年第六届)》,新华出版社,1996,目录。

李燮)、《巨额粮款化为水》(作者:杨明泽、谢子猛、方宏进)等。[1]

第八届中国新闻奖特别奖4件,主要有《在大海中永生》(作者:何平、刘思扬)、《'97香港回归特别报道》(作者:中央电视台)等。一等奖作品24件,主要有《别了,"不列颠尼亚"》(作者:周树春等)、《中国拒绝金融风暴登陆》(作者:任侃)、《140万双袜子的命运》(作者:余兰生)、《三峡大江截流胜利合龙》(作者:周立新)、《国门卫士——黑河好八连》(作者:王春莉、李晓平、孙连君)、《"罚"要依法》(作者:再军、白河山、方宏进)等。[2]

第九届中国新闻奖特别奖6件,主要有《四百壮士战洪魔》(作者:谭道博等)、《'98抗洪系列报道》(作者:集体采访)等。一等奖作品23件,主要有《长江上游仍在砍树》(作者:熊小立、黎大东)、《关于郑州亚细亚商场、集团兴衰的调查》(作者:郭久辉、李昕)、《洪水滔滔见真情》(作者:张滨)、《巴格达遭空袭纪实》(作者:冀惠彦、董志敏、水均益)等。[3]

第十届中国新闻奖特别奖7件,主要有《祖国万岁》(作者:米博华)、《世纪大阅兵》(作者:贾永、曹智)、《国庆50周年大会现场直播》(作者:国庆报道组)、《亲历炮火》(作者:许杏虎)、《没有灯光的漫漫长夜》(作者:邵云环)等。一等奖作品24件,主要有《北约野蛮轰炸我驻南使馆》(作者:吕岩松)、《"三盲院长案"系列报道》(作者:袁成本)、《澳门回归祖国》(作者:武治义)、《挤"水分"》(作者:田金军、孔祥明)等。[4]

第十一届中国新闻奖一等奖作品32件,主要有《"台独"即意味战争》(作者:刘格文、谭健、刘新如)、《警惕加重农民负担新动向》(作者:邓抒扬)、《菜头、鱼头、蟹头当了村头》(作者:李玉杰、吕玉忠、李爱平、陈石)、《铲苗种烟 违法伤农》(作者:黄洁、凌泉龙、方宏进)、《长江源头楚玛尔河断流》(作者:陈国望、毕茉、董国旭、田双明、杨永辉)等。[5]

---

[1] 中国新闻奖评选委员会办公室编:《中国新闻奖作品选(1996年第七届)》,新华出版社,1998,目录。

[2] 中国新闻奖评选委员会办公室编:《中国新闻奖作品选(1997年第八届)》,新华出版社,1999,目录。

[3] 中国新闻奖评选委员会办公室编:《中国新闻奖作品选(1998年第九届)》,新华出版社,2000,目录。

[4] 中国新闻奖评选委员会办公室编:《中国新闻奖作品选(1999年第十届)》,新华出版社,2000,目录。

[5] 中国新闻奖评选委员会办公室编:《中国新闻奖作品选(2000年第十一届)》,新华出版社,2001,目录。

第十二届中国新闻奖一等奖作品33件,主要有《中国主权不容侵犯》(作者:刘格文、陈贤德、谭健)、《纪念建党80周年革命圣地踏访》(作者:罗开富)、《世界贸易组织决定接纳中国为世贸成员》(作者:赵健夫)、《从后排到前排 15米走了15年》(作者:黄铮、徐攸)、《海尔阔步走向世界》(作者:任志杰、宋建春、封万超、张海鹏)等。[1]

第十三届中国新闻奖特别奖1件,《公仆本色——追记湖南省委原副书记、省人大常委会原副主任郑培民同志》(作者:董宏君、朱玉)。一等奖作品33件,主要有《看个"咳嗽"要掏1065元》(作者:李红鹰)、《山西繁峙矿难系列报道》(作者:刘畅、柴继军)、《大杨扬为中国夺得首枚冬奥会金牌》(作者:张伟、刘颖、王平、姚文莉)、《"百姓书记"梁雨润》(作者:朱海虎、许凌云、肖亚光、薛爱林、刘明、耿辉旺)等。[2]

第十四届中国新闻奖一等奖作品31件,主要有《美国对伊拉克开战》(作者:贾迈勒)、《目击杨利伟飞天归来》(作者:范炬炜、孙阳、唐振宇)、《钟南山:直面"非典"》(作者:王志等)。[3]

第十五届中国新闻奖一等奖作品28件,主要有《昆山31万农民刷卡看病》(作者:高坡)、《刘翔获奥运会110米栏金牌》(作者:徐京星)、《女儿本色》(作者:齐露莹、常志霞、党爱莉、谭可)、《惊心动魄22小时》(作者:徐滔、鲁盾、王勇、国培源、王旭东、张勇、周鹏)、《党员领导干部的楷模——牛玉儒》(作者:顾永生、朝鲁、王雪莲)等。[4]

第十六届中国新闻奖特别奖作品2件。一等奖作品31件,主要有《警惕"专家观点"成为"利益俘虏"》(作者:李扬)、《索玛花儿为什么这样红》(作者:张严平、田刚)、《漂亮!"神六"凯旋》(作者:宗宝泉、武云生、左常睿)、《连战大陆行直播特别报道》(作者:中央电视台、江苏电视台、陕西电视台、上

---

[1] 中国新闻奖评选委员会办公室编:《中国新闻奖作品选(2001年第十二届)》,新华出版社,2002,目录。

[2] 中国新闻奖评选委员会办公室编:《中国新闻奖作品选(2002年第十三届)》,新华出版社,2004,目录。

[3] 中国新闻奖评选委员会办公室编:《中国新闻奖作品选(2003年第十四届)》,新华出版社,2004,目录。

[4] 中国新闻奖评选委员会办公室编:《中国新闻奖作品选(2004年第十五届)》,新华出版社,2005,目录。

海电视台集体）等。[1]

第十七届中国新闻奖特别奖作品2件。一等奖作品33件，主要有《火车首次跨越"世界屋脊"》（作者：周岩、吴宇、拉巴次仁）、《女记者急救落水女童》（作者：闫善良）、《决不许亵渎英雄，歪曲历史》（作者：张勤、王新玲、陈建海、范少俊）、《网上"恶搞"有悖和谐理念》（作者：张碧涌）等。[2]

第十八届中国新闻奖一等奖作品39件，主要有《贫困县刮起奢侈风》（作者：李钧德）、《"走进卢氏土坯房"系列报道》（作者：常法武、王自合、王珂、万川明、李宜鹏）、《中国"小土豆"打赢国际大官司》（作者：焦春溪、任季玮、牟维宁、郎凯）、《嫦娥奔月——"嫦娥一号"绕月探测卫星发射特别报道》（作者：中央人民广播电台集体）、《岩松看日本：多元交织的二战史观》（作者：白岩松、刘爱民、任涛、赵海燕、叶闪、董汉卿）等。[3]

第十九届中国新闻奖特别奖作品2件。一等奖作品44件（含新闻名专栏11件），主要有《甘肃14婴儿同患肾病 疑因喝"三鹿"奶粉所致》（作者：简光洲）、《山西霍宝干河煤矿矿难记者领"封口费"事件》（作者：李剑平、张国、王俊秀）、《挺进映秀》（作者：王亮）、《抗震救灾 众志成城》（作者：中央电视台）等。[4]

第二十届中国新闻奖特别奖作品2件，有《首都各界庆祝中华人民共和国成立60周年大会》（作者：中央人民广播电台）、《走向希望的春天——来自地震灾区的报告》（作者：新华社）等。一等奖作品42件（含新闻名专栏9件），主要有《魅力中国·国庆特稿》（作者：新华社）、《温州：望"楼"兴叹》（作者：陈振仕、杨育彦、金道武）、《国庆大阅兵》（作者：孙学宝、钟金林）、《"盛典"国庆60周年特别节目》（作者：中央电视台）等。[5]

第二十一届中国新闻奖特别奖作品2件。一等奖作品40件（含新闻名专栏9

---

[1] 中国新闻奖评选委员会办公室编：《中国新闻奖作品选（2005年第十六届）》，新华出版社，2006，目录。

[2] 中国新闻奖评选委员会办公室编：《中国新闻奖作品选（2006年第十七届）》，新华出版社，2007，目录。

[3] 中国新闻奖评选委员会办公室编：《中国新闻奖作品选（2007年第十八届）》，新华出版社，2008，目录。

[4] 中国新闻奖评选委员会办公室编：《中国新闻奖作品选（2008年第十九届）》，新华出版社，2009，目录。

[5] 中国新闻奖评选委员会办公室编：《中国新闻奖作品选（2009年第二十届）》，新华出版社，2010，目录。

件），主要有《179小时，王家岭见证生命奇迹》（作者：安洋、刘鑫焱）、《上海世博会纪略》（作者：任伟本）、《中纪委文件刚下发，景德镇市邮政局仍顶风违纪 副科级以上干部公款赴日游 第二批出游者计划明天出发》（作者：杜金存）、《玉树地震：无论你在哪里 我都要找到你》（作者：王亮）、《三峡工程蓄水175米大型现场直播》（作者：湖北广电总台）、《"嫦娥二号"探月全景报道》（作者：人民网）等。[1]

第二十二届中国新闻奖特别奖作品3件，主要有《守望精神家园的太行人——红旗渠精神当代传奇》等。一等奖作品44件（含新闻名专栏9件），主要有《就业局长"潜伏"打工探扬州用工》（作者：胡俭）、《红山嘴，大雪即将封山》（作者：黄国柱、张占辉、刘明学）、《中国企业走向非洲系列报道》（作者：丁清芬）、《公安微博危机公关十小时》（作者：济南广播电视台）、《走基层·塔县皮里村蹲点日记》（作者：何盈、汪成健、李欣蔓等）、《"7·23"动车追尾事故现场直播》（作者：吴晓、薛林淼、丁丽萍等）。[2]

第二十三届中国新闻奖特别奖作品3件，主要有《"三西"扶贫记》（作者：李从军、刘思扬、朱玉等）等。一等奖作品46件（含新闻名专栏8件），主要有《火车站见证兰考经济变迁》（作者：童浩麟）、《万里长江第一条过江地铁今天运营》（作者：刘群、赵阳、应响洲）等。[3]

第二十四届中国新闻奖特别奖作品4件，主要有《"三北"造林记》（作者：李从军、刘思扬、李柯勇等）等。一等奖作品45件（含新闻名专栏7件），主要有《总理向我问灾情》（作者：魏鸣、陈军、殷江等）、《转基因博弈背后的国家利益较量》（作者：杨晶、李皎、高祥等）、《太空新旅 天宫授课》（作者：集体）等。[4]

《中国新闻奖作品选（2015年第二十五届）》，时任中国记协主席田聪明在《序》中写道："长期以来，全国新闻界对'两奖'（中国新闻奖、长江韬奋奖）的普遍期望是要不断增强各个奖项的权威性。何谓权威性？一般来说，就是评

---

[1] 中国新闻奖评选委员会办公室编：《中国新闻奖作品选（2010年第二十一届）》，新华出版社，2011，目录。

[2] 中国新闻奖评选委员会办公室编：《中国新闻奖作品选（2011年第二十二届）》，新华出版社，2012，目录。

[3] 中国新闻奖评选委员会办公室编：《中国新闻奖作品选（2012年第二十三届）》，新华出版社，2014，目录。

[4] 中国新闻奖评选委员会办公室编：《中国新闻奖作品选（2013年第二十四届）》，新华出版社，2014，目录。

选出来的中国新闻奖作品和长江韬奋奖获奖者都能够得到社会各界,特别是新闻界大多数人的认可。获奖作品,从新闻角度讲,应该是精品;从写作角度讲,应该是范文。长江韬奋奖获得者,应该是全国优秀新闻工作者的代表。"[1]第二十五届中国新闻奖特别奖作品4件,主要有《新春走基层·家风是什么》(作者:中央电视台)等。一等奖作品47件(含新闻名专栏10件),主要有《"呼格案再审"系列报道》(作者:新华社)、《巡航钓鱼岛亲历》(作者:何端端、李真、穆亮龙等)、《食品工厂的"黑洞"》(作者:上海广播电视台)等。[2]

第二十六届中国新闻奖特别奖作品3件,主要有《纪念中国人民抗日战争暨世界反法西斯战争胜利70周年大会在京隆重举行》(作者:中央电视台)等。一等奖作品40件(含新闻名专栏10件),主要有《五问中国经济》(作者:龚雯、许志峰)、《致我们正在消逝的文化印记》(作者:中央人民广播电台)、《大国工匠》(作者:中央电视台)等。[3]

第二十七届中国新闻奖特别奖作品4件。一等奖作品50件(含新闻名专栏10件),主要有《老郭脱贫记》(作者:马跃峰)、《新华社特约记者太空日记》(作者:景海鹏、陈冬、李柯勇等)、《东京审判(电视纪录片)》(作者:朱晓茜、陈亦楠、敖雪等)等。[4]

第二十八届中国新闻奖特别奖作品5件,主要有《中国反贫困斗争的伟大决战》(作者:新华社集体)、《将改革进行到底》(作者:中央电视台集体)等。一等奖作品62件,主要有《"见字如面"23年》(作者:康劲 黄贵彬 马勇强)、《穿越四十年对话高考》(作者:史喻、吴思)、《"天舟一号"发射任务VR全景直播》(作者:吴晓斌 王晓萌 吴双 孟夏兰 马桦 陈涛)、《"军装照"H5》(作者:人民日报客户端集体)等。[5]这是中国新闻奖作品第一次出现媒体融合类奖项。

第二十九届中国新闻奖特别奖作品5件,主要有《习近平同金正恩举行会

---

[1] 中国新闻奖评选委员会办公室编:《中国新闻奖作品选(2014年第二十五届)》,新华出版社,2015,序,第1页。

[2] 中国新闻奖评选委员会办公室编:《中国新闻奖作品选(2014年第二十五届)》,新华出版社,2015,目录。

[3] 中国新闻奖评选委员会办公室编:《中国新闻奖作品选(2015年第二十六届)》,新华出版社,2016,目录。

[4] 中国新闻奖评选委员会办公室编:《中国新闻奖作品选(2016年第二十七届)》,新华出版社,2017,目录。

[5] 中国记协:《第二十八届中国新闻奖评选结果公示》,http://www.pingjiang.zgjx.cn/NewsAwardingSys/rpms/afterawards/first.jsp。

谈》（作者：中央广播电视总台央视集体）、《"中国一分钟"系列微视频》（作者：人民日报客户端集体）等。一等奖作品59件，主要有《23年圆梦，福建晋江水流进金门》（作者：刘益清、吴洪、刘深魁）、《庆祝改革开放40周年直播》（作者：中央广播电视总台央视集体）、《膝子书记》（作者：刘雁军、齐竟竹、闫征、潘德军、苗超、戴涛）、《幸福照相馆》（作者：央视财经客户端集体）等。[1]

第三十届中国新闻奖特别奖作品5件。一等奖作品68件，主要有《5G技术助力国产机器人完成全球首场骨科实时远程手术》（作者：韩萌）、《任正非：时下的华为》（作者：张士峰、董倩、王惠东、孟克、王扬、王忠仁、宫鹏飞）、《庆祝中华人民共和国成立70周年大会、阅兵式、群众游行特别报道》（作者：中央广播电视总台集体）、《"数说70年"数据新闻可视化系列短视频》（作者：张小影、陈发宝、张益勇、朱文娟、王琳、吉亚矫、雷雨田、赵田格格）等。[2]

第三十一届中国新闻奖特别奖作品5件，主要有《习近平的扶贫故事》（作者：新华通讯社集体）、《同心战"疫"》（中央广播电视总台央视集体）等。一等奖作品67件，主要有《湖北新冠肺炎新增病例首次零报告》（作者：湖北日报集体）、《大山深处走出最美"古丽"》（作者：李杨、梁立华）、《杨叔的脱贫日记》（作者：张辰、刁江岭）、《老外看小康中国》（作者：张霄、葛天琳、刘浩、刘玄）等。[3]

第三十二届中国新闻奖特别奖作品3件，主要有《庆祝中国共产党成立100周年大会特别报道》（作者：中央广播电视总台集体）等。一等奖作品72件，主要有《中国人首次进入自己的空间站》（作者：余建斌、吴月辉、刘诗瑶）、《沿着高速看中国》（作者：中央广播电视总台集体）、《焦裕禄精神的新时代回响》（作者：《瞭望》新闻周刊集体）等。[4] 这一年，中国新闻奖奖项设置发生重大变化，增设了重大主题报道、典型报道、舆论监督报道、新闻纪录片等类别，"中国特色"更加鲜明。

第三十三届中新闻奖特别奖作品3件，主要有《中国共产党第二十届中央

---

[1] 中国记协：《第二十九届中国新闻奖评选结果公示》，http：//www.zgjx.cn/cnnewsaward2019publicly/jx1dj.htm.

[2] 中国记协：《第三十届中国新闻奖评选结果公示》，http：//www.zgjx.cn/2020-10/14/c_139439652.htm.

[3] 中国记协：《第三十一届中国新闻奖评选结果公示》，http：//www.zgjx.cn/cnnewsaward2021publicly/jx1dj.htm.

[4] 中国记协：《第32届中国新闻奖评选结果揭晓》，http：//www.zgjx.cn/2022zgxwjjgjx/1dj.htm.

政治局常委同中外记者见面会》（作者：中央广播电视总台集体）等。一等奖作品73件，主要有《中国共产党第二十次全国代表大会在京开幕 习近平代表第十九届中央委员会向大会作报告》（作者：中央广播电视总台集体）、《从"第一"到"第一"7本火车驾驶证见证"中国速度"》（作者：连肖、佘振芳、李文科）、《乡村振兴蹲点记》（作者：李鹏、王怀、王国平、王代强、杨树）、《北京2022年冬奥会和冬残奥会 官方特别报道》（作者：北京日报社北京2022年冬奥会和冬残奥会官方中文会刊集体）、《三天38000！医院太平间"天价"殡葬费调查》（作者：于川梓）、《新千里江山图》（作者：余荣华、熊捷、宋嵩、杨丽娟、林渊、贾雪、钟金叶、曹磊）等。[1]

三、获奖新闻作品编选的困惑与思考

以上对1990年至2022年来33届中国新闻奖获奖作品中的特别奖和一等奖进行了精选概览，旨在通过这种优秀作品的选编，更深入地理解和明确"中国特色"新闻作品的特征及识别标志。然而，在具体编选过程中，笔者也深感困惑，并不断进行深入的反思。

一是记录历史与记录生活的矛盾。回顾过去32年中国经济社会的巨大变革，如邓小平南方谈话、香港回归、98抗洪、澳门回归、汶川地震、建党百年等重大事件，在宏大历史叙事与记录民众日常生活之间，编选的标准难以统一。同时，还需考虑到"中国特色"新闻作品并不等同于新闻事件的报道，这使得作品的选编更加棘手。在小人物与大事件、个人生活与时代宏图之间，总存在难以抉择的情况。面对这种困境，只能尽力做到统筹兼顾，尽量做到兼收并蓄。

二是文字稿件与音视频稿件的矛盾。中国素有"文以载道"的传统，编选文字稿件相对清晰便捷。广播消息和评论等新闻作品的文稿处理也较为方便。然而，广播新闻专题、电视新闻专题、广播访谈、电视访谈、新闻直播、新闻纪录片等作品的文稿整理则较为困难。这些作品中的很多声音和图像的内涵与外延，若仅通过文字来呈现，会存在较大的局限性。网络新闻作品和媒体融合新闻作品的文稿整理难度更大。因此，在面对文字稿件与音视频稿件的矛盾时，我们考虑到新技术的应用和新媒体的发展趋势，对从第28届中国新闻奖开始设立的媒体融合奖项作品也进行了适当的编选。

三是特别奖和一等奖作品编选后的"遗珠"之憾。根据中国新闻奖评选规

---

[1] 中国记协：《第33届中国新闻奖评选结果揭晓》，http：//www.zgjx.cn/2023zgxwjjx/jx1dj.htm。

则,特别奖和一等奖作品在原则上应是完美无瑕的。业界和学界也习惯将这些作品视为高校新闻学专业学生的"经典教科书级"范例。然而,由于特别奖和一等奖大多颁给重大题材的新闻作品,数量有限,因此难免会有一些优秀的二等奖、三等奖作品被遗漏。若全力搜集二、三等奖作品,一方面可能因数量过多而导致选择过于宽泛,另一方面也会客观上增加资料搜集的难度。例如,中国新闻奖评选办公室每年出版的《中国新闻奖作品选》仅收录了特别奖、一等奖和二等奖的文字稿件,而许多包含音视频内容的获奖作品并没有文字稿,它们多被收录在随书附赠的光盘中。

四是"编选手记"努力呈现作品简介和编者对于中国特色新闻学的认识。正如丛书总主编、清华大学清华大学新闻与传播学院的李彬教授在指导这本中国新闻奖作品选编时所言,编选作品是一项相当费力的任务。从孔子编选《诗经》到钱钟书编选宋诗,这些过程都体现了编选者的眼光、格局和境界。2023年11月,"中国新闻传播学自主知识体系联盟"在中国人民大学成立,同时第33届中国新闻奖的评选结果也正式公布。正值此时,笔者为这本书初步筛选并确定了所有篇目,并开始为每一篇作品撰写编选手记。通过这一过程,笔者希望能够加深对"中国特色新闻学"的认识和思考。

四、编选分工情况

本书的编选工作主要由高红波负责,他提出了遴选原则和思路,并从中国新闻奖获奖作品中筛选出具体篇目。河南大学新闻与传播学院的研究生王秋杰、王欣瑜、何苗苗、衡鑫和范嘉琪根据所选篇目进行了分工合作。他们依据一手文献编辑整理了中国新闻奖的获奖作品文稿,并参与了编选手记的撰写。最终,由笔者对文稿进行了修改和定稿。在此过程中,王秋杰和王欣瑜两位同学在书稿的格式规范以及全书校对等方面付出了辛勤的努力,他们的用心程度尤为突出。

感谢清华大学的李彬教授将本书纳入国家出版基金项目"中国新闻学丛书"系列,并在成书过程中给予了热心的指导和帮助。

目　录

人民呼唤焦裕禄 …………………………………………… 001

革命圣地延安无铁路的历史结束 ………………………… 009

东方风来满眼春
　　——邓小平同志在深圳纪实 ………………………… 011

拜金主义要不得 …………………………………………… 025

菜价追踪 …………………………………………………… 028

领导干部的楷模——孔繁森 ……………………………… 032

北京有个李素丽
　　——21 路公共汽车 1333 号车跟车记 ……………… 045

在大海中永生
　　——邓小平同志骨灰撒放记 ………………………… 056

清塘荷韵 …………………………………………………… 061

四百壮士战洪魔 …………………………………………… 065

关于郑州亚细亚商场、集团兴衰的调查 ………………… 068

北约野蛮轰炸我驻南使馆 ………………………………… 079

菜头、鱼头、蟹头当了村头 ……………………………… 081

世界贸易组织决定接纳中国为世贸成员 ………………… 086

公仆本色
——追记湖南省委原副书记、省人大常委会原副主任郑培民同志 ……… 088

看个"咳嗽"要掏 1065 元 ……… 101

目击杨利伟飞天归来 ……… 103

昆山 31 万农民刷卡看病
——每人每年缴纳 50 元 最高可得到 1100 倍补偿 ……… 105

女儿本色 ……… 107

索玛花儿为什么这样红
——记优秀共产党员、木里县马班邮路乡邮员王顺友 ……… 112

火车首次跨越"世界屋脊" ……… 123

贫困县刮起奢侈风
——河南濮阳干部建豪宅机关盖大楼 ……… 126

"走近卢氏县委土坯房"系列报道 ……… 130

挺进映秀 ……… 134

走向希望的春天
——来自地震灾区的报告 ……… 136

179 小时,王家岭见证生命奇迹 ……… 147

红山嘴,大雪即将封山 ……… 149

火车站见证兰考经济变迁 ……… 153

万里长江第一条过江地铁今天运营 ……… 155

致我们正在消逝的文化印记(节选) ……… 157

老郭脱贫记

——政府兜了底 致富靠自己 ············· 162

"幸福照相馆"H5 ············· 164

5G 技术助力国产机器人完成全球首场骨科实时远程手术 ············· 165

"数说 70 年"数据新闻可视化系列短视频 ············· 166

杨叔的脱贫日记 ············· 167

焦裕禄精神的新时代回响 ············· 172

从"第一"到"第一":7 本火车驾驶证见证"中国速度" ············· 186

乡村振兴蹲点记 ············· 190

人民呼唤焦裕禄

【编选手记】

在中国新闻史上，新华社记者穆青、冯健、周原1966年采写的长篇通讯《县委书记的榜样——焦裕禄》是不朽的名篇。该作品在人民日报头版头条刊载，中央人民广播电台著名播音员齐越深情录音播出，对亿万人民产生了巨大的影响。24年之后，三位作者重返新闻现场，带着时代之问，寻访呼唤焦裕禄精神，再次感动了千万读者。时任《经济日报》总编辑的范敬宜读了《人民呼唤焦裕禄》后，激动不已，在撰写评论之余，挥笔写下一首七律："庾信文章老更成，新篇续就意难平。豪情满纸见肝胆，卓识如炬明古今。论议常带贾傅泪，怀民总带杜陵心。拳拳心曲谁评说，读与穷乡父老听。"作为首届中国新闻奖唯一的荣誉奖作品，这篇通讯充分体现了中国特色新闻学"以人民为中心"的显著特征，也彰显了穆青"勿忘人民"的新闻思想。

（高红波）

进入90年代，在中华大地兴起学雷锋新潮的同时，人们深情地呼唤着另一个名字——焦裕禄。

在这声声呼唤中，我们3个当年采写焦裕禄事迹的老记者重访兰考，专程到焦裕禄墓前敬献花圈。花圈的挽带上写着"焦裕禄精神永存"七个字，表达了我们对这位忠诚的共产主义战士、人民的好儿子的崇敬和思念。

焦裕禄去世已经26年了。兰考人民在明末黄河故堤的一个沙丘上，修建了焦裕禄烈士陵园。陵园里，参天的泡桐绿荫蔽日，蓊郁的松柏密密环绕。白色大理石砌筑的墓地上竖立着一面屏壁，上面镌刻着毛泽东的题字："为人民而死，虽死犹荣"。

我们默默地站在墓前，望着那高大的墓碑，环顾兰考大地，思前想后，禁不住心潮澎湃，思绪万千——

（一）

24年前，当我们第一次踏上兰考这块苦难的土地，兰考的"三害"——内涝、风沙、盐碱还在猖獗地为害人民。一年365天，多一半漫天黄沙飞扬。我们住在县委招待所，清晨起床，被褥总是蒙着一层黄尘。白色的盐碱每年不仅要碱死几万几十万亩禾苗，还浸蚀着千家万户的墙脚和锅台。内涝渍死了大片庄稼，有幸捉住苗的，一亩地打下几十或上百斤粮食就是上好年景。

今天，兰考1800平方公里大地和98万亩耕地，大变样了。

"看到泡桐树，想起焦裕禄。"这是传唱在兰考的一首新民歌。焦裕禄当年为了防风固沙，帮助农民摆脱贫困，提倡种植泡桐。20多年过去，兰考全境的飞沙地、老洼窝、盐碱滩，都已经长起大片大片纵横成网的泡桐林了。1963年焦裕禄亲手栽下的那棵麻秆粗的幼桐，已经长成双人合抱的大树，人们亲切地叫它"焦桐"。全县半数以上的耕地实行了农桐间作，一亩地每年仅桐树就可以增值200到240元。我们一路所见，不仅在兰考，而且在豫东平原，在中州大地，在千里公路沿线，在雄伟的黄河大堤，到处都是亭亭的泡桐英姿，到处都是绿色的海洋。

东坝头是黄河下游一个最险要的地段，从三门峡、花园口奔泻而来的黄河激流，在这里按照人们的意志，回旋了一个马蹄形，从巍峨的石坝脚下乖乖地折向东北，奔向大海。滔滔黄河历史上多次泛滥，给这一带留下了271个大大小小的沙堆。每当刮起5级以上大风，黄沙蔽日，天昏地暗，一夜之间沙丘就能搬家。24年前，我们来这里采访，举目黄沙茫茫，不见树木。这次，我们再访东坝头一带，茫茫黄沙已经不见踪影，眼底尽是一望无际的麦海。农民开着汽车、拖拉机，赶着牛车，正忙着收割麦子。微风起处，漾起层层金色的麦浪，一个个旧日的沙滩，变成了郁郁葱葱的刺槐林，极目望去，宛如飘浮在金色麦海里的一个个绿岛。

我们沿着曲径登上名叫"九米九"的大沙丘。头上绿叶盖顶，脚下青草铺地，林子里阵阵凉风宜人。盛夏的阳光从华盖般的槐叶缝里流泻下来，像撒下一条条金色丝线。24年前，我们曾吃力地爬上这个沙丘，流沙灌满了我们的鞋袜。那时，沙丘顶上刚刚种上稀疏的刺槐苗，迎着寒风有气无力地摇曳着。

邻近"九米九"的下马台，原是临大路的一个村庄。因为沙丘移动，村舍、水井被淹没，村民弃家外逃，这里就变成了一个方圆50亩的大沙丘。焦裕禄从1963年春天开始，组织农民在这里挖泥封沙，栽种刺槐，如今也早已成林了。72岁的护林老人王心茂告诉我们："下马台大沙丘今天变成了'元宝垛'，全靠老焦当年领着大伙种树治沙。"王心茂一家人就住在林中小屋里，年年月月守护着这片焦书记留下的林子。他爱树如命，说："谁要砍死一棵树，就是砍我一条腿；谁要撅折一根树枝，就是断我一个指头，我决不答应！"这句话，表达了老人对党、对他心目中的焦书记多么深沉的感情呵！

当年受到焦裕禄称赞的"四杆旗"之一的韩村，也许是兰考农村今昔变迁的一个缩影。

韩村周围是洼地，常年渍水，土地碱化。24年前我们来这个村访问时，饥寒交迫的农民含着泪告诉我们：1962年全村27户人家，每人只分得老秤12两高粱穗。贫穷像蛇一样缠着这个村庄。在那许多人感到沮丧的年代，他们人穷志不短，硬是不要国家的救济粮和救济款，自力更生，到老洼窝里割草卖草，换来三头毛驴和农具，忍饥挨饿，坚持生产。就在这个时刻，焦裕禄来到韩村，他从韩村人身上看到了千斤重担不弯腰的志气，深深地感动了。他把韩村的代表请上表彰大会的主席台，号召全县学习他们的精神。这次我们又到韩村，看到人们引来的黄河水把洼地淤高了，低洼的荒草窝长出了一坡好麦子、好花生，昔日的盐碱地也种上了棉花。当年的茅屋都换成了一色的砖瓦房。全村51户，有22户买了拖拉机。

我们怀着急切的心情，来到兰考火车站。20多年前，这里的一切令人触目心酸。那时冬春季节，有多少兰考的灾民在这里啼哭饮泣，有多少家庭在这里骨肉离散。站台上堆着从全国各地运来的救灾粮，站内站外，货运列车的棚顶上，都坐着衣衫褴褛的灾民。这一切，仿佛是我们昨日所见，依稀历历在目。而眼前，车站的一切完全变了。整洁的站台修了花坛，东来西去的客货列车井然运行。7.5万平方米新建的货场可以同时装卸100多个车皮。最近5年，兰考火车站每年平均装车外运的粮食、棉花、桐材、油料等有1亿多公斤。焦裕禄深夜到火车站含泪看望农民弟兄离乡背井、外出逃荒的凄苦场景，已经作为历史的一页翻过去了。

焦裕禄临终前曾说："我死后只有一个要求，要求党组织把我运回兰考，埋在沙滩上。活着我没有治好沙丘，死了也要看着你们把沙丘治好！"多年来，兰考的党和政府抱定"一张蓝图画到底"的决心，领导人民改天换地。焦裕禄用生命绘制的那张蓝图，今天已经成为兰考大地的现实。

兰考人深情地说："咱焦书记在九泉之下可以瞑目了。"

（二）

  曲曲折折的历史没有磨灭刻在人民内心深处对焦裕禄的思念。随着时光的流逝，一种呼唤焦裕禄的激越之情，像江河大海的波涛，在共产党员心中，在人民群众的心中，更加激荡不已。

  今年以来，已经有30多万人来到墓前凭吊焦裕禄。

  当年那个大雪封门的日子，焦裕禄去梁孙庄推开柴门访问过的那位老人梁俊才已经去世，双目失明的张晴老大娘还健在，已经89岁了。她还记得，那天她用颤抖的双手上上下下摸着焦裕禄，问："你是谁？"焦裕禄说："我是你的儿子！"去年，张晴大娘家里收获1000公斤小麦，750公斤花生。今年清明节，她要人拉着架子车专程送她到焦裕禄坟前，按照农村古老的习俗烧了一堆"纸钱"，她说："如今俺富了，老焦有钱花吗？"

  一个又一个农村妇女，从家里带来新蒸的白面馒头，摆在焦裕禄墓前，哭着喊着，要他们的焦书记走出墓来尝尝味道。他们永远忘不了，焦裕禄和他们一起吃糠咽菜的艰难日子；永远忘不了焦裕禄端起大家凑来的"百家饭"，眼泪簌簌滚下来的情景。如今家家过上了好日子，焦书记却不回来了。

  堌阳乡刁楼村70多岁的老农马全修，身患关节炎，走路靠双拐。今年清明节，他披着老羊皮，艰难地走了二三十里路，来到墓前，恭恭敬敬行了三鞠躬礼。他对陵园工作人员说："老焦是万里挑一的人呀！我怕活不久了，趁还能走动，赶来看看他。说不定啥时候死了，想来也来不了啦！"

  从葡萄架村来的一位六十来岁的妇女，在墓前哭得很伤心。工作人员问她："有什么为难事？"她说："我只有一个儿子，自从娶了媳妇，再也不肯管我了。我生他时，生活多么艰难啊！焦书记关心我，救济过我，还送我一块喜庆的红布。那时候，吃不上，喝不上。如今吃喝都有了，儿大心变了。一生孩子的气，我便想起老焦，想起那块红布。唉，要是老焦在，这种事他能不管吗？"

  陵园工作人员还对我们谈了一件事：清明节前，陵园松林里一位来自民权县的老农踽踽独行。问他来干什么，他说来看看。问他的姓名，他不肯说。工作人员又问："你心里有什么事？"老农哭了。他说："我心里有话，没有地方诉呀，来跟老焦说说……"

群众过上了好日子，思念焦裕禄；群众有了困难，想起焦裕禄；群众心里感到有了委屈，也要到焦裕禄墓前来哭诉。

兰考人心目中，焦裕禄没有死。在村头、田间，在农舍、牛屋，在农村饭场，在夜半梦乡，他们似乎还在跟焦书记倾诉自己的心里话。

广大群众呼唤焦裕禄，这不是一个偶然现象。他们是在呼唤党一贯同群众血肉相连的好传统，呼唤党的一切为了人民、一切依靠人民的好作风。

（三）

焦裕禄去世26年了。其间，人民共和国960余万平方公里土地上发生了天翻地覆的变化！我们走过洒满阳光的坦途，也经历过阴云满天的坎坷。党的十一届三中全会这个伟大的里程碑，开始了共和国历史上一个崭新的时代。

从北京到河南的千里农村，我们看到处处绿树成荫，一派生机勃勃。昔日低矮的茅屋，很少见了，少数富裕的农民又拆去刚住了几年的砖瓦房，盖起了独家独院的小楼。强大的电流给广大农村注入了新的活力，农业生产插上了翅膀，乡镇企业有如雨后春笋，家用电器飞进了寻常百姓家。越来越多的农民不再固守传统的耕作习惯，发出了向科学技术要产量要效益的呼唤。前几年，他们是从城里"抢财神"下乡；近年来，那些先进的农民在庭院、在承包田里试验深层开发，自己开始走向农业科学殿堂了。20多年前连捉苗都很困难的黄河故道农村，现在已有成片农田三种三熟、四种四熟了。

特别令人兴奋的是，一批又一批年轻的干部，相继走上了县委书记、县长的领导岗位。他们同千百万农村基层干部一起，长年累月，勤勤恳恳，为党为人民默默地工作着。祖国大地山河巨变，无不凝聚着他们的辛劳和汗水。这些80年代以来成长起来的年轻一代，有从农村基层提拔上来的，更多的是大学毕业生、研究生。在党的哺育下，他们有较高的科学知识水平和文化素养，经过实践的磨炼，身上也闪现着60年代县委书记焦裕禄的精神风貌。

他们是新时代大潮中的中流砥柱！

但是，在新形势新任务面前，也有少数干部经不起执政和改革开放的考验，受到不正之风的影响和腐朽思想的侵蚀。他们把为人民服务的宗旨抛到了九霄云外，背离人民，违法乱纪，成为大潮奔泻中的泥沙。

当前，值得严重注意的是，在有些地方，干群关系紧张，干部作风不正，官僚主义严重，有禁不止，有令不行，甚至滋长了腐败现象。

有的人随意侵犯群众利益，乱收费、乱摊派、乱罚款，一切向钱看。群众气愤地把这"三乱"比作新的"三害"。

有的人挥霍公款大吃海喝，群众指着他们的脊梁骨说："你们把酒杯捏扁了，把筷子吃短了，把椅子坐散了。"

有的人不为群众办事，只顾自己"窝里斗"，对群众疾苦视而不见，充耳不闻。

有的人弄虚作假，文过饰非，还向上邀功请赏，争名争利。

有的人贪赃枉法，胡作非为，不止自己侵吞公款公物盖私房，还为亲朋故旧、七姑八姨谋私利、捞便宜……

有一个老贫困县，十年九灾，被称为"洪水招待所"。全县128万亩耕地，有123万亩旱不能浇，涝不能排；人均收入200元以下，温饱问题一直没有解决。农民形容自己的苦日子是："泥巴房子泥巴床，除了泥巴没家当。"这样一个长期贫困的老灾区，那里的干部本该发扬焦裕禄精神，咬紧牙关，艰苦奋斗它几年，领导群众摆脱贫困。但令人痛心的是，1988和1989两年，这个县一面吃着国家救济粮，用着国家救济款，一面竟然作出决定，让下级机关给领导干部"送红包"；而全县得"红包"金额最多的是原县委书记。

这些腐败现象，使广大群众心不平，气不顺，在干群之间、党群之间无形中筑起一道高墙，它隔断了党与群众的联系，玷污了党的形象，造成了许多不安定因素。

60年代初，我国外有压力，内有经济困难。焦裕禄那种敢于"在困难面前逞英雄"的气概，"心中装着全体人民，唯独没有自己"的情怀，不啻是黑云压顶时一道耀眼的闪电。正是这种气概和情怀，我们的党克服了历史上的一个个危难而一往无前。现在，我们国家也面临着外有压力、内有困难的形势，依然需要"在困难面前逞英雄"的精神，需要同人民群众紧密联系的作风。

这就是成千上万人一往情深地怀念焦裕禄、呼唤焦裕禄的真正原因。

党的十三届六中全会的决定郑重指出："人民群众是我们党的力量源泉和胜利之本。能否始终保持和发展同人民群众的血肉联系，直接关系到党和国家的盛衰兴亡。"决定谆谆告诫全党："在改革开放、发展商品经济的条件下，共产党员更加需要自觉保持清正廉洁，坚决反对腐败行为。如果听任腐败现象蔓延，党就有走向自我毁灭的危险。"

这历史性的决定，像警钟长鸣！

（四）

我们在河南农村访问，同地委、县委的许多干部交谈。他们在学习焦裕禄的活动中，有深切的感受，有各自的经验体会，内心也有些隐忧。

许多干部尖锐地指出，焦裕禄是县委书记的榜样，学习焦裕禄，重点是领导干部学，不能只领导别人学、自己不学。人民怀念焦裕禄，表现了群众对党的干部的殷切期望。绝不能辜负群众的期望！当"班长"，要事事、处处与焦裕禄相比，在自己身上找差距；要像焦裕禄那样善于团结"一班人"。搞"窝里斗"的，争名于朝、争利于市的，学不了焦裕禄。

60年代，焦裕禄是领导群众同严重的自然灾害作斗争，让兰考群众吃饱穿暖。今天，新的任务、新的困难正考验着我们的干部，学习焦裕禄不仅要领导群众同自然作斗争，还要同侵入自己肌体的官僚主义和腐败现象进行斗争。从某种意义上讲，这种斗争比起同自然灾害的斗争还要艰苦得多。县委书记们谈到这一点时，强调说，学习焦裕禄，一定要从世界观上学，要付出代价，作出某种牺牲，经历思想上痛苦的磨炼。不能摆花架子，不能搞形式主义。

书记们谈到焦裕禄"心里装着全体人民"时，都很动情。他们举出许多事例说，只要与群众心连心，处处为群众着想，为群众办好事、办实事，群众就信任你、拥护你，工作就会一呼百应；国家有什么困难，群众也会支持国家度过难关，就是上刀山下火海，也在所不辞。如果你心里没有群众，和群众离心离德，违背群众利益，再大的好事，就是干部喊破嗓子，群众也是百呼不应。这是一个非常朴素的真理。

"千金易求，人心难得。"这是自古以来中国人民的箴言，也是关系我们党盛衰兴亡的一个大问题。

从兰考到开封，我们瞻仰了曾任开封府府尹，近千年来一直活在人民心中，为人们敬仰传颂的包拯的塑像。这座新建的包公祠里，有一块古石碑，上面铭刻着开封府历届府尹的名字。人们纪念包拯，崇敬包拯，前来参观的人都要站在石碑前抚摸一下他的名字。年深日久，石碑上"包拯"二字被摸出了一片很深的亮光光的凹痕。

我们从包拯又想起了焦裕禄。焦裕禄不是封建社会的"包大人"，他自称是"人民的儿子"。包拯在开封府为官只有一年零三个月，但这位妇孺皆知的

"包青天",留给后人的是几天也讲不完的清正廉明的传奇故事。焦裕禄在兰考实际上也只是工作了一年零几个月,而他却给人民留下一个共产党人的高大形象和许多无价的精神财富。

"我是你们的儿子"。焦裕禄的这句话,表达了一个伟大的真理。这是一个震撼历史的声音,他喊出了中国共产党人对人民的全部忠诚。

历史将永远铭记这位人民的儿子的英名。

(作者:穆青、冯健、周原;新华社1990年7月8日,入选时有改动;获首届中国新闻奖荣誉奖)

革命圣地延安无铁路的历史结束

【编选手记】

　　这是一条关于铁路建设成就的新闻。西延铁路铺轨至延安，这一新闻事件发生在革命圣地延安，恰逢毛泽东诞辰98周年纪念日，意义非凡。记者敏锐地捕捉到这两个特点，精心组织材料，深化主题，创作出这条突破了传统成就报道模式的新闻，展现了党和国家领导人与人民群众之间血肉相连的深厚情感。这条短消息信息丰富，记者在现场采访前做了大量准备工作，查阅了相关档案，并在现场捕捉到许多生动的细节。新闻写作注重突出现场感，将大量背景材料巧妙地融入现场场景的描述之中，极大地增强了新闻作品的可读性。

（高红波）

　　毛泽东诞辰98周年的今天，铁路铺轨到延安。喜讯如一股春风，迎来漫山遍野的人，队伍从鞭炮、烟花齐放的市区，一直通向挂着3000多盏彩灯、夜放光芒的宝塔山。

　　下午2点多钟，当铁道部部长李森茂、副部长孙永福和陕西省省长白清才、省委书记张勃兴踏着丰年瑞雪，拧紧全长315公里的西延线最后一节轨排螺栓后，一名从百里外赶来、身着羊皮袄的80岁老汉，破例被北京型内燃机车司机任斌扶上操纵台，用穿土布鞋的脚踩响风笛，宣告：革命圣地延安没有铁路的历史结束！

　　"火车通，百业兴"，大街小巷挂满这样的大红标语。站台上，手拉拐杖的86岁的陕北老革命王汝珍，向记者诉说周总理1973年来延安的情景：总理看到老区不富裕，心情很沉重。指示"一定要把西延线铁路尽快建成，早日改变延安地区的落后面貌"。由李鹏总理母校延安中学组成的秧歌队翩翩起舞，唤起人们的记忆，为了早日修通西延线，李鹏总理曾动用了首长基金。

　　西延线铺轨到延安的庆典，把"延安热"推向高潮。窑洞型建筑镶嵌着茶色玻璃的延安火车站，象征着江泽民总书记重倡的延安精神和改革开放。李森茂动情地指出，这条铁路的建成，不仅能促进陕北经济的发展，而且方便人民群众到革命圣地参观学习，将产生强大的政治感召力。

为这条铁路战斗了19个春秋、作出重大贡献的铁一局职工，用延安精神修建西延铁路。他们用"喜相逢"的欢快鼓点，擂出人们的企盼。老区经济振兴之日，延安精神将会发出更加夺目的光彩。

（作者：赵中庸、王发仂；原载1991年12月28日《人民铁道报》；获第二届中国新闻奖一等奖）

东方风来满眼春

——邓小平同志在深圳纪实

【编选手记】

长篇通讯《东方风来满眼春》是一篇举世瞩目的重大新闻作品，它的发表是我国新闻界的一件大事。这篇纪实性报道在社会上引起了强烈反响。新华社播发了全文，中央和地方众多报纸、电台、电视台相继转载转播，海外许多华人报纸也给予显著报道，外国电讯也纷纷发表评述。该作品的作者陈锡添，时任《深圳特区报》副总编，是1992年1月邓小平南方谈话时深圳市唯一的随团记者。他于3月26日冒风险发表了《东方风来满眼春》，将伟人的声音传出去，南方谈话在关键时刻结束了姓"社"姓"资"的争论，掀起了全国改革的高潮。作者回忆，稿件送审时，时任深圳市委宣传部部长的杨广慧同志当即拍板，同意发表。在重要的历史关头，深圳市委和报社讲政治、敢担当，终于让这篇作品得以面世。2022年6月，在《深圳特区报》创刊40周年之际，原总编辑陈锡添写道：怎样才能做一个好记者？一是要胸怀大局，具备政治家的头脑，关注"国之大者"；二是要有历史责任感，努力记录伟大时代，讲好深圳故事，讲好中国故事；三是要夯实业务基础，精通新闻业务。这样才能成为政治坚定、敢于担当、业务精湛的党和人民放心的新闻舆论工作者。

（高红波）

南国春早。

一月的鹏城，花木葱茏，春意荡漾。

跨进新年，深圳正以勃勃英姿，在改革开放的道路上阔步前进。

就在这个时候，我国改革开放的总设计师、各族人民敬爱的邓小平同志到深圳来了！

在我国社会主义现代化建设的关键时期，小平同志的到来，是对深圳特区最大的关怀和支持，是对深圳人民最大的鼓舞和鞭策。

（一）

1月19日上午8时许，在深圳火车站月台上，几位省、市负责人和其他迎候的人们，在来回踱步，互相交谈，他们正以兴奋而激动的心情等待着……

来了！远处传来马达的轰鸣声。接着一列长长的火车徐徐进站。时钟正值9时整，列车停在月台旁边。

一节车厢门打开，车站服务人员敏捷地把一块铺着红色地毯的长条木板放在车厢门口。

不一会，邓小平同志出现了！人们的目光和闪光灯束都一齐投向这位领一代风骚的伟人身上。

他，身体十分健康，炯炯的眼神，慈祥的笑脸，身着深灰色的夹克、黑色西裤，神采奕奕地步出车门。他的足迹，在时隔8年之后，又一次踏在处于改革开放前沿的深圳这块热土上。

下车后，邓小平同志满面笑容地同前来欢迎的广东省委书记谢非、深圳市委书记李灏、市长郑良玉一一握手。

握手时，谢非说："我们非常想念您。"

李灏说："我们全市人民欢迎您的光临。"

郑良玉说："深圳人民盼望您来，已经盼了8年了。"

简洁的话语，充分表达了全省、全市人民对小平同志的想念和崇敬之情。

邓小平同志同省市负责人登上一辆中巴，一直驶到下榻的市迎宾馆桂园。在这里恭候的市委副书记厉有为、市委常委李海东迎上前来，同小平同志握手并向他问好。

千里迢迢，舟车劳顿，市负责人劝他老人家好好休息。

但是，小平同志却毫无倦意。他说："到了深圳，我坐不住啊，想到处去看看。"

众所周知，邓小平同志是创办经济特区的主要决策者。早在1979年4月，他在听取当时中共广东省委主要负责人的汇报后说：可以划出一块地方叫作特区。陕甘宁就是特区嘛。中央没有钱，要你们自己搞，杀出一条"血路"。次年8月，全国人大常委会正式通过并颁布《广东省经济特区条例》，中国经济特区就这样诞生了。深圳特区是邓小平同志亲自开辟的最早的改革开放的试验地之一。它的发展情况，小平同志当然十分关注。1984年1月，小平同志曾到深圳视察过。一晃，8年过去了。深圳的面貌又发生什么样的变化？老人家急不可待要亲眼看见一番。

随行人员说，小平同志身体好，昨晚在车上休息得不错，既然他兴致高，就安排活动吧。

在桂园休息约10分钟，小平同志和谢非等同志在迎宾馆内散步。

散步时，邓楠向小平同志提起他在1984年1月26日为深圳特区题词一事。邓小平同志接着将题词一字一句念出来："深圳的发展和经验证明，我们建立经济特区的政策是正确的。"一个字没有漏，一个字没有错。在场的人都很佩服他那惊人的记忆力。

1984年，特区建设遇到不少困难和阻力，有些人对办特区持怀疑观望态度。是年1月24日，当时任中共中央政治局常委、中顾委主任的邓小平同志，同王震、杨尚昆同志在中顾委委员刘田夫和广东省省长梁灵光的陪同下，到深圳视察，给深圳特区题了词，肯定了深圳特区的建设成就，肯定了办特区的方针是正确的，给了特区建设以决定性的支持，坚定了人们办特区的决心和信心，使特区的建设事业继续推向前进。

散步后，小平同志在省市负责人陪同下，乘车观光深圳市容。

车子缓缓地在市区穿行。这里，8年前有些还是一汪水田、鱼塘，羊肠的小路，低矮的房舍。现在，宽阔的马路纵横交错，成片的高楼耸入云端，到处充满了现代化的气息。小平同志看到这繁荣兴旺、生机勃勃的景象，十分高兴。正如他后来说的："8年过去了，这次来看，深圳、珠海特区和其他一些地方，发展得这么快，我没有想到，看了以后，信心增加了。"

小平同志边观光市容，边同省市负责人亲切交谈。

当谈到办经济特区的问题时，小平同志说，对办特区，从一开始就有不同意见，担心是不是搞资本主义。深圳的建设成就，明确回答了那些有这样那样担心的人。特区姓"社"不姓"资"。从深圳的情况看，公有制是主体，外商投资只占四分之一，就是外资部分，我们还可以从税收、劳务等方面得到益处嘛！多搞点"三资"企业，不要怕。只要我们头脑清醒，就不怕。我们有优势，有国营大中型企业，有乡镇企业，更重要的是政权在我们手里。有的人认为，多一分外资，就多一分资本主义，"三资"企业多了，就是资本主义的东西多了，就是发展了资本主义。这些人连基本常识都没有。

车子行至火车站前，邓林指着火车站大楼那苍劲有力的"深圳"两个大字对小平同志说："您看，这是您的题字，人们都说写得好。"

邓楠打趣说："这是您的专利,也属知识产权问题。"说得小平同志笑了起来。

当谈到经济发展问题时,小平同志说,亚洲"四小龙"发展很快,你们发展也很快。广东要力争用20年的时间赶上亚洲"四小龙"。停了一会儿,他补充说,不仅经济要上去,社会秩序、社会风气也要搞好,两个文明建设都要超过他们,这才是有中国特色的社会主义。新加坡的社会秩序算是好的,他们管得严,我们应该借鉴他们的经验,而且比他们管得更好。

车子不知不觉到了皇岗口岸。皇岗边防检查站、海关、动植物检疫所的负责同志,热情地欢迎小平同志的到来。

小平同志站在深圳河大桥桥头,深情地眺望对岸的香港,然后察看皇岗口岸的情况。

皇岗边检站站长熊长根向小平同志介绍说,皇岗口岸是1987年初筹建,1989年12月29日开通的。占地一平方公里,有180条通道,最高流量可达5万辆次和5万人次,是亚洲最大的陆路口岸。最近每天约通过7000辆车次和2000人次。小平同志听了很高兴,不断点头,露出满意的笑容。

(二)

国贸中心大厦,高高耸立,直插云霄。这是深圳人民的骄傲。深圳的建设者曾在这里创下了"三天一层楼"的纪录,成了"深圳速度"的象征。到深圳来的中外人士,总要登上楼顶的旋转餐厅,远眺深圳城市的景色。

1月20日上午9时35分,小平同志在省、市负责人陪同下,来到国贸大厦参观,该大厦的女职工,整齐地站在两旁,鼓掌欢迎小平同志,并齐喊"邓爷爷好!"小平同志高兴地向她们招手,并鼓掌致意。

在53层的旋转餐厅,小平同志俯瞰深圳市容。他看到高楼林立,鳞次栉比,一派欣欣向荣的景象,很是高兴。

坐下来后,他先看一张深圳经济特区总体规划图。接着,李灏向小平同志汇报深圳的改革开放和经济建设的情况。李灏说,深圳的经济建设发展很快,人民生活水平有了很大提高,1984年,人均收入为600元,现在是2000元。改革开放也有了很大的进展。他还说,这些年来,我们的精神文明建设和物质文明建设是同步发展的。深圳人对建设有中国特色的社会主义坚定不移,并且充满信心……

听了汇报后,小平同志和省市负责人作了较长时间的谈话。

小平同志充分肯定了深圳在改革开放和建设中所取得的成绩。然后,他说,要坚持党的十一届三中全会以来的路线方针政策,关键是坚持"一个中心、两个基本点"。不坚持社会主义,不改革开放,不发展经济,不改善人民生活,只能是死路一条。基本路线要管一百年,动摇不得。

小平同志又说,要坚持两手抓,一手抓改革开放,一手抓打击各种犯罪活动。这两只手都要硬。打击各种犯罪活动,扫除各种丑恶现象,手软不得。

小平同志思路清晰,记忆力强。他谈笑风生,有时一两句幽默的话语,引得大家发出一阵阵笑声。在场的省、市负责同志聚精会神地聆听他老人家的谈话,不时还插上几句。谈话气氛轻松活跃。

小平同志侃侃而谈。他还谈到中国要保持稳定;干部和党员要把廉政建设作为大事来抓;要注意培养下一代接班人等重大问题。

在谈话中,小平同志强调要多干实事,少说空话。他说,会太多,文章太长,不行。谈到这里,老人家指着窗外的一片高楼大厦说,深圳发展这么快,是靠实干干出来的,不是靠讲话讲出来的,不是靠写文章写出来的。

小平同志精神健旺,谈兴甚浓。在国贸大厦旋转餐厅,老人家谈话谈了30多分钟,在场的人深受教育和鼓舞。

当小平同志离开旋转餐厅下到一楼大厅里,大厅的音乐喷泉,随着优美的乐曲,喷出图案多变的水柱和水花,蔚为壮观。一楼到三楼,站满了群众,黑压压的一片。人山人海,秩序井然。人人心花怒放,个个喜笑颜开。这是多么令人难忘的时刻!人们为有幸能一睹小平同志的风采而激动万分,也为小平同志的身体健康、精神饱满而无比高兴。

群众在尽情地鼓掌,阵阵雷鸣般的掌声响彻国贸大厦。这掌声,表达了群众对倡导改革开放政策的小平同志的爱戴和崇敬;反映了群众对身受其惠的改革开放政策的坚信和拥护。

小平同志非常高兴,满面笑容地频频向群众招手致意。整个场面十分热烈,呈现出老一辈无产阶级革命家同人民群众融洽无间的动人情景。

(三)

离开国贸大厦后,小平同志乘车去深圳先科激光公司参观。

先科激光公司，是一间高科技企业，引进荷兰飞利浦公司的先进生产技术，是我国目前唯一的生产激光唱片、视盘和光盘放送机的公司。江泽民、李鹏、王震、田纪云、刘华清等中央、国务院、中央军委的领导人曾先后到过这里视察。

车子到达先科激光公司时，该公司董事长叶华明等人迎上前去，和小平同志热烈握手。

有人介绍说，叶华明是叶挺将军的儿子。

小平同志握住叶华明的手亲切地问："你是叶老二吧？"

"不是，我是老四"，叶华明伸出四只手指回答说。

"呵，我们快40年没见面了。"小平同志深情地说。

"是的，我那时是小孩，现在50多岁了。"

"你弟弟叶正光在哪里工作？"小平同志对革命家的后代十分关心。

叶华明说："在海南岛。"

原来，叶挺将军于1946年不幸飞机失事遇难后，叶华明于当年5月离开延安直到1953年，叶正光于1952年到1960年，都是生活在聂荣臻元帅家里。小平同志同聂帅常有往来，所以那时见过他们兄弟俩。

在公司贵宾厅，小平同志听取了关于公司情况的介绍。先科激光公司于去年10月12日正式投产，使我国继荷兰、日本、美国之后，成为第四个能够生产激光视、唱盘的国家。该公司可年产激光唱片500万张，视盘150万张，激光视、唱盘放送机各5万台。

邓楠拿起一块闪光锃亮的激光视盘给小平同志观看。这种恍如镜子般的盘片，能储存10.8万帧色彩逼真的清晰图像，可长久保存，永不磨损。小平同志听了，十分感兴趣，问："是什么材料？"公司的同志答："塑料上面镀一层银。"

他又兴味盎然地看了激光视盘的特性、音响效果、功能和检索能力的表演。当他看到传记资料片《我们的邓大姐》时，对身旁的广东省委书记谢非说："我今年88岁，邓颖超同志和我同年，都是1904年生的。我是8月出生，她比我约大半岁。"

小平同志出生于1904年8月22日，家乡是四川省广安县协兴乡牌坊村。

小平同志接着说："邓颖超同志是河南人。"他女儿邓楠说："不，她是广西人。"小平同志纠正说："她的原籍是河南。广西是她出生和长大的地方。"小平同志对邓大姐十分熟悉。

接着，公司一位四川籍的业余歌手赵敏，为小平同志演唱了一首卡拉OK《在希望的田野上》。小平同志对他这位老乡的歌喉及音响效果十分赞赏。听完后带头鼓掌。一边起身，一边说："很好，我听得很清楚，不走调，音响效果不错。"

从贵宾厅出来到激光视盘生产车间，经过30米长的过道，许多职工在过道侧热烈鼓掌欢迎小平同志。

小平同志问："这些职工多大年纪？"

叶华明答："大多数是25岁到30岁，由全国各地招聘来的，大部分是科技人员。"

小平同志听了高兴地说："很好，高科技项目要让年轻人干，希望在青年人身上。"

在激光视盘生产车间，当叶华明介绍他们每年要生产一部分外国电影激光视盘时，小平同志问："版权怎么解决？"

叶华明回答说："按国际规定向外国电影公司购买版权。"

小平同志对此表示满意："应该这样，要遵守国际有关知识产权的规定。"

小平同志边走边问，对公司的情况问得很仔细，他还问及原材料是否进口，我国目前能否生产，产品质量怎样保证等等，公司负责人一一作了回答。

当小平同志看到几位女工正在擦拭刚生产出来的激光视盘时，便停下来问："你们是什么地方人？"女工们回答："汕头人。"小平同志笑着说："我一看就知道你们是广东人。"说得大家都笑起来。

临离开车间前，小平同志问到公司今年的生产目标。叶华明说："今年要生产50万张激光视盘，250部激光视盘电影，国产片和外国片一样多，其中还有科教片和一部分卡拉OK。总产值可达3亿多元，利润8000万元。"小平同志高兴地说，很好，希望你们努力实现这个目标。

小平同志到先科激光公司参观，给了该公司的职工以极大的鼓舞。公司董事长叶华明对记者说："我是一直在党内老同志关怀抚养下成长的，见到邓小平同志身体很健康，我心里特别高兴。我决心在深圳第二个十年建设中，努力把工作做得更好，不辜负小平同志的殷切期望。"

（四）

1月21日，是华侨城建设者永远难忘的日子。这一天，小平同志到这里的中国民俗文化村和锦绣中华微缩景区游览。

"锦绣中华",是集中国名胜古迹于一体的世界最大的微缩景区。中国民俗文化村,是中国民俗艺术的荟萃之地,是集民间艺术、民族风情、民居于一园的大型游览区。

上午9时50分,小平同志在省、市负责人陪同下,乘车来到中国民俗文化村东大门广场。民俗文化村顿时沸腾起来了。广场上欢声雷动,鼓乐喧天,身穿鲜艳民族服装的各族青年男女,载歌载舞迎接小平同志的到来。

在广场西侧,小平同志登上电瓶车,由徽州街西行,缓缓驶经各个民族村寨。所到之处,各少数民族的演员都在尽情地跳舞欢歌,敲鼓击乐,充满欢乐祥和的气氛。小平同志一行在这里领略了千姿百态的民族风情,欣赏了古朴纯美的民间歌舞。而那别具一格的徽州石牌坊群,富有民族特色的贵州鼓楼、风雨桥、云南藤桥,金碧辉煌的西藏喇嘛寺等,又把小平同志一行带进了中华民族源远流长的传统文化长河中。

正在这里游览的群众、港澳同胞和外国朋友,纷纷驻足道旁,鼓掌向小平同志致意。小平同志亦频频向他们招手。

到新疆维吾尔族民居,小平同志走下电瓶车,在这里坐下来,兴致勃勃地观看维吾尔舞蹈。这时,小平同志的小孙子走过来,邓楠抱住他,说:"亲亲爷爷。"小孙子亲昵地吻了一下小平同志的面颊,小平同志十分开心。

小平同志接着到锦绣中华微缩景区游览。在"天安门"前,小平同志下电瓶车观赏了"故宫"景色。然后,他走到"故宫"景点旁边的小卖部,很感兴趣地欣赏玻璃柜内的纪念品。

在"布达拉宫"前,小平同志分别同家人及亲属、陪同的负责同志合影留念。

在驱车回迎宾馆途中,小平同志和陪同的负责同志亲切谈话。

小平同志说,走社会主义道路,就要逐步实现共同富裕。共同富裕的构想是这样提出来的:一部分地区有条件先发展起来,一部分地区发展慢点,先发展起来的地区带动后发展的地区,最终达到共同富裕。如果富的愈来愈富,穷的愈来愈穷,两极分化就会产生,而社会主义制度就应该而且能够避免两极分化。解决的办法之一,就是先富起来的地区多交点利税,支持贫困地区的发展。当然,太早这样办也不行,现在不能削弱发达地区的活力,也不能鼓励吃"大锅饭"。

他接着说,不发达地区又大都是拥有丰富资源的地区,发展潜力是很大的。总之,就全国范围来说,我们一定能够逐步顺利解决沿海同内地贫富差距的问题。

当深圳市市长郑良玉汇报到在发展经济的同时,把社会主义精神文明建设搞好时,小平同志说,只要我们的生产力发展,保持一定的增长速度,人民的精神文明建设也可以搞上去。我们完全有能力把社会主义精神文明建设搞好。

小平同志还谈到要尽快把经济建设抓上去。他说,有条件的地方要尽可能搞快点,只要是讲效益,讲质量,搞外向型经济,就没有什么可以担心的。

(五)

1月22日,边城深圳阳光明媚,仙湖植物园内春意盎然。今天,小平同志和杨尚昆主席带领两家三代人到仙湖植物园种树和游览,给园内园外带来了无尽的喜悦。

上午9时45分,小平同志在省市负责人陪同下,来到仙湖植物园。随同来的有他夫人卓琳、女儿邓林、邓榕和小孙子。随后,邓朴方同志也来了。

先到这里的国家主席杨尚昆,同小平同志热烈握手。接着步入展览厅,观看仙湖植物园模型。小平同志听了关于植物园的情况介绍后,高兴地说:"植物园大有可为。"

杨尚昆主席是1月21日到深圳视察的。小平同志和杨主席两位老战友在仙湖植物园相逢,自然高兴万分。

"我们在一起几十年啰。"小平同志深情地说。

"我们是1932年认识的。"杨主席说着扳起指头数起来,"42、52、62……92,六十年了!"

这时身背三部相机的杨绍明走过来,握着小平同志的手:"邓伯伯,新年好!"

邓榕说:"他是全国摄影协会副主席呀!"

小平同志幽默地说:"你们杨家有两个主席罗!"全场大笑起来。

接着,小平同志和杨主席一同步入室内观赏植物区。这是一个大温室,培育着古今中外种类繁多的珍稀植物,林林总总,使人目不暇给。

他们首先观看据说距今有一亿五千万年的恐龙时代的树种——桫椤。

小平同志说:"还有一种古代树种,叫水杉,现在全国都有了。有一棵很大的,在三峡附近。"说着,他还用手比画一下。

植物园负责人陈覃清说:"是的。水杉树种距今约7500万年,是在三峡附近湖北省境内发现的。"在场的人都很佩服小平同志丰富的知识和记忆力。

小平同志说的那棵很大的水杉，是1946年薛纪茹先生发现的，他采集了标本。1948年，胡先骕、郑万钧先生将其定名为水杉，公开发表论文，轰动了当时国际植物界。人们称此树种为活化石，这棵树胸径2.4米，高35米，在三峡附近湖北利川谋道这个地方。

接着，小平同志和杨主席仔细观赏其他植物，兴味极浓。看到一种叫"发财树"的植物，邓榕风趣地对小平同志说："以后咱们家也种一棵。"

小平同志指着"光棍树"问："为什么叫光棍树？"植物园负责人回答："因为它不长叶子。"

在湘妃竹、人面竹、方竹前，小平同志伫立观赏。植物园负责人介绍说，毛主席的诗句"斑竹一枝千滴泪"中的斑竹，就是指这种湘妃竹。相传很久以前，一个妃子逃难到九嶷山，哭得很伤心，一滴滴泪水滴在竹子上，就成为现在的湘妃竹。

小平同志说："成都竹子很多，有红的、黑的、紫的、黄的，也有方的。"植物园负责人说："成都的望江公园各种竹子都有。"在场有人说：这里有的竹子就是悄悄地从成都"弄"来的。小平同志开玩笑说："这也属知识产权问题啊，我是四川人，要你们赔偿啊。"周围的人全都笑起来。观赏植物区里笑语声喧。

小平同志被这些珍稀植物吸引住了，他观赏得很仔细，注意听介绍，还不断提问。他指着一棵天鹅绒竹芋问："它长不长芋头？"植物园负责人答："不长，只供观赏。"邓榕接着说："爸爸很喜欢吃芋头。"植物园的同志说，这种竹芋的叶子，摸上去像绒布。小平同志听了，好奇地摸了一下。杨主席随手捡起一片叶子，风趣地说："带着留个纪念。"

杨主席也在以极大的兴趣，观赏着各种奇花异草。他观看猪笼草、鸟巢蕨时，鸟巢蕨那活像鸟巢的模样令他十分开心。他问这植物开不开花？靠什么繁殖？植物园负责人一一作了回答。

这里有一种兰花，很奇特，叫"跳舞兰"。植物园负责人指着一朵兰花给小平同志介绍："这兰花样子像个姑娘。这是头、身子、裙、腿。它在跳的士科哩。"小平同志笑着说："是，很像个姑娘在跳舞。"

从观赏植物区出来，小平同志和杨主席等人向大草坪走去。置身于美丽的大自然中，满眼是青山绿水，茂林修竹，小平同志感到心旷神怡。他高兴地同家人在这里合影留念。

这里，绿色主宰了大自然的风光，使人流连忘返。小平同志说："这里的环境真优美。"杨主席赞叹道："真是天上人间，世外桃源。"

10时10分，小平同志和杨主席在一片开阔的草地上，种下一棵长青树——高山榕。小平同志和杨主席挥锹培土。接着，小平同志的家人也拿起铁锹，使劲地将土铲到树根上。邓朴方在旁人的帮助下，也培了几锹土。然后，小平同志和小孙子一齐端起个红色的小水桶浇水。

杨主席同小平同志一家栽好树后，又领着自己一家在不远处种下另一棵高山榕。杨主席和家人一道培土、浇水，动作非常敏捷。

高山榕是一种亚热带植物，桑科榕属，是广东省的代表树种之一。生长快，树冠大，四季长青。

小平同志和杨尚昆主席在这里种下常青树，给深圳增添了无边春色，也将为子孙后代造福遮阴。深圳人民一定会记住这个日子，记住他们为建立新中国、为改革开放所作的卓越贡献，记住他们对深圳特区的关怀和支持，记住他们那长久而深厚的情谊。

种完树后，小平同志和家人在湖边散步，一家人乐也融融，尽情享受这温暖的阳光和清新的空气，欣赏这如诗如画的湖光山色。

小平同志精神奕奕地迈着步，表现出他对祖国的未来充满信心。摄影记者们纷纷按下快门，拍下这令人高兴的镜头。

（六）

1月22日下午3时10分，小平同志和杨尚昆主席在市迎宾馆接见了深圳市委、市政府、市人大、市政协、市纪委的负责人，亲切地同他们一一握手。

接着，小平同志和杨主席同深圳市五套班子的负责人合影。合影时，坐在前排的有：小平同志、国家主席杨尚昆、中央军委副主席刘华清、广州军区司令员朱敦法、广东省委书记谢非、新华社香港分社社长周南、广东省委副书记郭荣昌、深圳市委书记李灏、市长郑良玉、市委副书记厉有为。

合影后，人们都围拢过来，同小平同志握手，小平同志亲切地和大家交谈。

新华社香港分社社长周南握着小平同志的手，向他问好，并邀请他1997年访问香港。小平同志连声说：好，好。

广州军区司令员朱敦法中将向小平同志敬礼、问好。中央军委副主席刘华清上将向小平同志介绍说："朱敦法同志在淮海战役中是个连长。"小平同志笑笑说："那时还是个娃子哩。"在淮海战役这场波澜壮阔、规模宏伟的人民战争中，负责淮海前线一切事宜、统一指挥中原野战军和华东野战军的总前委，由邓小平任书记。

今天，小平同志同省市负责人作了重要的谈话。

小平同志说，改革开放胆子要大一些，敢于试验，不能像小脚女人一样。看准了的，就大胆地试，大胆地闯。深圳的重要经验就是敢闯。没有一点闯的精神，没有一点"冒"的精神，没有一股气呀、劲呀，就走不出一条好路，走不出一条新路，就干不出新的事业。不冒风险，办什么事情都有百分之百的把握，万无一失，谁敢说这样的话？一开始就自以为是，认为百分之百正确，没那回事，我就从来没有那么认为。

李灏说，深圳特区是在您的倡导、关心、支持下才能够建设和发展起来的。我们是按您的指示去闯、去探索的。

小平同志说，工作主要是你们做的。我是帮助你们、支持你们的，在确定方向上出了一点力。

小平同志还指出，社会主义的本质，是解放生产力，发展生产力，消灭剥削，消除两极分化，最终达到共同富裕。证券、股市，这些东西究竟好不好，有没有危险，是不是资本主义独有的东西，社会主义能不能用？允许看，但要坚决地试。看对了，搞一两年对了，放开；错了，纠正，关了就是了。关，也可以快关，也可以慢关，也可以留一点尾巴。怕什么，坚持这种态度就不要紧，就不会犯大错误。

在谈话中，小平同志还谈到了：现在建设中国式的社会主义，经验一天比一天丰富；在农村改革和城市改革中，不搞争论，大胆地试，大胆地闯；我们的政策就是允许看，允许看，比强制好得多，等等。

（七）

时间过得真快，小平同志在深圳，一晃几天就过去了。1月23日，小平同志在广东省委书记谢非的陪同下去珠海特区。

上午8时30分，深圳市负责人以及警卫、服务人员，在市迎宾馆热烈欢送小平同志。人们都依依不舍，多么希望小平同志能在深圳多住几天啊。

小平同志和市负责人一一握手告别。

同车前往蛇口送行的有李灏、郑良玉、厉有为等。

车子在宽阔的笋岗路向蛇口驶去。在车上，小平同志和省市负责人亲切交谈。

李灏向小平同志简要地汇报深圳改革开放的几个措施：调整产业结构；放开一线，管好二线，把深圳特区建成第二关税区；加强法制，依法治市，加强立法执法工作；把宝安县改为深圳市的三个郊区，等等。

小平同志听了后说，我都赞成，大胆地干。每年领导层要总结经验，对的就坚持，不对的赶快改，新问题出来抓紧解决，不断总结经验，至少不会犯大错误。

李灏说："您讲得非常重要。我们要争取少犯错误，不犯大错误。"

小平同志说："我刚才说，第一条是不要怕犯错误，第二条是发现问题赶快改正。"

谈着谈着，车子到了蛇口。李灏说，南山区管蛇口这一片，南山区发展势头非常好，南山的荔枝很有名。全世界荔枝最好是中国，中国荔枝最好是广东，广东荔枝最好是东莞、增城、深圳等地方。

这时，邓榕插话："那么，全世界的柚子哪儿最好呢？"车子里爆发一阵哄堂大笑。

原来，小平同志平时在家里，常对孩子们夸耀四川的柚子最好。孩子们都不同意，认为沙田柚子最好。

笑声过后，小平同志说，四川柚子最好，但认识统一不起来。

邓榕说："说沙田柚子好的人多，说四川柚子好的人少。"

车子在蛇口一个地方停了几秒钟，邓榕指着远处"海上世界"对小平同志说："这是海上世界，是您给题的名。"

车子接着到赤湾港，缓慢地行驶。小平同志坐在车上察看赤湾港码头。

李灏介绍说，赤湾港在蛇口里面，可停3.5万吨的船，准备建成停5万吨船的码头。妈湾港在蛇口外面，可停5万吨的。深圳东部、西部都有港口，去年吞吐量达1400万吨，将来要达到上亿吨。

车子到达蛇口港码头。下车前，李灏对小平同志说："您这次来，深圳人民非常高兴。我们希望您不久再来，明年冬天来这儿过春节。"

小平同志下车后，同前来迎接的珠海市委书记、市长梁广大握手。

随后，小平同志同深圳市负责人李灏、郑良玉、厉有为一一握别。

小平同志向码头走了几步，突然又转回来，向李灏说："你们要搞快一点！"

把握时机，快一点将经济建设抓上去，这是小平同志对深圳的期望，也是时刻萦绕在小平同志心头的一件大事。

李灏说:"您的话很重要,我们一定搞快一点。"

上午9时40分,小平同志乘坐的轮船离开蛇口港。

1992年1月19日到23日,小平同志在深圳的这段日子,是极不寻常的日子,它将永远记载在深圳建设的史册上,永远记忆在深圳人民的心坎里。

"东方风来满眼春"。小平同志来到深圳,使深圳进一步涌起改革开放的春潮。小平同志在这里发表的许多重要谈话,对深圳的改革开放和建设,对整个社会主义现代化建设事业,都有着重大而深远的意义。

敬爱的小平同志,我们衷心祝愿您健康长寿!深圳人民一定沿着您倡导的有中国特色的社会主义道路奋勇前进!

(作者:陈锡添;原载1992年3月26日《深圳特区报》;获第三届中国新闻奖一等奖)

拜金主义要不得

【编选手记】

中央人民广播电台播出的《拜金主义要不得》是一篇思想深刻、观点鲜明的广播述评，在社会上产生了重大反响。该篇作者胡占凡，曾任中央电视台台长，现任中国文联副主席、中国电视艺术家协会主席。1993年全国"两会"期间，代表、委员们对社会上的拜金主义给予了有力地抨击和谴责。作者通过采访掌握了大量的第一手素材，几经易稿，并经台领导和编委会反复讨论修改后，在重点新闻节目中向全国播发。这篇述评紧扣党和人民关注的社会问题，旗帜鲜明地指出拜金主义要不得。文中列举的种种丑陋的"斗富"现象，切中时弊，在弘扬主旋律的舆论声中，发挥了重要作用。

（高红波）

在我们步步推进社会主义市场经济建设的时候，这样一个声音越来越清晰地回响在我们的耳边：还是要讲艰苦奋斗，讲高尚的人生观、价值观，拜金主义、奢侈挥霍之风要不得。

改革开放使人们手里的钱多了，这是好事，可钱怎么花却大有学问。对占人口绝大多数的工农大众来说，从国民经济大局来看，"勤俭是咱们的传家宝"依然是最动听的旋律。可偏偏有人对此不以为然，于是人们就看到一些奇怪的现象：

在杭州，有两个"大款"为了斗富，竟在众目睽睽之下，比赛烧人民币，每人烧掉2000多元而面不改色。

在长春，一家卡拉OK厅，一个富翁宣布：包下当晚所有的"点歌费"，另一位大亨立即声明：买下全市当天所有的鲜花。你不让我点歌，你也别想献花。

春节时，一个青年富豪仰望着纷纷落下的爆竹纸屑兴奋地流下热泪，因为他刚刚点燃的4个爆竹是用2000元人民币卷成的。

一位北京"大款"用2万元一桌的宴席招待广东"大款"竟遭到奚落，随后广东"大款"用6万元一桌回请，而北京这位"大款"竟"啪"地打开密码箱，甩出35万元说："今天这桌就照这个数！"

至于某人身上的穿戴价值十几万，某人甩出两万元点一支卡拉OK，30万元一只的哈巴狗被"大款"们眼都不眨地牵上就走这类事，也时有所闻。

或许这般挥金如土的人并不多，但这类事所投下的阴影却在平民百姓中日益蔓延：豪华饭店吃不尽的高档宴席；婚丧嫁娶走不完的人流车队；160元一张的"粉色情人节"入场券一抢而光；10万元一件的进口大衣买者如云；100元一个的钥匙链卖得很火；18元一碗的日本面条餐馆竟高朋满座。可以说，拜金主义正越来越大胆地牵动人们的衣襟。在许多人那里，斗富、显阔、纵欲被称为"潇洒人生""过把瘾就死"；"大款""大亨""大腕"被当作崇拜的偶像，金钱、别墅、宠物被看成辉煌人生的象征。

这种种现象已经不仅仅是个怎么花钱的问题，它鲜明地反映出一些人的价值观、道德观。这种奢靡之风正在污染着社会环境，污染着社会主义的人际关系。艰苦奋斗、克勤克俭是我们中华民族永远值得骄傲的美德。从"粒粒皆辛苦"的古训到周总理衬衫上的补丁，我们民族的文明史上一直闪烁着这种崇高节操的光彩。如今发展市场经济，我们依然必须清醒，人际关系绝不只是金钱交换，等价交换的原则绝不能移植到思想道德领域。物质与精神，永远是人类文明进步这架天平的两端，失去哪一端，社会都会出现倾斜。金钱我们需要，高尚的道德情操我们更要追求。艰苦的年代如此，发展市场经济的今天同样如此。如果让金钱的光环遮住了比它更美好的精神世界，人类文明将是残缺的，人格将是病态的。

还应该看到，奢靡之风给涉世未深的青少年带来的劣性刺激和心理影响是严重的。不少人比吃比穿比享受，就是不比工作、不比创造、不比贡献。东北的一位大学生说："过去觉得上大学光荣，现在，落榜的同学成了'大款'，作为大学生我很自卑。"北京一位教师则急切地呼唤人们听一听中学生在唱什么："世上只有钞票好，有钱的孩子像块宝"。这位教师实际上是在呼唤人们：青少年是我们的未来，警惕奢靡之风吹落了我们未来精神风帆！

如果我们把目光从灯红酒绿的宴席移到农舍窑洞，警惕拜金主义的话题会变得更加沉重。改革开放给我们这个11亿人口的大国带来了前所未有的变化，但现在还远非黄金铺地。我们人均还不到400美元，在全世界人均国民生产总值的排名榜上，我们的座次远远排在第96位。光是在我国的中西部地区，就有2700万农民仍在为温饱发愁。河北一个失学的孩子，天天在家扎扫帚，想凑够不过四五十元的学费。对比这些，那种千金散尽，挥霍无度的"潇洒"该有多么不协调呀！再进一步说，在党和政府千方百计解决这些困难的时候，"大款""大亨""大腕"们如果能从酒店歌厅转过身来，看看失学孩子求助的目光，看看农民们的满面尘土，把财富的支配与为分国忧、为民造福联系起来，向他们伸出手去，这才叫真正的潇洒和幸福。令人高兴的是，许多先富起来的人已经或正在这样做。

"艰苦奋斗"是一面鲜红的旗帜，在我们奔小康、奔四化的路上，让这面旗帜高高地飘扬！

（作者：胡占凡；1993年4月8日在中央人民广播电台《新闻和报纸摘要》栏目中播出；获第四届中国新闻奖一等奖）

菜价追踪

【编选手记】

通讯《菜价追踪》的成功之处在于，它抓住了1994年初我国物价上涨过猛这一社会热点和难点问题。记者以与人民生活关系最为密切的"菜价"为切入点，巧妙地将中央精神与基层民意相结合，通过追踪采访探寻菜价高涨的真实原因，最终创作出了一篇优秀的新闻作品。

（高红波）

近一个时期，京城菜价上涨，有些细菜比肉还贵。

为了搞清菜价上涨的原因，记者来到北京的大"菜园子"——山东寿光市，从源头开始，行程千余里，对蔬菜价格的变化作了一次全过程追踪。

产地菜价比去年没贵多少，菜农收入增加不多

4月2日凌晨，寿光蔬菜批发市场。

这是全国最大的蔬菜批发市场。每天早晨5时开秤交易，交易之前，这里就被运菜的车辆挤得水泄不通。记者抄录了当日每公斤蔬菜的批发价：菜花1.06元，小辣椒4.4元，洋白菜1.8元，韭菜0.6元，黄瓜2元，西葫芦2元，香菜1.3元。据介绍，上述价格与去年同期相比虽有提高，但涨幅不大。

上午10时，文家镇文家村。刚卖菜回来的菜农贾兴孝告诉记者："这两年产地菜价涨了一点，但种菜所需的复合肥、农药、水、电的价格也不断上涨，算起来，今年种菜、卖菜挣的钱比去年多不了多少。"旁边几户种洋白菜、西红柿的菜农收入变化同贾兴孝的情况差不多。一位种小辣椒的姓贾的农民告诉记者：今年小辣椒当地收购价比去年低三成，光这一项，一季就少收入500多元。

长途贩运，一公斤菜净赚一两角，挣的是"辛苦钱"

4月2日下午3时，记者搭乘寿光市云生蔬菜购销公司的一辆运菜卡车上了

路。次日凌晨3时，当这辆卡车风尘仆仆地进入北京市的大钟寺时，这里已挤满来自各地的运菜车辆，菜贩开始讨价还价。

5点多钟，寿光市云生蔬菜公司运进京城的9吨洋白菜、黄瓜等顺利成交，每公斤成交价比产地收购价高0.4元。

货主给记者算了一笔帐：这车菜，扣除给购销公司的代购费180元钱，刨去1400元的租车费，一公斤菜也就赚一两角钱。

常往这里运菜的一个菜贩说，一般说来，我们赚的就是这个数。

相距4公里，菜价陡涨80%

4月3日早7时，记者随一辆刚从大钟寺批发完菜的三轮车，来到北京西城区新文化街农贸市场。千里迢迢运进京城的各种新鲜蔬菜，到了这条小街上身价倍增，每公斤菜花2.2元，小辣椒9元，洋白菜4元，韭菜1.4元，黄瓜3.2元，西葫芦4元，香菜3.6元，一般涨幅在80%左右，最高涨幅达125%，而大钟寺和新文化街这两个市场相距仅4公里。

一位来自河北沧州姓李的摊主对记者说："只要有人买，我就敢要价。"到中午11点，来文化街买菜的人渐渐多了起来，这位摊主又把香菜价格提到每公斤3.8元。

4日，记者跟着两辆三轮车，从大钟寺来到位于亚运村南侧的土城早市，两地相距也是4公里，但每公斤1.6元批发来的蘑菇卖到3.6元，每公斤2.2元批发来的洋白菜卖至3元。

6日，记者又到了盛产蔬菜的顺义县北务乡，随运菜车进城，发现水萝卜的产区与销区的价格差竟达250%。

五里一"炒"，十里一"倒"，蔬菜"批发"环节多

记者追踪菜价，听到"炒菜"一说：从产地到菜摊，一般要经过三四道批发环节，有的要炒五六道。在西直门农贸市场，记者遇到一位河南省光山县的贩菜农民。他自称是"三道贩子"。这位农民把批发来的蒜苗批发给他在大钟寺的老乡，老乡又批发给零售摊贩。几经倒卖，每公斤不到两元钱的蒜苗，到零售时价格就涨到六七元了。

来自四川的一个菜贩，不久前在大兴县前大营村以每公斤1元钱的价格收购了8筐韭菜，他把菜运到石景山古城批发，每公斤1.6元；古城地区的菜贩又把韭菜零售价提到每公斤2元。也就是说，"二道贩子""三道贩子"联手把韭菜价格炒涨了一倍。难怪菜农说："有的菜贩子太'黑'，我们辛辛苦苦干一年，不如他们'倒'几天。"

手续繁杂，菜霸横行，农民进城直销几多难

郊区菜农直接进城卖菜，环节少，价格低，不仅菜农的收入可以增加，居民的开支也可以减少，两全其美。记者同一些菜农谈起进城直销的问题时，他们诉说了一些苦衷：一是种菜费工，家里活儿忙，很难挤出时间进城卖菜；二是有些市场上的商贩结伙欺行霸市，强买强卖，农民惹不起；三是进城卖菜手续繁杂，这个税，那个费，名目繁多，到集市上找个摊位也很困难。

大兴县西芦村农民郭宝来对记者说："我们这些种菜的都想早点卖完，早点回家，也不想把价格抬得那么高，可市霸不让。"

在海淀区四季青乡小煤厂村的塑料大棚旁，一个正在收购洋白菜的青年对记者说："我们在附近的西黄庄卖菜，市场上谁的洋白菜价格定得比我低，我就立刻把他们打走。那些外地人，谁敢惹咱。"

当然，即便是上述问题都解决了，农民直销的数量也有限。因此搞好搞活蔬菜流通，正当的蔬菜运销商贩是不可缺少的，只是不能允许胡倒乱倒，想涨多少涨多少。

"菜价落差"提出新课题：如何建立一套新的价格调控机制

记者采访商业行家时了解到，在市场机制较健全的国家，一般商品批发和零售环节的合理利润应是10%左右。蔬菜属于鲜货，损耗较大，差价在20%还算正常，30%就算是高利润了。但目前北京蔬菜从第一次批发至零售，差价多在100%左右，这就成为一个值得认真研究的课题。

追踪中记者了解到，北京市已对"菜园子""菜摊子""菜贩子"等诸多环节齐抓共管，并有了良好开端：专门组织从外地调运一批蔬菜充实到各个市场。市政府还拿出9500万元生产基金，在去年53万亩菜地的基础上再发展10万亩；工商、物价、公安等部门已携起手来打击"菜霸"；物价部门在有些农贸市场每天公布主要蔬菜品种的批发引导价格，同时公布零售参考价格；反暴利的有关法规的研究制定工作也在加紧进行。

北京市工商局市场处处长张建设说，目前北京城中蔬菜销售网点偏少，500多个农贸市场的分布也极不合理。一般情况下，蔬菜销售网点的密度同菜价成反比，如石景山一带蔬菜销售网点较少，菜价就高；西直门一带农贸市场多，又有蔬菜批发市场，菜价就低得多。为此，北京市正通过新建一批市场，使网点布局渐趋合理。

随着综合管理措施逐步实施到位，特别是市场供给的增加，近两天，北京城区蔬菜价格已有所回落。当然，在市场经济条件下，要建立一种随时可以调控的,使生产者、经营者、消费者都能承受又都能得益的菜价宏观管理机制,尚需艰苦的努力和探索。

(作者:苏会志、王进业;新华社1994年4月12日;入选时有改动;获第五届中国新闻奖一等奖)

领导干部的楷模——孔繁森

【编选手记】

　　1995年春天，孔繁森成为了中国人民最熟悉的名字，宣传学习孔繁森的活动也成为全国最具影响力的事件之一。在这场活动中，长篇通讯《领导干部的楷模——孔繁森》起到了新闻报道的主干作用。这篇通讯以感人的事实、深刻的内涵和精美的语言，塑造了一个时代的典型形象。由于时间和条件的限制，写作小组无法前往西藏阿里地区进行实地采访，只能在中组部招待所进行采访。面对已有的数十万字新闻报道和文字材料，最大的难题是如何通过提炼，集中、准确而深刻地展现孔繁森的主要事迹和崇高精神。初稿的题目是《地委书记的一面旗帜——孔繁森》，经过几轮修改，新华社最终播发时采用了《领导干部的楷模——孔繁森》这一题目。时任新华社社长的郭超人后来表示，如果题目中再加上"新时期"这三个字就更好了。这篇通讯最终荣获第六届中国新闻奖特别奖。

（高红波）

　　也许，岁月能改变山河，但历史将不断证明，有一种精神永远不会失落。崇高、忠诚和无私，将超越时空，成为人类永恒的追求。

　　也许，时间会冲淡记忆，但人们绝不会忘记，20世纪90年代，有这样一位共产党员，他的理想，他的信念，他的人格，他的情操，使千万人的心灵为之震撼。

　　他，就是原中共阿里地委书记孔繁森。他把自己的一腔热血洒在西藏高原。

　　两次进藏，历时十载。在党的召唤面前，在人生的选择中，他的精神境界一次次得到升华

　　1993年4月4日，孔繁森告别拉萨赴阿里上任。

　　越野车载着他，向西急驶而去。车窗外，油画般的高原景色一幕幕掠过：

清澈的拉萨河，奔腾的雅鲁藏布江，高耸的雪山，明镜般的湖水……孔繁森热爱西藏的山山水水，但此时却顾不上欣赏这高原美景，伸向远方的莽莽苍苍的路，多么像人生之路。回顾过去的路，思谋未来的路，他的心早已飞向了阿里。

孔繁森先后两次进藏，这时已在高原工作6年。按说，他现在应该东进返乡。然而，他却接受了一项更艰巨的任务，驱车向西，奔赴自然条件更恶劣的地区，挑起阿里地委书记的重担。

号称"世界屋脊"的青藏高原，高寒缺氧，气候恶劣，而阿里又是西藏最艰苦的地区。那里平均海拔4500米，空气中的含氧量不足海平面的一半，最低气温 -40℃。民主改革前，野蛮的封建农奴制严重束缚了当地生产力的发展，藏族群众的生产与生活长期处于原始状态。民主改革后特别是党的十一届三中全会以来，阿里发生了巨大变化，但由于历史和自然的原因，当地的经济发展仍比其他地区缓慢，群众生活仍比较贫困。那里更需要像孔繁森这样年富力强的优秀干部，自治区领导同志征求孔繁森的意见时，他坚决而干脆地回答："我是党的干部，服从组织安排。"

像这样的工作调动，孔繁森经历过多次。每一次，他都把党和人民的需要作为自己的唯一选择。

孔繁森1944年出生在山东聊城一个贫苦的农民家庭。在党的培养教育下，他参军、入党，后来转业到地方工作。1979年，国家要从内地抽调一批干部到西藏工作，当时担任中共聊城地委宣传部副部长的孔繁森欣然赴藏。他并非不知道西藏天高地远，并非不知道那里生活艰苦，并非不知道远离家乡和亲人意味着什么。但他更清楚地知道，这是祖国和人民的需要，这是党的召唤。

从踏上西藏高原那天起，孔繁森就暗下决心：把自己的一切献给祖国这块神圣的土地，献给勤劳、勇敢的藏族人民。孔繁森进藏本来是作为日喀则地委宣传部副部长选调的，报到后，地委见他年轻体壮、意气风发，决定改派他到海拔4700多米的岗巴县担任县委副书记。征询他的意见，回答仍很痛快："我年纪轻，没问题，大不了多喘几口粗气。"那时，党的十一届三中全会刚刚开过，为了在农牧区推广家庭联产承包责任制，带领群众脱贫致富，他亲自到一个乡试点，又把经验在全县推广。在岗巴三年，他几乎跑遍了全县的乡村牧区，每到一地就访贫问苦，宣传党的政策，和群众一起收割、打场、挖泥塘，与当地群众结下了深厚的情谊。有一次，他骑马下乡，从马背上摔下来，昏迷不醒。当地的藏族群众抬着他走了30里山路，把他送到医院抢救，当他从昏迷中醒来时，看到很多藏族群众守护在身边。1981年，孔繁森奉调回山东离开岗巴时，藏族同胞依依不舍地含泪为他送行。

在西藏工作3年，孔繁森深深爱上了这片壮丽、神奇的高原，深深爱上了这里的藏族人民。同时，他也深深感受到当地群众要求改变贫穷面貌的迫切愿望。回到山东后，他曾表示："我这条命，是藏族老百姓给捡回来的。如果有机会，我愿再次踏上那片令人终生难忘的土地，去工作，去奋斗！"

光阴似箭。1988年，工作几经调动的孔繁森已担任聊城地区行署副专员。这时，又一次严峻的考验摆在他面前。

这一年，山东省在选派进藏干部时，认为孔繁森政治上成熟，又有在西藏工作的经验，便准备让他带队。组织上问他有什么困难，他还是那句话："我是党的干部，服从组织安排。"其实，孔繁森心里很清楚，家里确有不少困难。自己的身体状况不如从前了；年近九旬的老母，生活已不能自理；三个孩子尚未成年，需要有人照看；妻子动过几次大手术，体弱多病。自己一走，全家的生活重担又要压在妻子一人肩上。他不会忘记第一次进藏时家里的情景，里里外外都是妻子操劳。有一次，她去刨地瓜，五岁的儿子没人照看，掉进地窖里爬不上来……孔繁森觉得对不起妻子，对不起孩子。

一天，孔繁森对妻子王庆芝说："我带你和孩子们到北京玩几天吧！"妻子感到很奇怪。别说是去北京，就是在聊城，繁森也从来没闲空陪自己和孩子们出过门，这一次是怎么了？带着疑惑的心情，王庆芝和孩子们跟着他到了北京，游览了天安门和长城。途中，孔繁森话里有话地对妻子说："到了北京，就等于走遍了全国，以后我无论走到哪里就像到北京一样，你和孩子们别牵挂。"听了这番话，王庆芝似乎有了某种预感。从北京回到聊城后，孔繁森一直在想怎样对妻子开口，一天夜里，他终于鼓起勇气说："庆芝，组织上又安排我进藏了……"话还没说完，王庆芝的眼泪已像断了线的珠子滚落下来，看着妻子难过的样子，孔繁森的心里也一阵阵发酸，他动情地说：

"庆芝，我欠你的太多太多了！等从西藏回来，我一定会加倍地补偿。"

"你就放心去吧"，王庆芝抽泣着说，"一个人出门在外，好好保重身子。"那些日子里，王庆芝一边为丈夫收拾行装，一边悄悄地抹泪。要走了，孔繁森默默地站在母亲面前，用手轻轻梳理着母亲那稀疏的白发，然后贴在老人的耳朵旁，声音颤抖地说：

"娘，儿又要出远门了，到很远很远的地方去，要翻好几座山，过好多条河。"

"不去不行吗？"年迈的母亲抚摸着他的头舍不得地问。

"不行啊，娘，咱是党的人。"孔繁森的声音哽咽了。

"那就去吧，公家的事误了不行。多带些衣服、干粮，路上可别喝冷水……"

想到也许这是同年迈多病的老母亲的最后一面，孔繁森再也抑制不住内心的感情，"扑通"跪在母亲面前："自古忠孝不能两全，娘，您要多保重！"说完，流着眼泪给母亲深深磕了一个头。

无情未必真豪杰。为了党的事业，孔繁森把对家乡、对亲人的爱深深地埋在心底，把博大无私的爱献给了祖国和人民。

1988年，孔繁森第二次进藏后任拉萨市副市长，分管文教、卫生和民政工作。任职期间，他跑遍了全市8个县区的所有公办学校和一半以上乡办、村办小学，为发展少数民族教育事业殚精竭虑。1991年，一次车祸把他摔成了严重的脑震荡，颅骨骨折，高烧昏迷。住院治疗期间，一天，他得知一所学校发生了问题时，便不顾高烧未退、眼睛充血，骑着自行车赶到学校现场处理。在他和全市教育工作者的共同努力下，拉萨的适龄儿童入学率从45%提高到80%。这一次，听说孔繁森要延长在藏时间到阿里工作，有的同志劝他：你是山东的干部，已经先后两次进藏，该吃的苦也吃了。凭你的政绩和能力，回去一定可以干得更好、进步得更快。听了这话，孔繁森的神情顿时严肃起来："怎么能说我是山东的干部呢？我们共产党员无论在哪里工作都是党的干部，越是边远贫穷的地方，越需要我们为之去拼搏、奋斗、付出，否则，就有愧于党，有愧于群众。"

从拉萨到阿里地委、行署所在地狮泉河镇，将近2000公里坎坷不平的路程。孔繁森离开拉萨两天后，进入阿里地区措勤县境。藏北大草原那雄浑、壮美的景色展现在他面前。远方，绵延起伏的雪山在蓝天的映衬下格外壮丽，广袤无垠的草原一直伸展到遥远的天际。近旁，一座座用石块垒成的玛尼堆披挂着祈祷吉祥的五彩经幡，一堆堆高寒地带特有的红柳丛在阳光下像火一样耀眼，天空，时而白云朵朵，时而乌云密布；原野，时而大雪纷飞，时而风沙弥漫……

孔繁森是一个感情丰富、兴趣广泛的人，喜爱读书、写诗和摄影。眼前这一切，使他激动不已。为了祖国西南边陲这神圣的土地，多少先辈曾在这里奋斗拼搏、流血牺牲。如今，党把自己派到这里，这是多么光荣而又艰巨的使命。一种崇高的责任感和神圣的使命感在他心中油然而生。

进入阿里地界，孔繁森的调查研究也开始了。当天夜里，他风尘仆仆地到达措勤县委所在地。第二天上午，他不顾旅途劳累，召集县委、县政府的干部开会，听取汇报，并结合贯彻党的十四大会议精神，商讨如何发挥当地优势，探索适应社会主义市场经济体制的发展途径。随后，他又去看望和慰问驻当地的武警部队官兵。

经过对沿途措勤、改则和革吉三个县的实地调查，孔繁森透过这些地方贫困落后的现状，看到了当地蕴藏的巨大优势，即：丰富的畜产品和矿产品资源。他兴奋地对同行的同志说："随着社会主义市场经济体制的建立，我国的经济必将进入一个新的快速发展时期，对原材料的需求将进一步增长。这对有着丰富资源的阿里来说，无疑是一个极好的发展契机。我们一定要抓住这个有利时机，加快阿里经济发展的步伐。"

为了寻找阿里的发展优势，全地区106个乡，他跑了98个，雪域高原上留下了他的深深足迹。风雪中，他把自己的毛衣脱给一位藏族老阿妈……

孔繁森到阿里后，40多封请求调离的报告摆在了他面前。这对人才奇缺的阿里来说，无疑是雪上加霜。

重重心事加上高原反应，使孔繁森彻夜难眠。他索性把住在近旁的地委秘书长叫了过来。没有电，两人就借着手电筒微弱的光亮聊了起来。

孔繁森说："要求调走的那些同志在阿里工作了多年，这本身就是一种奉献。现在，他们申请调离，主要是对阿里的前途缺乏信心。我看，问题的关键是要找到阿里发展的突破口。小平同志说过，发展是硬道理。只要我们用发展这个硬道理来凝聚人心，调动干部们的积极性，为他们提供施展才华的舞台，就一定能把阿里的经济和各项事业搞上去。"

这一夜，他俩谈地区的工作，谈当地的优势，谈阿里的未来，越谈越兴奋。电池用完了再换上一节，炉火不旺了再添上几块焦炭，一直到曙光初露。

4月25日，孔繁森主持召开地委、行署联席会议。他给大家布置的第一项工作就是：解放思想，转变观念，在原有基础上进一步寻找阿里发展的优势，从困难中寻找光明的前途。

会后，孔繁森和地委、行署其他领导成员分头带队到基层调查研究。

到阿里赴任前，孔繁森已把自治区的各有关部门跑了个遍，将阿里地区的自然概况和历年来经济统计数字都抄在笔记本上。为了进一步摸清阿里的情况，他一个县、一个区、一个乡地跑。从措勤到札达，从普兰到日土，实地考察，求计问策，寻找带领群众脱贫致富的路子。在阿里不到两年的时间里，从南方的边境口岸到藏北大草原，从班公湖到喜马拉雅山谷地，全地区106个乡，他跑了98个，行程8万多公里。

阿里地广人稀，面积30.5万平方公里，相当于两个山东省，而人口只有6万多。有时，开着越野车在空旷的荒野上奔波一天也看不到一户人家、一顶帐篷。饿了，他们就吃口风干的牛羊肉；渴了，就喝口山上流下来的雪水。旅途虽然艰苦，但孔繁森却风趣地对随行的同志说："高原上的水绝对没有污染，是世界上最优质的矿泉水，等开发出来得用美元来买呢！"他那乐观的情绪，常常感染着周围的同志。

有经验的人都知道，在高原生活，一场严重的感冒有时也会夺去一个人的生命。而孔繁森恰恰一到阿里就感冒了，咳嗽不止。为了不耽误工作，他就大剂量地服药。病情重了，就一边输液，一边工作。一个多月下来，体重减轻了14公斤。由于过度劳累，他的直肠纤维瘤复发，鲜血浸透内裤，可他一直瞒着别人。等大家都入睡后，他才把内裤换下，悄悄洗干净。

在广泛深入调查研究的基础上，阿里经济发展的思路在孔繁森的脑海中渐渐清晰起来。在地委、行署联席会议上，孔繁森列举了阿里发展的六大优势：畜产品优势、矿产品优势、旅游优势、边贸优势、政策优势、人口少的优势。

"率领群众致富，是我们的天职。每一个党员干部，都应当与人民同甘苦、共命运。这样，我们党才有威信，国家才有希望。阿里虽说偏僻落后，但发展潜力也很大。关键是要带领群众真抓实干。我有信心和全地区人民同舟共济、艰苦创业，共同建设一个文明、富裕的新阿里。"

孔繁森激情满怀的讲话，使在场的干部热血沸腾。

艰难困苦，对于弱者来说是可怕的，而对于坚强的共产党人来说，则往往是一种无声的召唤。沧海横流，方显英雄本色。

1994年初，正当孔繁森带领全地区人民为实现阿里发展的宏伟蓝图而奋斗时，一场罕见的特大暴风雪席卷了阿里高原。

漫天大雪，吞没了农田、牧场和村庄。凛冽的寒风，把各县受灾的消息传到狮泉河。

"立即行动起来！到灾区去，到群众中去，组织抗灾，恢复生产，重建家园。"在孔繁森的带领下，地委、行署迅速组织了十多个工作组分赴各灾区。厚厚的积雪封死了道路，他们就用铁锹挖，用汽车碾。大家只有一个信念：尽快把党和政府的关怀送到灾区。

在革吉县和改则县，孔繁森目睹了暴风雪给牧民造成的严重危害：大片大片的牧草被冰雪覆盖，成群成群的牲畜因冻饿而死，许多群众陷入缺衣少粮的困境。

孔繁森的心在颤抖！

他挨家挨户地走访灾民，分发救济粮和救济款。风雪中，他高声地鼓励大家："有党和政府在，再大的灾害也压不垮我们。我们一定能帮助大家渡过难关！"

2月26日，孔繁森来到受灾最严重的革吉县亚热区曲仓乡。这里海拔5800

米，是阿里最高的一个牧业点。乡党委书记嘎玛钦尧愁眉不展地说："大雪连续下了一个星期，最深的地方没到膝盖。全乡有8人被冻伤，牲畜大部分死亡。"

孔繁森心情沉重地把全乡每户牧民的损失情况一一记在笔记本上，然后用坚定的语气对嘎玛钦尧说："现在的首要任务是保护人。先保人，再保畜，一定要把群众的情绪稳住，团结起来同灾害作斗争，尽量把损失减少到最低限度。"

雪花在凛冽的寒风中狂飞乱舞。一会儿工夫，大家都变成了雪人。人们穿着大衣，还是感到阵阵发冷。脸、手和脚都被冻得失去了知觉。孔繁森看到一位藏族老阿妈把外衣脱给了在风雪中哀嚎的小羊羔，自己却在零下20多摄氏度的严寒中冻得瑟瑟发抖，他的眼睛湿润了。他用手捂住脸，强忍着不让泪水流出来，猛地转身回到越野车上脱下自己的一套毛衣毛裤，递给那位老阿妈。老阿妈伸出已经冻僵的双手，接过那还带着体温的毛衣，嘴唇颤抖着久久说不出一句话。

顶风冒雪，孔繁森背着他每次下乡都随身携带的小药箱，走村串户，慰问受灾群众，给被冻伤的牧民们看病。他早年在部队医院当过兵，粗通医术。来西藏工作后，为了解决当地缺医少药的困难，他做了大量工作。每次下乡前，他都要买上几百块钱的药，为农牧民看病治病。一次，有位70多岁的藏族老人肺病发作，浓痰堵塞了咽喉，危在旦夕。当时，没有其他医疗器械可用，孔繁森就将听诊器的胶管伸进老人嘴里，又对着胶管将痰一口一口地吸出来，然后又为老人打针服药，直到转危为安。

雪越下越大，风越刮越紧。长时间的高原反应，持续不断的超负荷工作，使孔繁森本来就带病的身体更加虚弱。他感到眼前阵阵发黑，身上不住地冒虚汗，但还是坚持着给冻伤的牧民一一做了检查。尔后，又把解决曲仓乡受灾牧民的搬迁、转场和买牛的资金及口粮、油料等问题一一研究落实，一直忙到凌晨2点多钟，才躺下休息。

夜，很深很深了。狂风仍在不停地呼啸。奔波劳累了一天的孔繁森躺在帐篷里，剧烈的头疼使他怎么也睡不着。凌晨3时许，他感到心跳加快，胸闷气短，天旋地转。有高原生活经验和医学常识的孔繁森，预感到死神正向自己逼近……

对孔繁森来说，生与死早已置之度外。在赴藏前，他就请人写过"是七尺男儿生能舍己，作千秋鬼雄死不还乡"的条幅。进西藏后，他又写下了"青山处处埋忠骨，一腔热血洒高原"的豪迈誓言。让他放心不下的，是那远在家乡的老母亲和妻子、儿女。昏昏沉沉中，他默念着亲人的名字……想着，想着，

泪水挂满了脸颊。他强支起虚弱的身体,打开手电筒,在笔记本上给同行的小梁写下了这样的交代:

小梁:

不知为什么我头疼得怎么也睡不着。人有旦夕祸福。万一我发生了不幸,千万不能让我母亲和家属、孩子知道。请你每月以我的名义给我家写一封平安信。我在哪里发生不幸,就把我埋在哪里……

这一夜,孔繁森终于挺过来了。他,没有倒下。

经过两个月的艰苦奋战,阿里地区的各族干部群众在地委和行署的领导下,终于战胜了雪灾,全地区没有冻死、饿死一个人。但这场雪灾毕竟也给阿里造成了严重的经济损失。雪灾和连续几年的旱灾、风灾,使孔繁森深深感到:光靠救济不能从根本上消除自然灾害的威胁,只有尽快建立起抗灾防灾基地,才能使群众具有抵御自然灾害的能力。他在地委、行署联席会议上提出了这一想法,得到大家一致赞同。

这一年7月,孔繁森在北京参加中央召开的第三次西藏工作会议后,没有立即返回,他要利用这个机会当面向中央有关部门的负责同志陈述想法,争取支持。当时,他母亲正卧病在床,水米不进,家里几次催他回去,可为了阿里地区6万多群众,他只好在心里默默地为母亲祈祷、祝福。

七、八月份的北京,正是酷暑季节,孔繁森顶着似火的烈日,一个部委一个部委地汇报灾情。中午实在热得不行,就到有空调的商店里避一避。饿了,就在附近的小摊上吃碗面条。次数多了,随行的同志难免有些抱怨:在摊上吃,既不卫生,也太简单,而且有失地委书记的身份。孔繁森很动感情地说:"想想灾区那些还在饿肚子的群众,大鱼大肉咱能吃得下吗!"

在北京的20多天里,孔繁森先后跑了十多个部门,每到一处,他都把记录阿里灾情的录像带放给有关同志看,一边放一边讲灾区群众的困难,说那里条件的艰苦,谈建设防灾抗灾基地对阿里的特殊意义,人们无不为他的一片赤诚所感动。

阿里的灾情引起有关负责同志的重视,破例为阿里解决了一大笔救灾款和项目资金。资金落实后,孔繁森的心情却久久不能平静。他知道,西藏和平解放40多年来,中央对西藏的财政补贴和基本建设投资累计达200多亿元。这次西藏工作会议上,又确定了总投资23.8亿元的62个援藏项目。他感到肩上的担子更重了:中央对西藏这样关心和支持,如果自己做不好工作,怎能对得起党,对得起藏族群众?

返回阿里后,孔繁森向地委和行署干部迅速传达了中央第三次西藏工作会议和自治区党委四届六次全会的精神。他说:"中央关心西藏,全国人民支援西藏,我们怎么办?"他和地委、行署一班人提出,要以"新的精神面貌,新的思维方式,新的工作思路,新的行动姿态,抓住机遇,加快发展,努力开创阿里工作新局面"。

在孔繁森等地委、行署一班人的带领下,阿里的经济有了较快发展。1994年,全地区国民生产总值超过1.8亿元,比1993年增长37.5%;国民收入超过1.1亿元,比上年增长6.87%。一幅全面振兴阿里经济的宏伟蓝图,正在这雪域高原上成为现实:

——2000千瓦的朗久地热电厂重新发电,高原的夜晚不再漆黑,明亮的灯光同天上的星星交相辉映;

——年产值上亿元的山羊绒梳绒厂和鱼骨粉加工厂、硼矿脱水厂、水泥厂等相继在空旷的荒原上拔地而起,隆隆的机器轰鸣声打破了千年的沉寂;

——随着普兰、什布奇口岸的开通,至边境强拉山口公路的竣工,阿里高原向世界进一步敞开了开放的大门……

三个藏族孤儿,900毫升鲜血。他向人民奉献的是比血还浓的炽热情感,是博大、深沉和无私的爱

摆在记者面前的,是解放军西藏军区总医院血库一张献血证明,上面写着:

兹有孔繁森同志于1993年曾先后三次来我库自愿献血900毫升,已按医院规定付给献血营养费900元整。

在这张献血证明的背后,是一个催人泪下的故事——

1992年,拉萨市墨竹工卡等县发生地震。当时在拉萨任副市长的孔繁森立即赶赴灾区。在羊日岗乡的地震废墟上,三个失去父母、无家可归的藏族孤儿曲尼、曲印和贡桑哭喊着扑到他的怀里。孔繁森抚慰着三个孩子:党,就是你们的亲人。一定会让你们有饭吃,有衣穿,有房子住,还要送你们上学。他嘱咐当地干部务必要安置好这三个孩子。孔繁森紧张地忙于救灾,也一直牵挂着三个孩子。不久,他再次来到羊日岗乡,决定亲自承担起抚养这三个孤儿的责任。

一个人孤身在外,又要工作,又要带孩子,辛苦和劳累可想而知。晚上,工作了一天的孔繁森回到家,先要给孩子们做好饭菜,然后再教他们读书认字。夜里,就和孩子们挤在同一张床上。那时,曲尼12岁,曲印7岁,贡桑只有5岁,睡觉时经常把尿撒在床上,他就不厌其烦地换洗床单。节假日,只要有空,他总要带孩子们去商店、逛公园，给他们买衣物，陪他们玩，就像对待他自己的亲生儿女一样。

一天深夜，曲印突然肚子疼得"哎哟，哎哟"叫个不停。孔繁森从睡梦中被吵醒，他爬起来给曲印吃了药，可还是不行。孔繁森着急了，背起孩子直奔医院，整整忙了一夜，直到第二天早上才疲惫不堪地回来。

看到孔繁森一人抚养三个孩子负担太重，拉萨市市长洛桑顿珠领走了曲尼。

生活条件变了，曲印和贡桑吃东西也开始挑剔起来。孔繁森觉察到孩子的这一细微变化，就对办公室的小崔说：

"我想请你把孩子们带回羊日岗乡去看一看。"

"他们的父母都不在了，看个啥呀？"小崔不解地问。

"让孩子们走一走家乡的土路，看一看家乡的山水，再过几天家乡父老乡亲的生活。"说着，孔繁森把曲印和贡桑喊了过来，他抚摸着兄妹俩的头语重心长地说："记住，永远别忘了自己的家乡，将来长大了，好好建设自己的家乡。"

兄妹俩回家乡生活了5天，回来后好像长大了许多。

尽管孔繁森自己的家庭负担比较重，但每次下乡，他总要把钱分给那些生活贫困的藏族群众，往往刚过半个月，工资就花得所剩无几，有时连交伙食费的钱都不够了。收养孤儿后，经济上更加拮据。过去他一个人，生活上能凑合就凑合，可他不能让孩子们受委屈。

1993年春的一天，孔繁森悄悄来到西藏军区总医院血库，要求献血。护士看着他那已经斑白的鬓角，婉言劝道："您这么大年纪了，不适合献血。"

孔繁森连忙恳求道："我家里孩子多，负担重，急需要钱。请帮个忙吧！"

护士见孔繁森如此恳切，只好同意他的请求。

殷红的鲜血，从孔繁森的体内缓缓流进针管。这是一位共产党员的鲜血，是从一位日夜操劳的领导干部的血管里流出来的血！

孔繁森生活极其节俭，经常吃的是白饭就榨菜，工作一忙，开水泡馒头和方便面也是常有的事。他穿的许多内衣打着补丁，连块香皂都舍不得买。每次去拉萨回阿里，他总要买上一些价格低廉的生活日用品，因为有地区差价，这样可以省点钱。孔繁森对自己，就是这样节俭、吝啬，而对他人、对藏族同胞，却是那么慷慨大方。在西藏工作的近10年时间，他几乎没有往家里寄过钱，省下的工资，大部分花在藏族群众身上。为此，他曾多次流露出对家人的内疚之情。但为了帮助那些有困难的藏族同胞，他只好委屈自己的家人。

孔繁森是清贫的，同时也是富有的。他拥有人世间最美好的心灵，最丰富的情感，最高尚的精神境界。

"太阳和月亮有着同一个母亲，她的名字叫光明；汉族和藏族拥有同一个母亲，她的名字叫中国"——这是孔繁森非常喜爱的一首歌。他曾多次对人这样讲，每当看到藏族的老人，就会想到自己的父母；每当看到藏族的孩子，就仿佛见到自己的儿女。在拉萨当副市长期间，全市56所敬老院和社会福利院，他走访过48所，把党和政府的关怀、温暖送到孤寡老人和孩子们的心田。

在拉萨市堆龙德庆县桑达乡敬老院里，有个叫琼宗的老人，至今保存着孔繁森送给她的一双棉鞋。老人永远不会忘记那个隆冬的早晨，孔繁森副市长冒着寒风来到敬老院，发现老人的鞋子破了，脚被冻得又红又肿，便心疼地把老人的双脚抱在自己的怀里。第二天，他又托人给老人送去了一双新棉鞋。不久，他又给敬老院的老人们送去了半导体收音机。接过孔繁森自己掏钱买的收音机，老人们的眼睛湿润了。一个叫旺姆的老人激动地对孔繁森说："还是新社会好哇！要是在解放前，像您这样的崩布拉（当官的）连见都见不到呀！"离开敬老院时，老人们自动站成一排，依依不舍地为他送行。

有一次，孔繁森到拉萨市林周县阿朗乡敬老院看望孤寡老人。走进一个房间，他看到一位藏族老阿爸的脚因烫伤溃烂发炎了，便打开随身携带的药箱，为老人擦洗涂药，然后用纱布把脚裹好，还把自己穿的灰色风衣脱下来披在老人身上。临走时，他又掏出身上仅有的30多块钱塞到老人手里。老人感动得直掉眼泪，口中不住地念叨："活菩萨，活菩萨！"

孔繁森在阿里工作时，一天，他到噶尔县门士区检查工作，看到草滩上有几间土坯房，听说那儿住着两位孤寡老人，便走了过去。他推开门，借着火塘的光亮，看见一位藏族老阿妈有气无力地靠在墙上。"阿妈啦，党派我看您老人家来了！"说着，他随手摸了摸放在地上的口袋，糌粑不多了；又摇了摇一旁的酥油茶壶，也快空了。原来，政府给老人的这个月的生活费已经花光了。孔繁森马上掏出200元钱给随行的同志："快去给老人买些茶叶、食盐、酥油和大米来。"说着，他又转身走进另一位孤寡老人的家，只见老人病着躺在一张破羊皮上。孔繁森心情沉重地对区里的干部说："马上请医生来给老人看看病，另外再买块床垫来，要厚，要暖和。"从那以后，只要有人去噶尔县，孔繁森必定要托人给这两位孤寡老人捎些钱、粮食和衣物。

没人能说得清，像这样的事孔繁森做了多少件。有人说，他做的好事就像盛开的邦锦花，洒满草原。也许在有些人看来，这些事太普通，太平凡了。然而，就像那奔腾浩荡的雅鲁藏布江，最初的源头不过是阿里高原上的一条小溪，正是这点点滴滴的平凡小事，铸就了一个共产党员品格的崇高和伟大。

"冰山愈冷情愈热，耿耿忠心照雪山。"正如孔繁森在一首诗中所写，他把自己一颗火热的心献给了青藏高原，献给了党的事业。他对藏族同胞的爱、对祖国人民的爱，就像高原上的蓝天一样，那样的纯洁，那样的深沉，那样的博大。他始终在努力实践着自己最喜爱的那句名言："一个人爱的最高境界是爱别人，一个共产党员爱的最高境界是爱人民。"

令人痛惜的意外事情发生了。

1994年11月29日，孔繁森在去新疆塔城考察边贸的途中，在一场车祸中不幸殉职，时年50岁。噩耗传到阿里，传到拉萨，传到山东，人们简直不敢相信。

"出师未捷身先死，长使英雄泪满襟。"

人们在料理孔繁森的后事时，看到两件令人心碎的遗物：一是他仅有的钱款——8.6元；一是他的"绝笔"——去世前4天写的关于发展阿里经济的12条建议。

这就是孔繁森留下的遗产，这就是一个共产党员的高尚情怀！

雪山含悲，江河呜咽。

许多人站在孔繁森的遗像前泣不成声，泪如雨下。数不清的哈达敬献在他的灵前，堆得像洁白的雪山。

在阿里，在拉萨，在聊城……成千上万的人在呼唤着同一个名字——孔繁森。

"波拉，波拉（爷爷）！您不能走，我们舍不得您哪！"孔繁森收养的两个藏族孤儿，捧着他的遗像哭干了眼泪，哭哑了喉咙。

"孔书记，我的好书记，让我替您去死吧！"孔繁森身边的一位工作人员双膝跪地，两手深深插进墓穴的黄土，嚎啕大哭，悲痛欲绝。

一位藏族老人匍匐在孔繁森的灵前，大声哭喊："孔书记，您不该去呀！您对阿里恩重如山，我们不能没有您啊！"

阿里的一个画家虔诚地跪在孔繁森的遗像前，一边落泪，一边为他画像。画了一夜，也哭了一夜。当画稿完成后，他将画笔折成两截……

"一尘不染，两袖清风，视名利安危淡似狮泉河水。二离桑梓，独恋雪域，置民族团结重如冈底斯山。"

——一副副低垂的挽联，诉说着人们的巨大悲痛，倾吐着人们的无限哀思和崇敬之情。

就像那许许多多把自己的青春、热血和生命都献给了西藏高原的先辈那样,党和人民的好儿子孔繁森,也把他那高大的身躯融入这片壮丽、神奇的土地,在无数人的心中树起一座不朽的丰碑。

(作者:何平、朱幼棣、陈雁、陈维武、王世亮;新华社1995年4月6日;获第六届中国新闻奖特别奖)

北京有个李素丽
——21路公共汽车1333号车跟车记

【编选手记】

李素丽，是1996年度中国家喻户晓的一个典型人物。《北京有个李素丽》的成功之处，在于记者深入现场采访，写作风格平实，镜头感强。这篇报道处处都是细节，通篇都是情节，一点一滴汇聚成了全国劳模——北京公交车售票员李素丽热情为乘客服务的模范形象。在新闻界举行的李素丽报道总结大会上，此文被列为"用真实故事打动人"的好报道。在团中央进行的一次群众调查中，李素丽被认为是当年所树立的典型中最被群众接受的人物，理由之一就是宣传报道的客观真实。两位作者在采写札记中写道，把劳模当普通人来写，这是一种新的尝试。1996年10月3日，该报道见报的前一天中午，总编与两位作者一起改稿。不到3个小时的时间，一篇8000字的通讯就被改成了3000字的特写。他们删掉了"旁白"，坚持"用事实说话"；去掉了"浮词"，注重"炼词炼意"。最终，"文章就像一个穿戴臃肿的人卸掉了包袱，面目变得清晰了"。

（高红波）

（一）

北京。西直门站。

大雨滂沱。一幢幢巍峨的高楼隐现在一片烟雨朦胧之中。

雨幕中，挂有"工人先锋号"标志的1333号公共汽车缓慢进站。

乘客朝汽车蜂拥而去。男的、女的、老的、少的，有的扛着行李，有的拎着提包，争先恐后，步履匆忙。在各种各样的雨伞下、雨衣里藏着一张张焦虑的面孔。

"哗啦"一声,车门打开了,紧靠车门的窗口探出女售票员半截身子,她打开一把花格伞,遮在车门口。

雨点如断线的珠子砸在雨伞上,她的脸上、胳膊上都溅上了雨水。她招呼乘客们上车。

拥挤的人群变得有序了:他们一个个在雨伞下跺脚,脱下雨衣,折好雨伞,抖去雨水,依次上车……

她就是李素丽。中等身材,30多岁。海蓝色的套装整洁可体,淡妆轻抹的脸上,闪动着一双笑眼。

(二)

汽车启动了。李素丽折起雨伞,擦去脸上的雨水,理理自己的头发。随即,车厢里响起了甜润的声音:

"乘客同志们,您可能来自祖国的大江南北,四面八方。不管您来自何方,我都将用热情、友好、主动的态度为您提供周到的服务。您在途中有什么困难和要求,我会尽力帮助您!"

这声音吸引了所有乘客的目光。站在她面前的几个进京打工的人下意识地整理了一下自己的衣服。

这声音,引出了车厢一番议论:

"这售票员像在宾馆里工作。"

"可不。"另一位乘客的声音,"她的仪表和声音我看特像空中小姐。"

一位乘客动情地说:"售票员给上车的人打伞,不多见了。"

"她的车我常坐,"一位乘客接过话茬,"冬天下雪,她捧着炉灰往脚踏板上撒,怕人上车时滑倒,心眼多好!"

……

(三)

车厢外,雨还在下。车厢里,显得十分拥挤。

李素丽:"乘客同志们,下面,请您准备好零钱,我将到您的身边售票……"

话音刚落，乘客们纷纷将钱递过来，你传给我，我传给她，小小车厢里，充满融洽的气氛。

一位50多岁的妇女把钱举过头顶，冲着李素丽喊："我买两张，一张我的，一张行李。"

李素丽接过钱，还给这位妇女甜甜的一笑。

（四）

三里河站。

雨还在下。汽车进站。门口依然遮着那把花格雨伞。

李素丽招呼旅客们上下车："大爷、大娘、您慢走，穿好雨衣，别淋着了……"

汽车缓缓启动。李素丽突然发现有一位大娘急匆匆地朝汽车赶来，她拿起话筒："大娘别着急，司机和全体乘客都在等您呢！"等老人走近，李素丽走下车搀扶老人上车。

（五）

车厢里挤满了人。

李素丽："现在车上人比较多，不知年老的乘客都有座位没有？如果有我没看到的，请互相关照一下。"于是人们纷纷给老人让座，有六七位老人都落座了。李素丽发现有两位头发花白的老人还站着。

她挤到两位年轻人面前，细语轻声地说："请给老人让个座好吗？"

年轻人应声站起。两位老人也坐下了。

李素丽露出欣慰的笑容。

记者顺着李素丽的耳际向前望去，司机背后的挡板上，"乘客之家"4个大字赫然映入眼帘。

"社会是一面镜子，你首先对它笑，它也就对你笑。"

——李素丽

（六）

汽车穿街过巷，商店、树林、行人不时从窗外闪过。

车公庄站。一位胖胖的女士，用手捂着右腮，样子很痛苦。她上车后便找个座位坐下，两只眼目不转睛地盯着李素丽。

这个女士刚下去不久，怎么又上来了。记者主动招呼：

"呦，您也来了。"

"我闹牙呢，专门来坐她的车。"女士指指自己的右腮，同时又向李素丽亲昵地瞥了一眼。

"坐她的车还能治牙疼？"我们颇为不解。

"可不。"女士认真地说，"这两天憋闷得慌，我一上火就牙疼，牙疼时就上她的车。听她说话，看她做事，心里特快活，一舒畅，就把疼给忘了。刚才坐了几站，感觉好多了。"这位性格外向的女士还自我介绍起来："我就在三里河菜场上班，也是做服务工作的，像她这样把服务工作做到这份儿上真不容易。"

（七）

21路，经委会站。

一位中年妇女扶着车门吃力地上了车，靠着车门不动了。李素丽转脸发现了，她立即走到靠近车门的一位乘客面前耳语几句，那位乘客点点头站起来。座位空了。

李素丽扶着那位中年妇女来到空位前，让她坐下。

原来，这是一个残疾人⋯⋯

说到残疾人，记者当晚采访了李素丽另一个故事。

（八）

普渡寺西巷11号。

这是一个典型的北京四合院。一间10多平方米的小屋。屋里除了床和桌子外没有什么像样的家具，我们就坐在了床上。小屋的主人叫张志忠。

"我们是《工人日报》记者，跟你随便聊聊。"

"是谈李大姐的事吧？"

小张还未开口，眼泪便流了下来："每逢我上下班乘车，李大姐和司机说好，把车停在我面前，一开门我就能上车。我手脚不方便，视力也不好，她扶我上下车，帮我找座位，帮我打消残疾人的自卑感。前年我被单位辞退了，心里很苦闷，我在绝望的时候，去找李大姐。见到她，我忍不住抱着她哭了。我觉得她就是我的亲姐姐，是她鼓起了我生活下去的勇气……"

泪珠从他的脸上滚落下来。

"给乘客下个台阶，我的服务就上个台阶。"

——李素丽

（九）

车厢里。人头攒动。

一位戴墨镜的乘客摸着朝售票台走去。

她从挎包里掏出一个纸包，放在售票台上。

"同志，你……"李素丽莫名其妙。

"姑娘，我就爱听你话。这几天，我觉得你的嗓音有点哑，这点胖大海是我专门给你买的，泡着喝吧。"

车到站，乘客被扶着下车了。原来他是盲人。

（十）

车厢里。

一位中年妇女走到李素丽身边："姑娘，你太累了。我看你的脸色不太好。"

李素丽莞尔一笑："大嫂，我挺好的。"

"可要保重身体呀。"大嫂说着把一大把鲜荔枝塞进李素丽手里，说，"这是新鲜荔枝，听说吃了补身子。"

李素丽难为情了："大嫂，这怎么行呢？"

"怎么不行！"大嫂说，"吃吧，我看着你吃。"

李素丽被逼无奈，吃了一颗。

大嫂爽朗地笑了，笑得那么开心。

（十一）

月坛车站。

一位行动蹒跚的大娘被李素丽搀扶上车。然后又给老人找座位坐下。

"姑娘，你真好。"老人拉住李素丽的手心事重重地说："前两天我也坐公共汽车，没座位就靠售票台站着。谁知那个售票员说，'齁热的，你还倚着我，一边儿去！'硬把我轰走了。"

李素丽俯身宽慰说："大娘，别往心里去，以后会好的。"

汽车在运行，几站过去了。李素丽的服务让大娘激动不已。她蓦地站起身来，大声说："乘客同志们，你们看这个售票员的服务有多好，咱们为她鼓鼓掌吧！"

话音刚落，车厢里响起一片热烈掌声。

这掌声让李素丽愣神了，她眼含热泪连声说："谢谢大家，谢谢大家！"

车到军博站，大娘要下车了。她走到车门口又转过身来，用颤抖的声音说："让我们再给售票员鼓个掌吧！"

说着，她又鼓起掌来。车厢里掌声一片。

李素丽哭了。

司机也哭了。

（十二）

西直门站。

乘客从车里鱼贯而出。

"那三位同志，看看你们的票好吗？"李素丽的声音集中了所有乘客的目光，车头前一两米处立着三个小伙子，其中一个不情愿地慢慢挪过来说："当然可以。我们有票。"可是，他翻遍了所有的衣服口袋，仍没有掏出票来。

"再好好找找。"李素丽依然面带微笑。

"没钱就别坐车，年纪轻轻的就逃票，多丢人！"车厢里，有的乘客数落起来。

"别这么说，他一准儿是丢了。"李素丽没有半点责怪的意思。

小伙子不好意思了，掏出一块五毛钱递给李素丽。李素丽脸上仍带着微笑："下车买票就不是一块五毛钱了，按规定要加倍的。"

小伙子又递给李素丽一块五毛钱。同时还留给她一句话："冲你，以后这样的事不会发生了。"

（十三）

车在运行。

一个留着长头发的年轻人上了车，摆出一副玩世不恭的样子。

"啪"一口痰顺口而出，吐在地板上。小伙子抖着腿若无其事地看着窗外。

"同志，请你把痰蹭掉。"有人劝道。

小伙子鼻子里哼了一声，理也不理。

乘客们不满了：真不像话！

小伙子轻蔑地扬扬脑袋扫视一下众人，一副玩世不恭的神态，这一切李素丽看在眼里。

她走到小伙子身边，面带笑容地说："这是公共场所，随地吐痰，污染环境，对您的健康也不利啊！"

没等李素丽把话说完,小伙子冷冷地瞪了她一眼,示威似的又在洁净的地板上吐了一口痰。

车厢里乘客气愤了。

人们一齐把目光投向李素丽。

李素丽心里咯噔一下子,有股怒火直冲脑门,满脸憋得通红,她理了理头发,微笑又出现在她的脸上,她转身回到售票台,从自己的挎包里取出一团卫生纸,走到小伙子跟前,俯下身子,默默地擦去地板上的两块痰迹。

此刻,车厢里静极了,没有一点声响。

人们给她闪开一条回到售票台的通道。

谴责的眼光一起射向小伙子。

小伙子低下了"高贵"的头,再也没有抬起来。

到站下车了,小伙子拿着月票特意走近售票台,低声对李素丽说:"大姐,对不起。"

"能使大家都快乐,我更快乐。"

——李素丽

(十四)

儿童医院站。

一位40多岁的男乘客径直朝挂着意见本的座位走去,摘下本子便埋头写起来。

意见本上留下了这样一段文字:"从此窗口体现了北京人民的文明礼貌,希望其他车也能如此。"

"同志贵姓?"记者走上前去问。

"我姓王,在石家庄电力部门工作。"他抬起头来并不介意地望着我们。

"怎么刚上车还没感受一下就往意见本上写呢?"我们不解地问。

"我来北京办事主要靠公共汽车,这趟车我坐过很多次了,服务就是不一样。"他指指正在售票的李素丽,感慨地说,"就说她吧,说的话、做的事,让人心里热乎乎的。我每一次上车都想写写自己的感受,可人多,不能如愿,这回,就是冲着意见本来的。"

（十五）

西客站。

车到终点站，乘客们从车上鱼贯而出。

李素丽搀老人、扶小孩，嘴里不停地说："请慢点走。""欢迎再来乘我们的车。"

人们朝她微笑，向她招手，有的依依不舍。

最后下车的是位精神矍铄的老人。他走到李素丽跟前，激动地拉住李素丽的手："听说过你的名字，我是特意来看看的，不虚此行啊，不虚此行。"

李素丽脸上泛起红晕："谢谢您的鼓励，我做得还很不够。"

"不，你做得很好！"老人感情真挚地说，"你在身体力行，播洒文明。许多人抱怨社会风气不好，其实，良好的社会风气要靠每一个社会成员去创造，去维护。姑娘啊，你没有抱怨，而是在用行动教育大家，感染大家，让大家都做文明人，我们应当感谢你！"

老人的话，留在了记者的采访本上。

采访本上也留下了他的期盼："我们的社会需要她这样的人，应该好好宣传。"

（十六）

西客站。21路车队队部。

车队党支部书记梁良热情地接待了记者。

他抱来一摞意见本，还有许多表扬信："李素丽是年初从60路调到我们车队的，8个月的时间里我们共收到了277封表扬信。"

读这些信，记者感到春风拂面：

车子一进站，我就感觉到有股莫名其妙的暖流迎面而来，烦躁的心情顿时清爽了许多，整洁的车辆给人一种欲乘之而后快的愿望，一路上乘务员小姐的服务更加春风拂面，一言一行，一颦一笑，显然是一位春天的使者，与此同时我们乘客也仿佛走进了神圣高雅的殿堂，每个人都有了绅士的风度，礼貌待人，尊老爱幼，以身作则，有问必答，急他人之所急，想他人之所想，这不就是人们这些年所期盼却很难得到的人与人之间的沟通与理解吗？有幸的是我们在21路1333公交车上目睹体会了这一切，回到驻地，心情久久难以平静，感慨之余，情感的思绪迫使我坐下来记下自己的所想所感，记下这难忘的一天。

××部队5分队 金伯勤
1996年4月12日

乘坐21路1333号车心情舒畅，真有上车如到家之感。我对这位售票员的工作态度深表钦佩。

北京西四大院胡同9号 张茂林
1996年3月

依依不舍下了车，我望着远去消失的汽车，感慨很多。如果说售票员是平凡的工作，那么，这位售票员已把它升华了，艺术化了，她把50年代到90年代的服务方法、服务水平有机地结合起来，使乘客在享受其热情服务的同时，又得到了语言等方面的艺术享受。

乘客 煊炀
1996年2月27日

"我从这个乘务员身上看到了北京市风气变好的希望，如果有一半的服务员能像这位乘务员一样，北京该有多好。"

华北电力大学 王金兰
1996年4月26日

（十七）

下午4时许，空车驶离西客站。

李素丽下班了。

太阳西斜，她骑上自行车，踏上了回家的路。

笔直的大路向远处延伸，沿着这条路，她消失在人群中……

（作者：郭萍、吴晓向；原载1996年10月4日《工人日报》；获第七届中国新闻奖特别奖）

在大海中永生
—— 邓小平同志骨灰撒放记

【编选手记】

　　《在大海中永生》是一篇将纪实性、政论性与抒情性完美融合的通讯作品。1997年2月19日，邓小平逝世。3月2日上午，遵照小平同志的遗愿，他的骨灰被撒进了大海。根据有关部门的要求，新华社是此次骨灰撒放活动文字报道的唯一新闻单位。作者饱含深情地描绘伟人，以大海为主线，以撒骨灰为切入点，书写了邓小平波澜壮阔的一生，着重突出了他对改革开放的贡献以及对"一国两制"的贡献，深刻体现了邓小平与大海同在、与祖国同在、与人民同在的主题，折射出历史的变迁，反映出他的丰功伟绩，表达了亿万人民对小平同志的深厚感情。通讯播发后，各大媒体均在显著版面刊载，作品广受好评，许多读者是含着热泪读完这篇通讯的。

（高红波）

　　一位以自己的一生书写中华民族崭新历史的伟人，今天完成了他人生的最后一个篇章。

　　1997年3月2日上午。

　　银色的专机，离开西郊机场，在首都上空低低地、缓缓地绕飞一周，然后穿过云层，飞向祖国的辽阔大海……

　　机舱内安放着全党全军和全国各族人民衷心爱戴的邓小平同志的骨灰。

　　一面鲜红的中国共产党党旗覆盖在骨灰盒上。

　　这是党和人民给予一位93岁的老共产党员的最高荣誉。

　　捐献角膜、解剖遗体，不留骨灰、撒入大海——这是把毕生毫无保留地献给祖国和人民的邓小平同志的遗愿，也是他留给党和人民的一份珍贵遗产，表现了一个彻底的唯物主义者的高尚情怀。

　　今天，胡锦涛等中央领导同志和邓小平同志的夫人卓琳等亲属一起，以最朴素、最庄严的方式完成邓小平同志生前的这一嘱托。

穿云破雾，专机向大海上空飞去，飞向这位一生波澜壮阔的伟人最迷恋的地方。

也许是苍天为之动容，当专机飞临大海时，天空出现一道绚丽的彩虹。

11时25分，专机飞至1800米高空。强忍着悲痛，81岁的卓琳眼含热泪、用颤巍巍的双手捧起邓小平同志的骨灰久久不忍松开。她一遍又一遍地呼唤着小平同志的名字，许久才将骨灰和五彩缤纷的花瓣缓缓撒向大海。

骨灰撒大海，鲜花送伟人。

1939年8月，在延安陕北公学学习的卓琳与邓小平相识相爱并结为革命伴侣。那年，邓小平35岁，卓琳23岁。两人共同走过了58年的人生历程。如今，面对自己深爱的丈夫的骨灰，她怎能不肝肠寸断，悲痛欲绝。

这是一个令人心碎的时刻。

怀着无比悲痛的心情，胡锦涛同志缓缓地将骨灰和花瓣撒入大海。

随后，邓小平同志的子女邓林、邓朴方、邓楠、邓榕、邓质方和孙辈眠眠、萌萌、羊羊、小弟，悲痛地跪在机舱里，撒放骨灰与花瓣，完成他们敬爱的父亲、爷爷的遗愿。邓榕哽咽道："爸爸，您回归大海，回归大自然，您的遗愿得到了实现，您安息吧！"

跟随邓小平同志多年的卫士孙勇、张宝忠一身戎装，忠实地守卫在他的骨灰盒前。

泪水涟涟，哀思绵绵。

第一次见到海洋，邓小平还是一个16岁的少年。那是1920年，他远渡重洋，到欧洲大陆勤工俭学，寻求救国救民的真理。在那些日子里，美丽而苦难的祖国，时常越过海洋，沉入他的梦中……

大海，是他革命生涯的起点。 1922年，18岁的邓小平在法国参加旅欧中国少年共产党，从此，他走上无产阶级职业革命家的道路。

大海，磨炼了他坚强的意志。 从百色起义到浴血太行，从挺进中原到决战淮海，从横渡长江到挥师西南，他出生入死，南征北战，为共和国的创建立下了不朽功勋。

大海，坚定了他革命的信念。 早在莫斯科学习时，他就"打定主意"："更坚决地把我的身子交给我们的党，交给本阶级。" 60多年后，他在退休之前，依然深情地说："我的生命是属于党、属于国家的，退下来以后，我将继续忠于党和国家的事业。"

飞机盘旋，鲜花伴着骨灰，撒向无垠的大海；大海呜咽，寒风卷着浪花，痛悼伟人的离去……

邓小平一生迷恋大海，与波峰浪谷有着不解之缘。一下海，他就舒展双臂，游向深处。无论海多深，风多急，浪多大，他都劈波斩浪，勇往直前。

大海的无垠，开阔了他博大的胸襟；
浪涛的汹涌，塑造了他顽强的性格。

潮涨潮落，大海沉浮，就像他人生的三落三起。半个多世纪的革命生涯中，虽历经风险，但他始终百折不挠，总是能一次次在历史的紧要关头挽狂澜于既倒，在沧海横流中显出伟大的无产阶级革命家大无畏的英雄本色。

历史不会忘记，1978年12月，第三次复出的邓小平，以党的十一届三中全会为起点，揭开一场新的伟大革命的序幕，开创了一条有中国特色的社会主义康庄大道——

"如果现在再不实行改革，我们的现代化事业和社会主义事业就会被葬送……"

在他倡导的解放思想、实事求是思想路线指引下，改革大潮汹涌澎湃。从农村到城市，从沿海到内地，从经济基础到上层建筑……改革，以神奇般的魔力，使古老的中华大地焕发出勃勃生机。正如一首歌颂小平同志的诗所写："于是才有了凤阳花鼓，敲响农民走向市场的节拍；才有了深圳神话，十年完成一个世纪的跨越……"

1992年春天，邓小平再次来到海边，像一位舵手，又一次为中国的改革开放和现代化建设指明了航程。

——改革开放胆子要更大一点，思想更解放一点，步子更快一点。

——判断改革和各方面工作的是非得失，归根到底，要以是否有利于发展社会主义社会的生产力，是否有利于增强社会主义国家的综合国力，是否有利于提高人民的生活水平为标准。

——基本路线要管一百年，动摇不得。

被称为社会主义改革开放和现代化建设总设计师的邓小平，以他大海般的气魄，又一次在中国大地掀起改革开放的巨澜。

飞机盘旋，鲜花伴着骨灰，撒向无垠的大海；
大海呜咽，寒风卷着浪花，痛悼伟人的离去……

历史不会忘记，1979年大年初一，邓小平最后一次越洋过海访问美国。这次出国距他少年时漂洋过海勤工俭学，整整59年。

风风雨雨，沧海桑田。饱经忧患的中华民族经历了太多的磨砺，太多的坎坷，太多的苦难。闭关自守，必然带来停滞、贫穷、愚昧和落后。

——任何国家要发达起来，闭关自守都不可能。

——太平洋再也不应该是隔开我们的障碍，而应该是联系我们的纽带。

邓小平以巨人之手，将封闭的国门打开。

位于南海边上的深圳、珠海，是中国对外开放的第一道风景线。1979年4月，他提出了兴办经济特区的大胆设想，鼓励创业者"杀出一条血路来"。国门打开了！沿海、沿江、沿边，全方位开放的大格局已经形成，古老的中国终于向世界敞开了博大的胸怀。

飞机盘旋，鲜花伴着骨灰，撒向无垠的大海；

大海呜咽，寒风卷着浪花，痛悼伟人的离去……

海天相接，碧波相连。

小平同志心系各族人民，心系港澳台同胞，心系海外侨胞……

也许，奔腾不息的浪花会把他的骨灰送向祖国的万里海疆。小平回眸应笑慰。他开创的有中国特色社会主义伟大事业，处处气象万千，后继有人，大有希望。

也许，奔腾不息的浪花会把他的骨灰送向香港、澳门。小平回眸应笑慰。他提出的"一国两制"的伟大构想，即将成为现实。香港回归即在眼前，澳门回归指日可待。

也许，奔腾不息的浪花会把他的骨灰送向台湾。小平回眸应笑慰。实现祖国完全统一，是他也是海峡两岸中国人的共同心愿，骨肉同胞终有一天会团圆。

也许，奔腾不息的浪花会把他的骨灰送向太平洋、印度洋、大西洋……小平回眸应笑慰。海外侨胞为祖国在改革开放中腾飞而骄傲；各国政要和人民盛赞小平："20世纪罕见的杰出人物""本世纪公认的世界级领袖""邓小平的影响超时代超国界"……邓小平不仅属于中国，也属于全世界。

骨灰撒大海，鲜花送伟人。

11时50分，专机盘旋着向大海告别。

透过舷窗望去，水天一色，波翻浪涌。从那永不停息的涛声中，人们仿佛又听到了震撼过无数人心灵的声音："我荣幸地以中华民族一员的资格，而成为世界公民。我是中国人民的儿子。我深情地爱着我的祖国和人民。"

一个人的生命是有限的，而人民的事业是永恒的。

如同一朵浪花，他从故乡的山溪流入嘉陵江、长江，然后穿云雾，过三峡，奔腾而下，经过九曲十八折，最终汇入浩瀚的大海……漫长的征程，昭示着一个朴素的真理：敢向时代潮头立，沧海一粟也永恒。

邓—小—平
——一个铭刻在亿万人民心中不朽的名字,他在大海中得到永生。

（作者：何平、刘思扬；新华社1997年3月2日；获第八届中国新闻奖特别奖）

清塘荷韵

【编选手记】

季羡林（1911-2009），国际著名东方学大师、语言学家，北京大学终身教授。除学术研究外，他自17岁开始写散文，几十年笔耕不辍。著名学者、哲学家、散文家张中行认为季先生身上具有三种难能可贵的品质：一是学问精深，二是为人朴厚，三是情感深厚。这篇散文清新俊逸，情景交融，动静结合，直白中蕴含着绵延不尽的韵味，读后使人心旷神怡，仿佛返璞归真，堪称佳作。该文荣获中国新闻奖副刊作品一等奖，当之无愧。

（高红波）

　　楼前有清塘数亩。记得三十多年前初搬来时，池塘里好像是有荷花的，我的记忆里还残留着一些绿叶红花的碎影。后来时移事迁，岁月流逝，池塘里却变得"半亩方塘一鉴开，天光云影共徘徊"，再也不见什么荷花了。

　　我脑袋里保留的旧的思想意识颇多，每一次望到空荡荡的池塘，总觉得好像缺点什么。这不符合我的审美观念。有池塘就应当有点绿的东西，哪怕是芦苇呢，也比什么都没有强。最好的、最理想的当然是荷花。中国旧的诗文中，描写荷花的简直是太多太多了。周敦颐的《爱莲说》读书人不知道的恐怕是绝无仅有的。他那一句有名的"香远益清"是脍炙人口的。几乎可以说，中国人没有不爱荷花的。可我们楼前池塘中独独缺少荷花。每次看到或想到，总觉得是一块心病。

　　有人从湖北来，带来了洪湖的几颗莲子，外壳呈黑色，极硬。据说，如果埋在淤泥中，能够千年不烂。因此，我用铁锤在莲子上砸开了一条缝，让莲芽能够破壳而出，不至永远埋在泥中。这都是一些主观的愿望，莲芽能不能长出，都是极大的未知数。反正我总算是尽了人事，把五六颗敲破的莲子投入池塘中，下面就是听天由命了。

这样一来，我每天就多了一件工作：到池塘边上去看上几次。心里总是希望，忽然有一天，"小荷才露尖尖角"，有翠绿的莲叶长出水面。可是，事与愿违，投下去的第一年，一直到秋凉落叶，水面上也没有出现什么东西。经过了寂寞的冬天，到了第二年，春水盈塘，绿柳垂丝，一片旖旎的风光。可是，我翘盼的水面上却仍然没有露出什么荷叶。此时我已经完全灰了心，以为那几颗湖北带来的硬壳莲子，由于无法解释的原因，大概不会再有长出荷花的希望了。我的目光无法把荷叶从淤泥中吸出。

但是，到了第三年，却忽然出了奇迹。有一天，我忽然发现，在我投莲子的地方长出了几个圆圆的绿叶，虽然颜色极惹人喜爱，但是却细弱单薄，可怜兮兮地平卧在水面上，像水浮莲的叶子一样。而且最初只长出了五六个叶片。我总嫌这有点太少，总希望多长出几片来。于是，我盼星星，盼月亮，天天到池塘边上去观望。有校外的农民来捞水草，我总请求他们手下留情，不要碰断叶片。但是经过了漫漫的长夏，凄清的秋天又降临人间，池塘里浮动的仍然只是孤零零的那五六个叶片。对我来说，这又是一个虽微有希望但究竟仍是令人灰心的一年。

真正的奇迹出现在第四年上。严冬一过，池塘里又溢满了春水。到了一般荷花长叶的时候，在去年飘浮着五六个叶片的地方，一夜之间，突然长出了一大片绿叶，而且看来荷花在严冬的冰下并没有停止行动，因为在离开原有五六个叶片的那块基地比较远的池塘中心，也长出了叶片。叶片扩张的速度、范围的扩大，都是惊人的快。几天之内，池塘内不小一部分，已经全为绿叶所覆盖。而且原来平卧在水面上的像是水浮莲一样的叶片，不知道是从哪里积蓄了力量，有一些竟然跃出了水面，长成了亭亭的荷叶。原来我心中还迟迟疑疑，怕池中长的是水浮莲，而不是真正的荷花。这样一来，我心中的疑云一扫而光：池塘中生长的真正是洪湖莲花的子孙了。我心中狂喜，这几年总算是没有白等。

天地萌生万物，对包括人在内的动植物等有生命的东西，总是赋予一种极其惊人的求生存的力量和极其惊人的扩展蔓延的力量，这种力量大到无法抗御。只要你肯费力来观察一下，就必然会承认这一点。现在摆在我面前的就是我楼前池塘里的荷花。自从几个勇敢的叶片跃出水面以后，许多叶片接踵而至。一夜之间，就出来了几十枝，而且迅速地扩散、蔓延。不到十几天的工夫，荷叶已经蔓延得遮蔽了半个池塘。从我撒种的地方出发，向东西南北四面扩展。我无法知道，荷花是怎样在深水中淤泥里走动。反正从露出水面荷叶来看，每天至少要走半尺的距离，才能形成眼前这个局面。

光长荷叶，当然是不能满足的。荷花接踵而至，而且据了解荷花的行家说，我门前池塘里的荷花，同燕园其他池塘里的，都不一样。其他地方的荷花，颜色浅红；而我这里的荷花，不但红色浓，而且花瓣多，每一朵花能开出十六个复瓣，看上去当然就与众不同了。这些红艳耀目的荷花，高高地凌驾于莲叶之上，迎风弄姿，似乎在睥睨一切。幼时读旧诗："毕竟西湖六月中，风光不与四时同。接天莲叶无穷碧，映日荷花别样红。"爱其诗句之美，深恨没有能亲自到杭州西湖去欣赏一番。现在我门前池塘中呈现的就是那一派西湖景象。是我把西湖从杭州搬到燕园里来了。岂不大快人意也哉！前几年才搬到朗润园来的周一良先生赐名为"季荷"。我觉得很有趣，又非常感激。难道我这个人将以荷而传吗？

前年和去年，每当夏月塘荷盛开时，我每天至少有几次徘徊在塘边，坐在石头上，静静地吸吮荷花和荷叶的清香。"蝉噪林愈静，鸟鸣山更幽。"我确实觉得四周静得很。我在一片寂静中，默默地坐在那里，水面上看到的是荷花的绿肥、红肥。倒影映入水中，风乍起，一片莲瓣堕入水中，它从上面向下落，水中的倒影却是从下边向上落，最后一接触到水面，二者合为一，像小船似的漂在那里。我曾在某一本诗话上读到两句诗："池花对影落，沙鸟带声飞。"作者深惜第二句对仗不工。这也难怪，像"池花对影落"这样的境界究竟有几个人能参悟透呢？

晚上，我们一家人也常常坐在塘边石头上纳凉。有一夜，天空中的月亮又明又亮，把一片银光洒在荷花上。我忽听扑通一声。是我的小白波斯猫毛毛扑入水中，它大概是认为水中有白玉盘，想扑上去抓住。它一入水，大概就觉得不对头，连忙矫捷地回到岸上，把月亮的倒影打得支离破碎，好久才恢复原形。

今年夏天，天气异常闷热，而荷花则开得特欢。绿盖擎天，红花映日，把一个不算小的池塘塞得满而又满，几乎连水面都看不到了。一个喜爱荷花的邻居，天天兴致勃勃地数荷花的朵数。今天告诉我，有四五百朵；明天又告诉我，有六七百朵。但是，我虽然知道他为人细致，却不相信他真能数出确切的数目。在荷叶底下、石头缝里、旮旮旯旯，不知还隐藏着多少菡萏，都是在岸边难以看到的。

连日来，天气突然变寒。池塘里的荷叶虽然仍是绿油油的一片，但是看来变成残荷之日也不会太远了。再过一两个月，池水一结冰，连残荷也将消逝得无影无踪。那时荷花大概会在冰下冬眠,做着春天的梦。它们的梦一定能够圆的。"冬天如果来了,春天还会远吗?"

我为我的"季荷"祝福。

(作者:季羡林;原载1997年11月13日《人民日报》;获第八届中国新闻奖副刊作品一等奖)

四百壮士战洪魔

【编选手记】

　　这篇通讯是1998年中国长江抗洪报道中最具代表性的新闻作品。新闻事件重大，文字简洁明快，文章结构严谨，细节生动感人。它刻画了抗洪英雄的群像，深刻反映了子弟兵热爱人民的政治本色和官兵之间情同手足的深厚情谊。作者惜墨如金，运用生动的描写手法，仅用1800字便成功再现了1998年抗洪史上最值得永远铭记的悲壮一夜，令读者有身临其境之感。

（高红波）

　　紧依长江的湖北省嘉鱼县簰洲湾，一周前刚度过一个悲壮的夜晚。

　　8月1日19时许，连续在赤壁江堤奋战3个昼夜的解放军官兵，刚想坐下来歇一歇，几十公里外的嘉鱼县又传来簰洲湾江堤告急的呼救。湖北省军区政治部主任戴应忠少将即刻点起某舟桥旅五营和空军某部二营400官兵，5分钟内便登上15台卡车往险段冲去。

　　20时20分，驰援的车队在距溃口一二百米处因水漫车轮而受阻。官兵们预感前边情况不好，劝戴应忠等领导赶快上堤。戴应忠走出指挥车又爬上车轮更高的延安牵引车，命令大家推倒一辆抛锚的东风车继续前进。这时，洪水在几分钟内急速上涨近50公分。一路上成群结队后撤的群众也开始往军车上爬。戴应忠发现事态严重，命令部队撕开篷布和伪装网准备弃车，不料话没说完，一排几层楼高的巨浪就呼啸着打来，把他乘坐的延安牌重型牵引车打得连翻几个跟斗，一车人全部身陷洪流漩涡……

　　近20时30分，险堤因底部"管涌"抽走泥沙突然下陷，救险沉船被卷走。洪流以七八米的高差直扑而下。任过舟桥旅副旅长、旅长的戴应忠事后说，当时的流速至少在5米/秒以上。

　　被滚滚洪流迎头冲散的官兵，浮出漩涡的第一件事，依然是救助他人。官兵们一个个把自己仅有的救生器材推给群众；有的靠一件救生衣拖带着一两个群众同洪水搏斗。有些官兵被冲出几百米后，把当时所能抱住的大树，一次又一次地让给群众或战友。

舟桥16连司机吴永成眼看洪浪压向车头，自己又没有救生衣，赶忙拽下两块坐垫自救。不料人刚下水，听到卡车上的女孩高曼和她的母亲在喊救命。吴永成毫不犹豫地把坐垫给了母女俩，自己随即被一排巨浪打出十几米远。这时，本不会游泳的二排长高文清和战士陈景山冲了过来。陈景山拉着高文清，高文清又拉高曼母女俩。忽然一个横浪扫来，把高母席卷而去。两人于九死一生中，拼尽全力把高曼救送到堤上。

就在第六辆车将被恶浪打翻之时，车上还有7名群众。官兵们虽然已将救生器材全部送了群众，在自身难保的情况下，仍两人拉一名群众，最终把他们推送到一丛树林中。

在同洪水搏斗中，在生与死的考验面前，战士们对人民表现出了无限的忠诚，对战友表现了深厚的情谊。战士杨德文水性极好，又穿着一件救生衣，本来完全可以生还。但他跳车下水后看到一个老人在拼命挣扎，就把救生衣脱给了老人，并与战友宋子辉牵着老人一起往前游。游出五六十米，前边又有一个群众在喊叫，杨德文马上让宋子辉去解救。两人刚一分手，不料一股激流冲来，杨德文被老人死死抱住，至今下落不明。

空军排长田华与战士韩峰拉着一位老人正随浪漂游，旁边又传来几个群众的呼救声。他让韩峰拉着老人继续游，自己拼命向呼救的人群游去，拉住了一位老人。前方出现一棵大树，田华奋力将老人托上树，自己却被一排飞浪卷走，英勇牺牲。

戴应忠少将落水前没穿救生衣。某旅通信参谋眼见洪流冲来，一把撕下自己的救生衣递给了他。55岁的戴应忠在几名战士帮助下爬上一棵树后，为给后来上树的战士腾出一个枝丫立身，就一脚蹬着另一棵树，在流速每秒三四米的滚滚洪流中一直坚持了近10个小时。咸宁军分区政委曾凡铭大校身体不好又不会游泳，靠着一件救生衣的浮力抓住了一棵树。后来，处在下游一棵小树上的一名战士要被冲走。曾凡铭毫不迟疑地把自己的救生衣给了这个战士。空军某营一连连长黄训华拼尽全力救起一个居民上堤后，立即清点自己的战士。他看到还有一些战士没有获救，抓起一只小舟又冲进滔滔洪流。这一夜，黄训华一个人就救起三四十名群众和战友。

舟桥连指导员裴道德带车随队冲到险堤前时，看到有的民工往后跑，忙问一民工前边出了什么事？说时迟那时快，一股洪浪接着就压了过来。裴道德急忙把自己的救生衣扔给了这个民工。战士们也纷纷把自己的救生衣扔给了其他民工。然后，裴道德在水中集合起他的28名官兵，18个会游泳的夹着10个不会游泳的，誓要同生死共患难。这时，涌浪推来两个老太太，两个战士就把老人背到肩上。途中，洪流两次把28个壮士冲散，他们不顾一切地又拉到了一起。他们搏到一个只有几棵树的小树林，树上3个老太太恳求官兵把她们也背走。未待裴道德下令，3名战士就背起了老人。后来，28名官兵被洪流冲到一个高地，他们就趁势爬上一座楼顶。在这里，官兵同声高唱《团结就是力量》，希望以此召集来更多的遇险人。

沉沉黑夜，滔滔洪流，官兵们唱了一遍又一遍，直到一个个唱哑了嗓子。洪水还在上涨，深夜时分，裴道德又把他们在洪流中抓到的唯一一件救生衣给一位老人穿上。

（作者：谭道博、贾永、刘建新、孙茂庆；新华社1998年8月8日；获第九届中国新闻奖特别奖）

关于郑州亚细亚商场、集团兴衰的调查

【编选手记】

  1989年,亚细亚商场正式开业,以抽奖送奥迪、营业员堪比空姐等宣传噱头名噪一时。"中原之行哪里去,郑州亚细亚",中央电视台为亚细亚量身打造的广告词响彻神州。然而,2001年亚细亚宣告破产,这个曾在中国商界光芒四射的"野太阳"就此衰落。记者敏锐地抓住商户堵门讨债这一突发事件,从亚细亚的管理、用人制度到其监督机制,从流通体制到高层管理矛盾,层层剖析了"亚细亚"由盛及衰的深层原因。报道一篇比一篇深入,一篇比一篇犀利。用一位曾在亚细亚集团管理层任职的同志的话说,文章篇篇都讲在了点子上,真正道出了企业内部存在的问题。2006年,亚细亚商场债权被竞拍,历经新的经营团队打磨。2023年,闭店17年之久的亚细亚商场重新开业,昔日的商业明星开启了新征途。

(王秋杰、高红波)

(之一)"亚细亚"商誉还值一千二百万吗?

  厂商围堵亚细亚商场大门讨债的风波终于平息了,刚刚坐上总经理的位置就不得不替前任擦屁股的赵毅与债主们达成了分期付款的协议。但债主们对亚细亚商场的保证似乎已没有了信心,一位债主问记者:亚细亚的商誉现今还能值多少钱?

  商誉还能值多少钱?这是一个多么令亚细亚人心颤但又不得不面对的问题啊!

  回想1989年以前,"亚细亚"的商誉,就像亚细亚大楼墙壁上那轮光芒四射的"太阳"一样是何等的辉煌啊!在郑州,1990年前后集体性质的大型零售商场有7家，但能一炮打响，充满生机，令国合商业刮目相看，以"联军"形式与之竞争的，唯有亚细亚；在郑州，1990年后6大商场争雄，但营业额能连续3年都以5000万元的幅度上升，向国家上缴税逐年增加，1990、1991年居6大商场第一位的，也是亚细亚；在郑州，企业何止千家万家，但那时能引起市报、省报、中央主要报刊长期关注，连续报道，文章之多，分量之重，并被冠之"效应""现象"美称的，还是亚细亚；在郑州，那时声誉走出市界、省界、享誉全国，引来京津沪穗等商业都市的商界老板来郑取经，李鹏、田纪云、李德生、谷牧以及中央20多个部委的领导先后来场视察，给予高度评价，号召向之学习的，又是亚细亚……这一切，构成了亚细亚巨大的无形资产。1993年初权威机构评估，亚细亚商场商誉值1200万元。时隔不久，香港商界又爆新闻说，亚细亚商誉增值到5000~7000万元。

但时至今日，亚细亚已辉煌不再。亚细亚商场以及以它为母体成立的亚细亚集团就像一艘没有舵手的船，被市场经济的大潮冲打得千疮百孔后又无情地甩到了岸边——

1995年12月，一家国内较有影响的报纸刊登一条新闻，报道了郑州亚细亚商场、宁波亚细亚房地产公司、常州亚细亚影城股份有限公司在国家商标局主持下抽签以定"亚细亚"服务商标归属权的事件，并称"亚细亚"商标已归宁波亚细亚房地产公司所有。报道引起了各界人士的关注。郑州晚报记者走访了亚细亚集团常务副总。尽管她解释宁波亚细亚仅获得第36类商标拥有权，而第37、39两类的商标所有权被郑亚抽得，郑州将永远拥有"亚细亚"。然而，以后的事实无情地昭示这解释不过是一个文字游戏：不错，郑州乃至河南可以拥有"亚细亚"，但亚细亚集团的领导者在河南省界外建的连锁店却不得不改名"仟村百货"。至此，"亚细亚"员工的多年劳作，"郑州亚细亚"的多年投入……所积累的"亚细亚"商标已达数千万元的无形资产大半付诸东流。

外部商标风波，内部亏损连连。截至1997年底，前几年销售额一直名列郑州各大商场前茅的亚细亚商场滑到全市7大商场中倒数第二名，仅账面显示亏损700多万元；拖欠银行债务7000余万元，拖欠厂家货款1亿元；资产负债率达168%。已属资不抵债；半年内，近百起诉讼将把郑州亚细亚推上被告席，已被判决败诉强制执行划走的和已冻结资金800万元，准备执行的债务达4100万元。与此同时，以亚细亚商场作为亚细亚集团的主体，濮阳、漯河、开封、南阳的4家直接连锁店、省外的10家所谓的连锁店经营失利造成的数亿元债务也毫不留情地压在了郑州亚细亚商场的肩头。由于经营不善，"开亚""濮亚"相继关门；省外的10家所谓的连锁店以及与亚细亚集团毫不相干的却打着"亚细亚"商标的商场也噩耗不断；上海仟村百货关门，北京两家中的一家关门，成都仟村主持工作的副总被债主扣后借口小解从厕所窗口逃遁……终于引发了对郑州亚细亚商场商誉本已十分忧虑又长久拿不到货款的债主们堵门、亚细亚商场停业半天的事件。亚细亚的商誉已达冰点。

这真让人感慨时间老人的无情：8年前，商誉价值千万金；8年后，厂商堵住门讨债。亚细亚的领导究竟什么地方得罪了时间老人，以致受到它如此无情的愚弄呢？

（之二）外光内糙的亚细亚管理

"外光里边糙"，此5个字的定语，并不是记者为做文章故做的耸言，这是一位曾任亚细亚商场副总的同志给亚细亚管理的整体评价。

但据记者了解，这评价不应包括亚细亚的初创期。应当说，它的初创期管理是相当严格的，也是成功的。可到了中后期，亚细亚的管理尽管表面上仍然是光彩一片，然而内部却不但松懈而且混乱，真真成了"外光里边糙"。

随着亚细亚知名度的提高，亚细亚人的谱也越摆越大，经营不计成本，奢侈浪费惊人。仅记者粗略了解到的几个例子就令人触目惊心：每年5月6日的场庆花费都在70万元上下；在南方某地召开3天发展研讨会耗资70多万元；中层以上人员出差常是飞来飞去，非三星、四星级豪华宾馆不住，出5天差报销几千元差费是常事，还不包括请客吃饭；主要领导一人占据两部进口超豪华小汽车；计算机中心有17台微机，目前在使用和有下落的不到一半；花900万元在郑州南阳路装修了一座楼，竟闲置了两年之久；集团某股东从郑亚商场借出800万元，连借条也没有，后来归还300万元，剩余的500万元商场账面和收据显示是"工程款"；另一集团股东1993年借走商场57万元，也无人催要；1997年，管理不善的亚细亚商场仅管理费用就高达18.6%。

由于成批派出管理人员援助连锁店，造成中心店人事管理混乱。大批管理人员被一批一批抽走，中心店又不得不招人来弥补空岗，管理人员更换频繁，严重影响了管理稳定；而援外人员回来后，又不得不安置，这样，郑州亚细亚商场管理层人满为患，互相掣肘。到1997年9月，1600人的郑州亚细亚商场，管理层人员多达680人。

对亚细亚管理混乱感触最深的是在商场内经营的广大厂商。不少厂商主动找记者介绍情况，其中不少是亚细亚一开业就进场经营的。他们介绍，郑亚商场头两年是采取多种优惠办法吸引厂家进场的，1992年以后，亚细亚名气大了，情况就反过来了：因为生意好，不少厂家为了能进场经营竞相给商品部经理"上菜"；各商品部经理经常利用调整柜台、拖延结算等办法卡厂家，为经营着想，逢年过节，调个好柜台，厂家哪家不是一千两千甚至上万地给他们送红包，一次某经理收了厂家的钱仍不给调位置，气得厂家跑到8楼大喊大叫；部门经理还以处理商场库底为名，把库存商品高价压给厂家，给3000元的货，要1万块钱是常事；大量占压厂家货款从1995年开始越来越严重，厂商们都敢怒不敢言。据厂商反映，不少部门经理还占据商场最好的位置做自己的生意，对商场经营的好坏根本不关心。

正规的企业是每年都要进行审计的。但据亚细亚内部高层人士透露，亚细亚开业9年来，没有进行过一次全面彻底的审计。在内审中曾发现过几笔几百万资金被转移出去的事，后来也都不了了之。据了解，1994年，亚细亚总经理在海南成立了海南亚细亚商联经营总公司，并任法人代表，遥控指挥郑亚集团，从此，郑亚集团及郑亚商场更是陷入混乱。大量人员在郑亚和海南商联交叉任职，总经理以海南商联为中心，这些人就长驻海南和广州，直到1997年初，新任董事长到集团调查研究时才发现，郑亚集团机构根本无人主持运作，长期没人召集会议；自上而下对集团的性质、状况、资产分布情况没一个人了解，连在工作岗位上的领导对集团的情况也是一问三不知。他们忙于私事：有的开饭店，有的搞娱乐城。而这些人不仅不为自己的行为感到汗颜，却说："集团有的领导把老婆孩子都办成美国绿卡了，随时都做好走的准备，我们只不过沾亚细亚一点小光，怕什么？"

常言道：吃不穷，穿不穷，计算不到要受穷。计算就是管理，一个家庭尚且如此，乱得像一锅粥似的郑州亚细亚集团及其主体郑州亚细亚商场走上衰退之路，也就不奇怪了。

（之三）任人唯亲的代价

"礼贤下士——事业有成——猜疑妒贤——任人唯亲——败走麦城"。这几乎是一切创业有成而最终又沦为悲剧人物者所必走的轨迹。亚细亚的领导也不例外。

实事求是地讲，亚细亚的领导在事业初创时的确实施了一套让有为之士脱颖而出的良好机制。但是，到了亚细亚事业走出市界，其人入选全国十大杰出青年后，他在用人上败笔之处越来越多，有的让常人难以理解。

一位不愿透露姓名的同志给记者讲了件让人哭笑不得的选干部的故事：1995年底，广州、上海、北京三地大型商场相继要开业，干部严重不足。亚细亚的领导从西安招了几百名青年，经过短期培训后准备派往三地，可他又不了解这些人，于是他拿着花名册把人一一叫来对名观相，如果你的五官端正，口齿清楚，好，就让你到广州、上海或者北京的商场当个经理或处长；如果你的相貌一般，就让你当营业员。

一位知情人介绍，亚细亚的领导的一位表弟，原是郑州市郊老鸦陈乡的农民，被任命为北京一家大型商场的总经理；领导妻子的两位弟弟，是山东省农民，亦被委以重任；就连他家的小保姆也被任命为亚细亚集团配送中心的财务副总监……

这位同志解释说，我绝不是说领导的亲戚不能当经理，只要有才完全可以，中国古代就有内举不避亲的美谈，何况现今。但这些人毫无管理才能，也无经商经验，为啥要这样重用呢？

几乎与任人唯亲的同时，或许还更早些，亚细亚的领导就开始对一些跟自己一起创业的同志进行了防范排挤。1990年夏秋之际，郑州五大商场成立了联谊会，意在遏制冲劲很足的亚细亚。联谊会提出五商场不和亚细亚一起做广告；在五商场有生意的厂家如在亚细亚有柜台必须撤货，不然五商场将采取联合行动抵制这些厂家。这对亚细亚来说的确是致命的杀招。于是，亚细亚的领导提出，他坐镇郑州，4位副总到货源地建立办事处抓货源。但据一位了解内情的同志讲，这只是面上的原因，而深层原因则是防范与排斥。4位年轻的副总都是舍弃原本很好的工作来和他一起筹创亚细亚的，决心要干出一番事业，他们很认真，对他的意见不是一味的附和，只要认为不妥就提意见，使他常常不开心，他就以此机会把他们派出去。以后的事实证明了这位同志的说法。1991年夏，亚细亚驻外办事处撤销，4位副总返回商场时，他们的位置已被别人取代，接着是半年闲赋，接着是调离商场。

同样的命运随后是另两位给他出了大力的副总。

当这位女副总被解职时，40多岁的女同志伤心地哭了。她当面指责他："你是过河拆桥，太没良心了。"亚细亚领导说，你记住，我这样待你，别人也会这样。

商场如战场，人才是取胜之本。创业初期曾给亚细亚带来勃勃生机和活力的是唯才是举。那时亚细亚连续3年销售额都以每年5000万的速度增加，这是多么好的开局呀！而任人唯亲给亚细亚带来的却是衰败与没落。不知出于何种考虑，一位23岁、没有多少管理经验的女青年被任命为开封亚细亚商场的总经理。由于经验不足，这位女总面对始料不及的困难，束手无策，除了公关喝酒，还是喝酒公关，仅一年多的时间，不仅葬送了"开亚"，也喝垮了自己的身体，在"开亚"关门的同时她也以酒精中毒肝硬化被送进了医院。

然而也有人对亚细亚领导的做法表示理解。一位新闻界的同志说，事业有成，国内享誉。他骄傲了，听不得不同意见，喜欢一言九鼎，阿谀奉承，唯唯诺诺。而这些，有能力的人是不愿为的，只有平庸之人和亲近之人才能满足他。他不知道，任人唯亲的代价是事业受损。这是个悲剧，值得每个事业有成者借鉴哪！

（之四）一匹没戴笼头的马

马，没戴笼头，不受约束地在街上奔跑，会闯什么祸？毫不夸张地说，亚细亚这几年的情况就像一匹没戴笼头的马！

1993年为运作股票上市，亚细亚商场改组为亚细亚集团，股东由原来的河南省租赁公司和中原不动产总公司两家改组为6家。正当亚细亚全力运作上市的关键时刻，1995年初，亚细亚的主要股东中原不动产总公司董事长易人，新任董事长认为前任批准的股权转让造成本公司资产流失，不予承认，并表示股权纠纷不解决不参加董事会。从此郑州亚细亚集团最高决策机构、监督机构陷于瘫痪。

事实上，这只是亚细亚集团最高决策机构、监督机构瘫痪的公开化。一位亚细亚集团高层人士告诉记者，早在亚细亚商场成立之初，董事会就对亚细亚的领导大撒手啦。你说董事会开明也好，说他不负责任也罢，尤其是当这位领导入选"全国十大杰出青年"以后，领导和监督更是形同虚设。

有几个例子证明了这位高层人士的说法——

1991年，郑亚商场曾耗巨资在海口兴建一座大酒店，但只营业半年时间便已入不敷出，不得不关门。此事除了总经理以"没有常胜将军啊，过高估计了自己"自责几句外，董事会对此无动于衷。

总经理决定在南阳建一座比郑州亚细亚商场还要大还要豪华的连锁店，有同志认为，南阳市区只有30来万人，购买力有限，不宜建大商场，但他的话还没说完就被总经理截断。结果开业即赔钱，董事会同样没有追究。

冠名权是财富，是不可轻易转让的。但总经理一个人说了算，以至于他签字就同意别人建个"亚细亚"，如河南许昌、安阳、洛阳、商丘都是他签字同意的，一个与郑州亚细亚集团无任何联系的"亚细亚"就成立了。

如果说这还只是给"亚细亚"造成了轻微的损害，那么下面这个例子却实实在在把亚细亚推上了绝路。不知什么原因，1994年郑州亚细亚集团法人代表、总经理筹集资金在海南注册成立了海南亚细亚商联经营总公司（以下简称海南商联），并担任该公司总经理和法人代表。郑州亚细亚集团竟以"董事会纪要"形式认可。从此，形成了海南商联受委托经营郑州亚细亚集团的运作模式，并与郑州亚细亚集团一套人马、两块牌子，总部设在广州。总经理从此离开了郑州，基本上在外地遥控实施对郑州亚细亚集团和商场的管理。此后，海南商联与郑州亚细亚集团不分；海南商联河南公司与郑州亚细亚集团也不分；郑亚商场与郑亚集团同样也不分。河南省外的10家所谓的连锁店都是在这种情况下，以海南商联的名义发展起来的。实际上都是以郑亚集团的影响在各地融资，并由郑亚集团提供大量担保，郑亚集团个别股东参股，以海南商联的名义去注册资产所有权；调动郑州亚细亚的骨干力量，以海南商联的名义去实施管理。而包括郑州亚细亚商场在内的各个连锁商场还要按销售额的1%向海南商联交纳管理费。仅1995、1996两年郑州亚细亚商场就交给海南商联920万元。这种严重损害郑州亚细亚集团及其主体亚细亚商场的做法直到1996年10月郑州亚细亚集团董事会才形成决议，取消委托海南商联郑州亚细亚集团的所有约定。但这时的郑州亚细亚集团、商场已是穷途末路了。

任何事物都是受约束的：水没有河道的约束会泛滥；马没有约束会闯祸；人没有约束，即使是素质很高的人也同样会办错事……亚细亚作为我国较早的股份制商业企业，更需要约束，如果董事会、监事会依法发挥领导、决策、监督的作用，是会继续做出成绩的。但现在由于董事会、监事会的失职任由一人专权，而过早地衰退了。董事会、监事会到底因为什么要放弃约束权？为什么呢？

（之五）破灭的连锁帝国之梦

亚细亚的目标的确是个梦。这个梦实施之日，也是亚细亚衰退之时。

1989年开业以来，亚细亚一年一个目标：1990年销售1.8亿元，1991年2.3亿元，1992年越过3亿元大关。它还以锋利的冲击波，拉开了郑州乃至全国的商业流通体制改革的大幕。这骄人的战绩，使社会各界人士对亚细亚寄予了太多的期望，给予了太多的赞美。没有经过多少风浪洗礼的亚细亚领导在鲜花和掌声中陶醉了，而所向披靡的战绩又使亚细亚领导增强了发展扩张的雄心。

1993年秋，亚细亚领导制订了宏伟的奋斗目标：以亚细亚为龙头，在省内外各名城重镇建立卫星店，创造条件，把握时机，把亚细亚这艘巨轮驶进世界市场。他们认定，连锁经营是亚细亚迅速发展壮大的必由之路，亚细亚的未来是建立"中国最大的零售商业连锁帝国"，与日本八百伴、美国沃尔玛一样，成为世界最大的零售商业集团之一。

经过半年多的准备，以郑州亚细亚商场为主体的亚细亚集团公司在南阳、开封、濮阳、漯河的4家直接连锁店投入筹建。集团公司依托中心店郑州亚细亚商场成立了配送中心，为4个连锁店统一进货。进而，1994年初，刚刚获得了年度"全国十大杰出青年"殊荣、意气风发的集团总经理亲自带队，冲出河南，南征北战，选址、谈判、建设，两年间在北京、广州、上海、福州、成都、西安等地轰轰烈烈地培植起10家大型零售连锁店。

几乎与此同时，集团公司还派人走出国门，赴澳大利亚、俄罗斯寻觅商机，建点拓业。

真是"来也匆匆，去也匆匆"呀！亚细亚领导的梦不久就被无情的现实给惊破了。一位经济界人士认为这是必然的。他说，建立中国的八百伴式的零售连锁帝国，愿望是好的，但是任何事物的发展都有个过程，比如说企业的扩展，必须以物资人力为基础，循序渐进。虽然亚细亚上升时期经营得很红火，但几年积累下来的自有资金也不过两三千万元，他们却超越企业实际能力，走大规模地利用银行贷款、挤占厂家货款、职工集资的路，操作上又急于求成，这就违背了经济发展的基本规律。这位人士指出，亚细亚集团的教训再次从反面证明，当前加快投资体制和金融体制改革的紧迫性。

这教训的确是应该记取的，但对普通的亚细亚员工、郑州亚细亚商场来说绝非这么简单——

亚细亚女员工占一多半,为了援助连锁店,她们东奔西走,没明没夜地拼搏,常常几个月回不了家,照顾不了孩子和丈夫,不少员工因此离了婚;有的甚至还为此影响了身体的健康。许多女干部至今谈起来仍悲从中来。

郑州亚细亚商场因支援连锁店而欠的银行贷款、厂家货款、担保款项,林林总总,计达几亿,弄得郑亚商誉扫地,业务人员去谈业务,遭遇"亚细亚免谈";财会人员去贷款,银行拒之门外;诉讼不断……在讲究法制信誉的今天,郑亚还怎么做生意?

倒闭连锁店的员工返郑后,云集郑亚,使郑亚人满为患。

与这边悲悲切切的情况相反,有的人却要因办连锁而弹冠相庆了。一位内部知情人说,到处铺摊子,起初的确是决策人头脑发热飘飘然的原因,但后来却是个别人想利用扩张、搞建设的过程谋私利、捞一把。事实的确是这样:某大商场开业不久楼顶预制板就掉了下来,偷工减料以至如此,有人该从中捞多少。成都有两座仟村百货商场,其商场的设计费竟高达400万元。一位中层干部在一次会议上质问,有家建筑公司半额甚至全额垫资建商场却免谈,而咱们确定的承建公司承包费还高,合同也没签,建筑费就划过去了,他说他百思不得其解。话没说完,就被亚细亚领导厉声截断……

到了该查查他们的屁股究竟肮脏到何等程度的时候了!

(之六)衰退不仅仅是内因

郑州亚细亚商场、亚细亚集团的败走麦城,除了自身的原因以外,还有极其复杂的外部因素——

改革开放,使中国经济以常人难以想象的速度发展着。具体到市场,这种发展就是表现为物资的极大丰富。据1990年12月26日《经济日报》透露,1989年商业部对国内商场销售的600多种主要商品进行了排队,1989年上半年供大于求的仅占21%。这就清楚地说明,当时我国600多种主要商品中近80%仍处于供不应求或供求平衡的状态。九年不过弹指一挥间。但您到市场看看,还有什么商品买不到?整个市场由卖方转为买方的巨大变化,使大型商场失去了往日可以凭借自己财大气粗的优势而能搞到紧俏商品的特权,沦落到和中小商店、个体户处于同一竞争起跑线的境地。

一位经济界人士给记者描绘郑州商界的无奈：近几年，郑州根据自己的区位优势确立了要建商贸城的发展规划，这应当说是对的。但是由于对商贸城这一系统工程缺乏深刻认识，设施建设缺乏应有的宏观调控，远的不说，仅二七广场周围不足两平方公里的范围内已有9座大型综合零售商场，第10家又开始建设。规模一个比一个大，装修一个比一个豪华，而经营内容、经营模式却千店一面，就像一个模子脱出来的。大家呈平面挤在同一经营空间争夺有限的顾客，其恶果便是表面的繁荣掩盖着惨淡经营的尴尬。还由于各类专业批发市场、连锁专卖店、便民店雨后春笋般地涌现。这些市场专卖店、便民店由于经营成本的低廉，其价格和大商场相比，同一种商品，同样的质量，往往相差较多，而且经营灵活，这些优势，与优美的购物环境相比，对消费者有着更大的吸引力。据有关部门统计，几乎是郑州每开业一个专业批发市场，各大商场相应的商品部的销售额和利润就要掉下一大块。

还有，近几年企业经营困难，下岗人员增多，人们把钱紧紧攥在手里不敢轻易花掉，这种普遍存在的消费心理导致了市场消费需求的不足。一个新闻界人士形象地说，前几年人们想的是我这100元不用下个月还能不能买到现在这么多东西，而现在想的却是我花了这100元下个月还能不能挣到。

大商场优势的丧失，经营模式的陈旧，价格的相对超高，以及需求的不足，这一切都给大型零售商场的经营带来了极大的困难。前不久，新华社播发了一篇题为《大型零售商场的衰退意味着什么》的通讯，文中说，"在以'商战'叫响全国的郑州市，当初因销售额率先突破亿元曾声名大震的紫荆山百货大楼，目前却陷入了顾客常常不及营业员多的尴尬之中"。文中还说，"据郑州商界权威人士介绍，郑州紫百的遭遇，仅仅是该市大型零售商场整体衰退的一个缩影。1996年，郑州市预算内大型国有零售商场的利润率最高的为1.66%，最低的竟为-7.92%。去年这种趋势继续恶化，全市8家重点大商场的经营利润率半数以上呈现负增长"。

"覆巢之下岂有完卵"。面对这样不利的经营形势，亚细亚集团即便没有诸如"盲目扩张""任人唯亲""管理混乱"等不利内因，也同样会和郑州市预算内大型零售商场一起走上衰退之路的。其区别不过是困难程度不会像现在这么深罢了。

所以，亚细亚集团乃至郑州亚细亚商场要想重振，不仅要加大改革力度解决内部问题，还要采取积极对策以适应市场竞争的形势。令人欣喜的是，面对"待重新收拾旧河山"的局面，亚细亚商场总经理赵毅满怀信心："目前的局面可用8个字来概括，困难重重，信心百倍。"他说："我们将采取三大措施：一是开源节流,精简机构,消肿减肥;二是在总结自身经验学习外地经验的基础上,推行'公司+物业管理'的经营模式;三是争取外界支持,创造宽松的经营环境。我相信,只要措施得当,上下一心,亚细亚就一定能再度辉煌!"

(作者:郭久辉、李昕;原载1998年9月9日《郑州晚报》;入选时有改动;获第九届中国新闻奖一等奖)

北约野蛮轰炸我驻南使馆

【编选手记】

　　这篇约500字的新闻作品,是作者吕岩松在硝烟未尽的废墟上发回的报道。北京时间1999年5月8日凌晨5时45分,以美国为首的北约对我国驻南联盟使馆发动了野蛮的空袭。《人民日报》记者吕岩松,是我使馆内唯一幸存的中国记者。他在生死存亡的危急时刻,本能地带上了照相机、摄影包和海事卫星电话等新闻报道工具,不顾生命危险,通过海事卫星电话将我国使馆被袭击的消息传回国内。此刻,距离我大使馆被袭击仅有15分钟。这条消息用铁的事实,及时准确地向全世界揭露了以美国为首的北约用导弹袭击我驻南使馆的暴行。消息的主要事实清楚、详尽,文笔简洁,从导语到结尾,干净利落,一气呵成,是一条不可多得的报道突发事件的现场短新闻。中国社会科学院研究员时统宇评价本篇报道是当之无愧的好新闻。精品背后是精神,这精神就是一名党中央机关报记者忠诚于党的新闻事业的敬业精神。

(王秋杰、高红波)

　　当地时间7日午夜(北京时间8日早5时45分),以美国为首的北约至少使用3枚导弹悍然袭击我驻南斯拉夫大使馆。到目前为止,至少造成3人死亡,1人失踪,20多人受伤,馆舍严重毁坏。

　　当地时间7日晚,北约对南斯拉夫首都贝尔格莱德市区,进行了空袭以来最为猛烈的一次轰炸。晚9时始,贝尔格莱德市区全部停电。子夜时分,至少3枚导弹从不同方位直接命中我使馆大楼。导弹从主楼5层楼顶一直穿入地下室,使馆内浓烟滚滚,主楼附近的大使官邸的房顶也被掀落。

　　当时,我大使馆内约有30名使馆人员和我驻南记者。新华社女记者邵云环、光明日报记者许杏虎和夫人朱颖不幸遇难。据悉,这是外国驻南外交机构第一次被炸。

爆炸发生后，中国驻南联盟大使潘占林一直在现场指挥抢救。许多华侨对使馆给予了极大帮助。潘大使在被炸毁的使馆废墟前，愤怒地指出："这是对中华人民共和国的攻击。"

南联盟外长约万诺维奇说："使馆是中华人民共和国的领土，北约炸弹是对外交的轰炸。"

当地时间8日下午，中国在贝尔格莱德的数百名华人举行抗议游行，数千南斯拉夫人参加了游行。

（作者：吕岩松；原载1999年5月9日《人民日报》；获第十届中国新闻奖一等奖）

菜头、鱼头、蟹头当了村头

【编选手记】

党的十五大提出了全面建设小康社会的宏伟目标，这篇报道将辽宁盘锦农村的菜头、鱼头、蟹头作为当地科技致富的典型，用丰富的广播音响，描绘出中国人民团结致富奔小康的一个缩影。选题兼具新闻性、社会性和思想性。作者采用讲故事的方式吸引听众，从一张大客票把记者送到了地头开始，展开故事情节，有机串联起赵书本棚场上的吆喝、韩书成老槐树底下的谈判成功以及张忠奇看大戏的热闹场景等，并运用大量地方语言，增强了报道的生动性与可听性。

（王秋杰、高红波）

天撒冷了，农民们都在忙活着拨算盘珠子秋后算账，盘锦市大洼县西安镇溜出了一个"承吓人"（当地语）的消息：几个村的村民们揣钱揣翻了兜。这事传得风快，把许多人给弄愣了，这是咋整的？没多长时间人们琢磨明白了，这几个村推举了菜头、鱼头、蟹头当了村里的头，河滩碱地摆了"龙门阵"，蔬菜、活鱼、鲜蟹打了头。月初，一张大客票把记者送到了地头，先见见这当了村头的菜头、鱼头和蟹头。

（出扣大棚音响，混播）

在小洼村的村尾巴上，菜头赵书本领着村民们扣大棚，棚场上你拽我拉的忙得正欢。有人告诉记者那个喊号子的就是赵书本。从面相上看，40来岁的他红脸膛有些老成，满是老茧的大手交替搓着，属于地道的庄稼汉那种。这样的人竟然是远近有名的种菜大户，能领着大伙赚大钱？据说，过去本地有这种风：恨你有，笑你无，他有钱，大伙都选他当头有悖民风吗？问到这赵书本笑了。

（出录音）赵："群众拥护我的意思，认为我能给他们带来头，能为他们致富。既然你能带我们致富你就能做我们的头。现在市场经济情况下，农民都把经济看得特别重要了，不挣钱，你是穷光棍，那你就不好使了。"（录音完）

赵书本从扣棚种菜到种菜大王，村民们是眼巴巴地看着他富起来的，后来心眼活一点的开始向他请教扣棚种菜的经验，侍弄方法，蔬菜有了病请他诊治，种的菜品种不对，积压了，他帮着倒腾出去，你有求，他必应，一来二去的人们发现他不是那种"笑人无"的人，"恨他有"的人有点赞成他了，再后来更多的人认准了一个理：大伙要富，得他当头。赵书本当头了，村里家家扣大棚，400多万公斤的大棚菜县内县外销个旺，仅此一项村里人均收入增加了3000元。大伙钱多了，菜头的钱却少了，原因是自己的棚菜没工夫种了，挣的是一年几千块的工资。对这赵书本倒不以为然，也许是他收获了另外一种心情。

（出录音）赵："我想大伙富了，我个人多有两个钱少有两个钱，我给你说没有啥，大伙都富了，都乐哈哈，你这个人再富没有啥意义。刚开始都比较困难，村不像村，路不像路，房不像房，家里连点积蓄都没有，需要俩钱时这张罗那借，有的群众啊手里头花一分钱再想花那分就没有了。这回我们村特别是南洼屯，家家都富了以后，村道乡道都修得比较好，心情都比较舒畅。"（录音完）

物质啊，精神的，赵书本说的不是很明白，但是我们能弄懂。菜头领大家致了富，钱少赚了，家里也顾不上，他说的倒挺从容，媳妇未必高兴，其实这一次记者又估错了，性格开朗的老赵媳妇另有心得。

（出录音）赵媳："那有啥不高兴的，大家富了吧，我也就干啥了，就光我们家有钱，你再干啥也不行啊，啊，哈，哈。"（录音完）

记者的采访引来了不少村里的人，一个小伙子也要跟记者对话，记者问：你对这个村头感觉怎么样？小伙回答挺干脆。

（出录音）

小伙："挺好的，带我们发家致富，就是挺好的。"

记："为什么大家拥护他当头呢？"

小伙："他有技术，脑瓜够用呗。过去收入不行，现在收入提高了，家也买彩电了，买摩托买彩电了，啥都有了。"

记："你啥牌号摩托？"

小伙："侯爵呗。"

记："多钱啊？"

小伙："7000多块钱，手机没拿，手机过年就拿上了，哈。"

骑冒烟的，看带彩的，打原声的，住北京平的，这是当地人对小康的理解。

现如今小注村村民拥有摩托车518台，彩电655台，电话378部，北京平215套。

和赵书本相比桃园村的鱼头韩书成早当了两年的村头，是他带出了西安镇淡水养鱼第一村。见韩村长好不易呀，有人说他在村东头给老李头进饵料，有人说他给张大婶的鱼看病，最后还是在一片池塘边蹲在那和鱼贩谈判的老槐树下抓住了他。卖鱼是他的老行当，省内省外的路趟得明白，提起桃园韩鱼头行里人都熟络，全村的鱼相当一部分是经他手倒腾出去的，从韩村长的笑容中我们看出来了，这一笔又赚定了。谈到鱼，这是他的兴奋点。

（出录音）韩："路是我引的，可以说当时在大洼县农民使手机的我是第一个，当时花了13800元，当时由于没有通信设备，这块儿电话是手摇的，所以要想和外地贩子有联系必得通讯。我在鱼坑边卖鱼时和北面的贩子联系上了，随时装车，最多时每天拉出40车，我车调过来就装，装完他就拉走，我也不给他收好处费，也不跟老百姓身上收好处费。"（录音完）

像老韩这样的经纪人还真不好找，两边不收费就剩下一个忙活，为什么？老韩只说8个字：我是鱼头，也是村头！养鱼是行家，卖鱼是专家，治鱼病更有绝活。

（出录音）韩："他鱼有病，自己不明白，我到那以后手一伸看水色，就能看出啥鱼病来，我就告诉他买什么药上上指定好，手到病除。"（录音完）

韩书成在桃园村是个能人，选这样的人当头，是农民的理想。村民老张头跟记者说，过去选村长你只要公平，把良心搁正就行了，现在变了。

（出录音）张："现在老百姓心里想的更多的是你这个人，你能够办实事，你能够带动发财致富，手里能抓住钱，现在老百姓盼望的是啥呢？就是发财，就是抓钱，我能把钱挣到腰，这是真格的，我吃多大累，受多大苦，我能把自己的经济、家庭建立起富裕家庭，房像房，家像家，穿像穿，吃像吃的，这是第一个最好的标准。"（录音完）

村民们选了韩书成，把他当成了先进生产力的代表，而他带给大家的是什么呢？是一种实惠，摸得着也看得见。正像老张头说的那样，房像房，穿像穿，吃像吃，实实在在地富起来了。

老韩指着一片片鱼塘告诉记者，桃园村2000亩水面全部实现了精养，年产商品鱼460万斤。养鱼业旺了，经纪人公司，饲料公司，领鱼车队，鱼药商店，经营的也不赖。今年虽然旱了，但人均收入4000元也没打住，还有不少裤腿上带泥的上城里买小楼呢。

（出农民演出队表演音响）

天傍黑的时候，我们来到了蟹头张忠奇所在的上口子村，走进村口，锣鼓家什的演奏声，充满北方农村色彩的二人转的高腔大嗓就传进了我们耳畔，随我们同行的镇里的小赵告诉我们，上口子村民今晚上聚堆庆丰收呢。在村委会的大屋里村民们黑压压地坐了一片，烟雾腾腾，村里的小剧团摆开阵式，胡琴、鼓板的唱着大戏，四把扇子两个人在台上转着，唱着，动作虽然稍显笨拙，倒也引起台下看客阵阵的掌声。村支部书记跟我们说今年蟹子大丰收，18万斤卖个差不多了，剩点蟹子已经下了笼，等春节前弄出来好卖个大价钱，这不，晚上没事，大家乐哈乐哈。蟹头张忠奇正挤在人群中看戏呢，他今年35岁，年龄不算大，却是盘锦地区第一个养蟹人。盘锦的河蟹个大，肉鲜美，价格高，全国都有名，这个地方紧靠辽河边，水资源丰富，小鱼小虾的又多，饲料不愁，是个养蟹的好地方。张忠奇脑子活泛，看准了它的前景，走南闯北地学习养蟹经验，几年工夫成了养蟹专业户，挣了大钱。去年村民们选他当了村长，他不负众望，领着大家养蟹，走上了富裕的路。记者和他的对话刚开头，他就先念上了养蟹经。

（出录音）张："从开始盘锦地区养蟹，一亩地就是不超过300只，根据我这个在南方考察的经验，回来我第一个搞的，最多撒到1200，而且它的效果特别好，虽然它蟹子长得小了，不过它产量上去了，整个量得翻几番，这样一算呢，它还比你稀养造价合得来，尤其赶上去年的价格，因为你一两蟹子卖到三十几元，二两的蟹子卖到四五十元，假如说我的产量翻一倍了，那可能我的收入就增高了。"（录音完）

从稀养到大胆的高密度养殖，上口子村蟹子产量一下子翻了几番，产量上来了，销售这一关最关键。

（出录音）张："开始最早抢先的到南方跑市场，通过今年我整个楞的在销售方面杭州、上海、天津这几大水产批发市场。为啥我们上口子村今年产这些螃蟹不愁销，我把大伙都推向市场，说你靠我自己去销这些螃蟹，你就让我天天往外发，可能说旺季，我也发不掉，把养殖户都推向市场，慢慢你就适应这个市场，而且中间减少一个环节，你真正把价格卖好了，把钱带回来这是宗旨。"（录音完）

张忠奇不但培养了养蟹户，还组织了30多人的销售成蟹的队伍，它们天南海北跑市场，哗啦一声打开了上口子村销蟹的大门。

（出录音）张："整个楞说这几年是凡跟我走这条路的人，可能在这个屯都可以说富起来了。就去年咱这最低收入每户养蟹户都要5000块钱往上，多的一万多。"（录音完）

不管菜头也好、鱼头、蟹头也好，他们当了村头，在农民致富的路上确实带了好头。不过当初选他们的村民们心里还真有点不托底。

（出录音）女村民："当初老百姓为啥呢，就是选他们当头头能行吗？能带领群众致富吗？群众都犯嘀咕，大伙认为呢，能不能把公家的钱都搂到他自己家去，现在看呢，通过实践证明群众选对了。"（录音完）

菜头、鱼头、蟹头做了村头，让农民们尝到了甜头，心里头也更敞亮了，他们更看清楚了前面的光景，这光景是啥呢，桃园村的老张头说了这样几句话。

（出录音）张："这几天呀，我看电视，听匣子，咱们共产党现在不开会了嘛？（指五中全会）就是让我们奔小康。"（录音完）

（作者：李玉杰、吕玉忠、李爱平、陈石；2000年11月15日辽宁人民广播电台播出；获第十一届中国新闻奖一等奖）

世界贸易组织决定接纳中国为世贸成员

【编选手记】

2001年11月10日，在卡塔尔首都多哈举行的世界贸易组织（WTO）第四届部长级会议审议并通过了中国加入世界贸易组织的决定。如何尽可能快速地报道这一举世瞩目的重要历史性事件，成为所有采访多哈会议的记者们面临的一个难题。为了尽快发稿，中国国际广播电台的记者在会议开始前寻找一切机会，采集到了会议的准确议程和内容，并经过努力，幸运地拿到了外经贸部部长石广生的讲话稿。他们通过手机将文稿内容以口播方式传到电台的语音信箱，后方编辑部立即将录音整理成文字，编发了这篇录音新闻的预发稿，为语言部争取到了宝贵的时间。这篇新闻报道在第一时间为全国观众展现了我国加入世界贸易组织的重要新闻，荣获第十二届中国新闻奖一等奖。

（王秋杰、高红波）

主持人：

中国国际广播电台！各位听众：在卡塔尔首都多哈举行的世界贸易组织第四次部长级会议10日一致通过中国加入世界贸易组织的决定，接纳中国为世界贸易组织的正式成员。现在请听本台记者赵健夫从现场发回的录音新闻。

记者：

卡塔尔时间10日下午18：20分，即北京时间当晚23：20分，举世瞩目的世界贸易组织第四次部长级会议审议通过中国加入世贸组织的历史性时刻终于到来了。

大会主席、卡塔尔财政经贸大臣卡迈勒宣布大会开始审议《关于中国加入世界贸易组织的决定》。

世贸组织中国工作组主席、瑞士贸易代表吉拉德首先向大会报告了工作组的工作情况，并向部长级会议提交了中国加入世贸组织的议定书和工作组代拟的部长级会议关于中国加入世贸组织的决定。

吉拉德说,世贸组织中国工作组自1996年3月22日起,共举行了18次会议。工作组于今年9月17日在日内瓦举行的第18次正式会议通过了中国入世议定书及附件和中国工作组报告书。中国工作组也随之正式完成了历史使命,中国加入世贸组织的谈判全部结束。

随后,大会主席提请会议通过中国加入世贸组织的申请。在确定与会成员没有异议后,大会主席击槌宣布,会议以协商一致的方式通过中国加入世贸组织的决定。

接着,大会主席请中国政府代表团团长、中国外经贸部部长石广生发言。

石广生说:"加入WTO不仅有利于中国,而且有利于所有WTO成员,有助于多边贸易体制的发展,它必将对新世纪的中国经济和世界经济产生广泛和深远的影响。"

石广生表示,加入世贸组织以后,中国将在权利与义务平衡的基础上,在享受权利的同时,遵守世贸组织规则,履行自己的承诺。中国将一如既往地重视和加强与世界各国、各地区发展平等、互利的经贸关系,在多边贸易体制中发挥积极和建设性的作用,与其他世贸组织成员一道,为世界经济贸易的发展作出积极的贡献。

石广生发言后,与会的世贸组织成员代表纷纷发言,对世贸组织通过中国入世的决定表示热烈祝贺。他们希望中国在成为世贸组织成员后,为加强多边贸易体制做出自己的贡献。

据安排,当地时间11日晚19:30分,即北京时间11月12日凌晨0:30分到1:00,中国加入世贸组织的签字仪式将在多哈喜来登酒店会议大厅举行。石广生部长将代表中国政府在中国加入世贸组织的议定书上签字。

(作者:赵健夫;2001年11月10日中国国际广播电台播出;获第十二届中国新闻奖一等奖)

公仆本色
——追记湖南省委原副书记、省人大常委会原副主任郑培民同志

【编选手记】

　　这篇叙事自然、感情真挚的长篇通讯,发表于2002年。作品中使用的每一个素材,都是记者采访、搜集到的第一手材料,读者读之会感到"可信、可亲"。文章成稿后,经历了10余次的修改。作者在写作过程中运用"减法"原则,对文章进行了精心的"修剪",使得语言更简练,叙事更流畅,篇幅更紧凑。作者用与人物形象相吻合的语言,把人物写"真"、写"活"了。通讯播发后,郑培民同志的事迹在全国各地引起了强烈反响。不少读者给作者来信、来电,表达他们的感受:"今天仍有焦裕禄!""郑培民的事迹让我们对干部增添了信心。"时任国家主席胡锦涛作出重要批示,要求全党同志特别是领导干部都要向郑培民同志学习。《公仆本色》一文不仅令人感动,也让更多的读者感受到了共产党人身上的信念、正义、人格与修养,受到了极大地震撼与鼓舞。

(王秋杰、高红波)

　　2002年春节,一封特制的信寄到了湖南省委。一张剪裁过的红纸作为信纸,寄信人为它精心装饰了金边。

　　信中写道:"敬爱的首长,1990年你不辞劳苦亲自爬上了我们崇山峻岭上的苗寨视察,访贫问苦,你是第一个能深入到我们海拔1700米高山陡坡上的省委亲人……"

　　这封字迹不太工整的信发自湖南的西部——湘西土家族苗族自治州凤凰县米良乡叭仁村。

　　收信人:郑培民。

重任

1990年5月，湘潭市委书记郑培民被调往湘西土家族苗族自治州，出任州委书记。

湘潭和湘西，一字之差，天壤之别。湘潭是湖南省经济较发达的地区，离省会长沙只有1小时车程；湘西，是全国著名的少数民族贫困山区，去省城要坐14小时火车。去湘西工作，是只有硬肩膀才能挑起来的重担子。

多年来，省委一直把湘西的脱贫致富放在突出位置。领导与郑培民谈话。刚一谈起去艰苦地区工作的重要性，郑培民笑了："请直说吧。"

调动的意向被和盘托出。准备做郑培民思想工作的话没有必要说了。

平级调动，又是"从米箩里跳到糠箩里"，十几年后的今天，人们还在为他的痛快回答而敬佩。

郑培民一上任就问："哪个村子最穷啊？"随后，就去了叭仁村。

"叭仁"是苗语，意思为山顶上。要到达这个三面悬崖一面山的村寨，首先要从湘西的首府坐车到乡里，然后，喘着粗气，手脚并用，徒步走上4个小时的12公里陡峭山路。苗族群众之所以十几年后还记得郑培民，是因为他是住过这里的最大的领导。在他之前，只有乡干部爬上过这个走起来累死人也吓死人的山头。

时隔多年，他在州干部大会上说过的8个字还像楔子一样钉在人们脑海里：来湘西"三生有幸"；在湘西"埋头苦干"。

郑培民接过前任的接力棒，率领全州干部群众继续围绕扶贫开发这根主线做文章。

湘西贫困。每逢青黄不接时，全州有三四成百姓断粮，政府不得不从外地调入大量返销粮。

自治州开始推行"双两大"地膜玉米新技术。这是一项弯着腰，在田中豆腐块大小方格周围摆两株苗的累活。郑培民不是坐在办公室里指挥，他带着机关干部下地，自己弯着腰在田里干活，给农民演示。1992年春，在田里示范劳作了几天的州委书记郑培民，一脚踩空，仰面摔下了三米多高的田坎，摔成了脑震荡。

书记的行动也是推行农业新技术的"科教示范"，从这一年起，全州的粮食开始自给。

学理工出身，又来自工业较发达的湘潭市，郑培民无疑比其他人更具有现代化的工业理念，他看到的是湘西州未来10年后的发展前景。这个前景，又可能是当地干部群众在短期内不能理解的，这是考验郑培民耐心的过程。他用手比划过一个雁阵给干部们看："大雁飞在天上，要有一个班长，就是领头雁。这个领头雁啊，不能飞得太快，脱离开雁阵，就起不到头雁的作用了；可也不能飞得太慢，混在雁阵里，就失去了头雁的作用。"

湘西州二十世纪五六十年代发展起来的小水电，为自治州的发展起步奠定了基础。然而，小水电受季节的制约，也制约着湘西的进一步发展。但在当时的观念和体制下，放弃了小水电也就意味着放弃了地方和一些部门的利益，因而阻力重重。郑培民这时起了"头雁"的作用，果断决策：引进大电网。

湘西州当时的湘泉酒厂，只是一个年上缴利税200多万元的小酒厂。郑培民在前任扩建湘泉酒厂的基础上，又进一步支持了这个酒厂的三期扩建。如今，壮大起来的湘泉酒厂已成为上市公司，自治州干部的工资中三元钱中就有两元来自这个公司上缴的利税。

现在看来，郑培民十几年前在湘西做的，虽然没有把政绩摆在自治州首府的街面上，但却是为即将起飞的湘西州养壮身子骨，丰满羽翼而练的内功。这种打底子的事情，不太显山露水，但却是那种要咬紧牙关努力的沉重活计。

叭仁是个为水发愁的村庄。滴水贵如油，接济不上的时候，村民之间宁愿出借粮食，却不愿让邻居拎走一桶水。郑培民去调查后，政府为村子通了水，拉了电。村民们再不用走上8公里路，拎着重重的木桶，吃力地到山沟里去提水了。

两年多时间，郑培民跑遍了全州218个乡镇，住过30多个乡镇。这只是一个粗略到乡镇，尚不包括村寨的统计。除去在省里州里开会、办公需要的时间，在"开门见山"的湘西，这是一个没有喘息之机的数字。

妻子去湘西看他，一进屋，地上扔的是一双沾满泥巴的胶鞋，唯一一套出国时置办的西装，在柜子里已被虫子蛀满了洞。郑培民拦住要帮他刷鞋的妻子：天天都要穿，一出门，还是要粘泥的……

形象是干出来的。在湘西州委的选举中，郑培民全票当选州委委员，全票当选州委常委，全票当选州委书记。有的干部誉称他是"三个百分之百"，郑培民当即纠正说："只有一个百分之百，那就是全州人民对共产党百分之百的信任和感情！"

火禾公路，这条在凤凰县地图上细得像根线的乡级公路，在火炉坪乡500多户群众的心中，大得像一片云。

修这条公路时，郑培民已经调到了省委，火炉坪乡依然是他的联系点。他领着技术人员，吃着缓解心脏病的药，晃晃悠悠地攀上悬崖峭壁去勘察。为这条路，郑培民十分少见地向自治州一个熟识的干部发了火："你敢糊弄我？公路的配套资金为什么不到位？怎么向老百姓交代？"

十几公里的火禾公路打通了，是全州标准最高的乡级公路。山外的小贩开着车，直接停到山里人的门外，把一筐筐的猕猴桃搬上了车；高兴的苗族村民守着家门口卖西瓜，卖掉一个，就在西瓜上拍一下："这是郑书记给我们带来的好处！"

火炉坪乡的苗族群众坚持要把剪彩的光荣留给郑培民，哪怕是为了将就郑培民繁忙的工作，把公路正式通车的日子一推再推。他们去年7月就写好了大红的标语，等着郑培民亲手把它们展开。他们想，郑书记虽然听不懂苗语，但是，老百姓欢天喜地的表情，他看得懂啊！

真情

在湖南，常常会听到人说："培民书记是我的好朋友。培民书记像我的好兄长。"

说这话的人大都是普通百姓。该有多么深厚的感情和多么平等的关系，才能让他们自信地将一个省委副书记称为自己的朋友？

曾令超，一位司法干部，在一次维护社会治安的事件中受伤，双目失明，后来从事文学创作。他听说了兼任省残联名誉主席郑培民的名字，写信去希望得到郑培民的题词。

犟犟的老曾打定主意只写一封信：如果郑培民不回信，那我也犯不上巴结他，管他是多大的官！

回信来了，曾家的电话也响了。

半个多小时的电话里，郑培民详细询问了曾令超的各种情况。他怕在纸框子里摸索着记录的曾令超不方便，把自己家里和办公室的电话重复了三四遍。

最后，郑培民一定要等到曾令超放下电话后，自己才挂电话。老曾实在受不了这等"待遇",坚持让郑书记先放电话,推来推去,还是老曾拗不过书记。以后,在他俩的交往中,这已成为习惯,也成了默契:每次,郑培民都要听到电话那边"咔嗒"一声,自己才轻轻挂上电话。

见了面,郑培民一把抱住了什么都看不见的曾令超:"你摸摸我,咱俩高矮胖瘦差不多!"他又摸摸曾令超脸上的伤疤:"阴天下雨会疼吗?"

热茶倒好,先放在一边。等到不烫了,郑培民才端到老曾手上,"现在可以喝了。"

湖南桃源县漳江镇有个川湘饭庄。说是饭庄,其实就是个灰头土脸的路边小店,小到只有两张桌子,走在路上一眨巴眼就可以略过它。郑培民偏偏与这家饭店的老板李德胜成了朋友。

李德胜身有残疾,虽为"老板",日子仍显艰难。每次往来湘西州与长沙,只要是坐汽车,郑培民一行人准会到李老板的"鸡毛小店"吃饭。每次,郑培民都要从包包里扯出一条特意带来的香烟:"给,拿着抽!"李老板也有礼物回赠:自家做的酸萝卜泡菜。

就是当上了省里的领导,只要路过,郑培民的笑脸还是不改,照样交钱吃饭。

其实,李德胜的小饭馆所处的位置并非前不着村后不着店,饭菜手艺也没有什么特殊之处。郑培民的秘书、司机都明白,培民书记用这种办法既可了解民情,又不给当地政府添麻烦,也照顾了李德胜一家的生计。可郑培民却又从不说破,他顾及的,是残疾人既要养家糊口,又不轻易受人施舍的尊严。

做官先做人,万事民为先,这句话出自郑培民的心。即使当了大干部,郑培民还是像一棵永远不会离开大地的大树,枝丫扬得越高,根往泥土里扎得越深,他的根系牢牢扎在"人民"二字上。

凡是群众写给他的信,郑培民总是坚持自己拆开。下农村,郑培民要到农民家去,掀开锅盖,瞧瞧吃的什么饭;看看猪圈牛栏的家畜,撩开蚊帐摸摸农民床上的被褥。郑书记还爱在农民家吃饭,筷子直奔油辣的农家菜,粗糙的饭食也嚼得津津有味。有时,他还会在农家住宿。这个住宿的人家他会留意选一下。在湘西州永顺县高坪乡雨龙村,他每次去那儿,都住在一户孤寡老人家。郑培民心里明白,农村的孤老,没有子女照顾,精神上孤寂,有时也难免被不懂事的乡邻欺负,他要用自己的行动,为孤寡老人带来精神上的支持和尊重。

郑培民是个心细的人。他回湘西,有两件事必须做——陪老同志吃一顿饭,打一次扑克；他下乡，在乡镇和农民家吃饭，一定会把饭钱交上——"老百姓生活得不容易！"

一次，走进火炉坪村，郑培民发现一位老人在远处招手，村干部向他解释，这是村里的五保户，80多岁了，没见过省里的大干部，想把你看得清楚一些。

"那好，我和老人照张相，让老人家看个够！"郑培民笑着走了过去。

一天晚上，工作结束得早，郑培民兴致颇高，"走啊，咱们也去尝尝夜宵！"

趁司机停车，郑培民站在夜宵店门口，与摆槟榔摊的小贩聊起来。小贩告诉他，自己是下岗职工，父亲得了癌症，一天摆摊下来赚的钱刚刚可以供一家人糊口。

郑培民心里难受极了。他转身离开，"你看人家生活得多艰难！这夜宵怎么吃得下去！"

对郑培民来说，他与普通的百姓，压根是长在一起的，他的心为他们而快乐，为他们而疼痛。

砥柱

1998年，惊涛骇浪挑战常德。

湖南常德市安乡县，身受长江和澧水、沅水三大水系夹击，临洪大堤长达400公里，是历史悠久的"洪水走廊"。

1998年7月24日晚，安乡县安造垸溃垸。当时的安乡县城，电力中断，一片漆黑，老百姓几乎都搬空了，就是没有离开家园的人，也搬到了相对安全的顶楼上。

正当人们惶惶不安，没有主心骨的时候，郑培民来了。他不是象征性地点个卯就走，而是安营扎寨，住进了黑洞洞的县委招待所。"指挥抗洪的省委副书记和百姓一起住进了'水围子'"。消息不胫而走，人们悬着的心，咕咚一声落了地。

郑培民在安乡指挥了三大战役：赶在洪水扑到之前，抢修了一条11公里的隔堤，保住了安乡县城；指挥堵塞书院洲溃口，用血肉之躯扼住了洪水之喉；湖北境内的黄金大垸溃决后，统帅抗洪大军进行了一场惊心动魄的北大堤保卫战，拒千里洪峰于湖南重镇常德市之外……

就着堤外滚滚洪水，郑培民坐在堤上，吃着盒饭，静静地度过了自己的55

岁生日。

雨过天晴，骄阳似火。居住在大堤上的4万灾民头顶烈日，衣食不足，缺少清洁的饮用水和药品，眼看疾病就要在大堤上流行。

路过大堤的郑培民告诉司机"绕道走"——他不忍看着灾民们一边让太阳晒着，一边还呼吸着他的车扬起的灰尘。但郑培民的心却没有绕着走，他拍板，要在3天的时间内，把几万灾民转移到可以吃上饭、喝上水的垸子里去。

命令一下，故土难离的灾民们落着泪，望着只露出屋顶的家园，一步一回头地离开了自己生长的土地。指挥部及时调来育苗的蔬菜种子，衣食无忧后，灾民用最快速度恢复了生活和生产。

接着，开展防疫工作的省医疗队来了，帐篷学校搭起来了。堤外洪水滔滔，堤上书声琅琅，帐篷顶上，红旗飘飘。

水灾过后，郑培民提出，让老百姓从水窝子里搬出来，住到山上去。

中央提出移民建镇后，郑培民从方案到资金的落实都一一过问。他一遍又一遍地叮嘱：那是中央给农民的钱，不许坑农民的钱！

地方同志向郑培民表示，在抗洪中，当地政府连书记的生活也无法照顾，心里十分歉意，最后想送点礼物表示一下。

一句很重的话从素来温和的郑培民嘴里扔出来："老百姓遭了那么大的灾，你们还要表示什么？！"

抗洪期间，郑培民平均一天只睡两个小时，情况紧急时甚至还要冲上去搬麻袋抢险，这对他这样一个身患高血压、心脏病和糖尿病的人来说，实在是太危险了。

省委领导也牵挂着他的身体，下命令：每天要保证郑培民吃上两个鸡蛋！

然而，郑培民关心的还是他人。听说一位同志因为血压高而住进医院了，他连忙去看望。

从医院出来，知道郑培民病情的同志心里酸酸的：人家低压高到了95就可以休息了，可低压已经升到105的郑书记，却天天还要在夜里两三点钟，到大堤上查管涌！

郑培民深知身体的重要性，他说过，"身体是1，政绩、家庭、知识等是1后面的0，0越多，成绩越大，但没有了1，再多的0都是0"。但个人的身家幸福怎么能与人民生命财产的安危相比？受命于危急之刻，面对重于泰山的责任，他已经做好了"我不下地狱谁下地狱"的准备。

郑培民在大堤上，整整待了60多天，400公里的长堤在他脚下踏过不止一遍。回到家里，掉了20多斤肉的郑培民对妻子说了实话："这次抗洪，是对我生命极限的挑战！"

其实，平时的郑培民不属于那种大刀阔斧、雷厉风行型的领导，哪怕是创新和开拓性的工作，他也是稳稳当当、扎扎实实地去做，从来不搞轰动效应。

郑培民曾经分管过湖南省的教育。搞减轻学生的负担，他去翻学生们的书包，看哪一种教材是必需的，哪些是额外负担。

全省中小学布局调整，郑培民亲自调查了两个月，走访了40多人，然后才做决定。他说："稳健决策，决不能留下后遗症，要经得起历史的检验。决策正确，是造福百姓；否则，是造祸百姓。"

分管干部工作时，郑培民跟干部说话，不是暴风骤雨，而是春风化雨。和他有过接触的干部都反映，郑培民不居功，不诿过，敢于承担责任；他当面敢于批评人，背后却保护人；他表里如一，从不隐瞒自己的观点；在他手下工作，觉得安全、踏实……

谈到自己曾经的副手郑培民，湖南省委书记杨正午很有感触："一个领导干部在每个工作岗位上都能做到有口皆碑，很不容易！"

考验

比起普通百姓，领导干部会更多地面对诱惑和考验。在领导岗位上真正做到固守操守，承受考验，比常人更难。

"考验"二字，力重千钧。

几年前，省委副书记郑培民的家，蒙受了一次小偷的"考验"。两个小偷撬门进入没有装防盗门的郑家，把所有的抽屉全倒出来，连柜子里的衣服全都抖出来捏过了，也没找到什么值钱的东西。

翻腾到最后，他们只从郑家偷了4000元现钱和两条烟。

4000元钱，是郑培民女儿出差后尚未归还的公款。

几个月后，盗窃案告破，小偷的坦白与郑家报案的数字，完全吻合。

一个人做点好事并不难，难的是一辈子做好事。在老百姓眼里，郑培民就是个在廉政问题上一辈子干干净净、只做好事的人。

对于下级单位送的礼物，郑培民从来是能拒就拒，自己拒不了就让秘书去退。

集邮，可说是郑培民唯一的爱好。就是这个爱好，他也绝对保密，生怕有人投其所好。

无论是调离湘潭还是调离湘西，不喜张扬的郑培民总是挑选在早晨未上班之时悄悄离去，而且事先不告诉周围人，他不想惊扰大家，也怕可能送来的人情礼。

郑培民记日记的习惯是大学时养成的。走上领导岗位，这个一日三省其身的习惯细分为备忘录、工作笔记和日记。他收到的每一笔稿费，数额、收到的时间及发放单位都在工作笔记上有详细记录，稿费的出路只有一个：交秘书登记收存。

这是郑培民在湘西州工作时的一段日记："这次回湘潭度春节，我谢绝了办公室派车送我的盛情，同时谢绝了办公室要为我报销路费的好意。坚持自费返家，往返火车票近80元，自己掏腰包。有人讲我太板，我想，宁肯自己吃亏，对自己严格要求，是一个共产党员，特别是领导干部应当自觉做到的。"

还是一段日记："在吉首给两个孩子分别订做了一件羽绒上衣，这是我给孩子们买东西中最大的一次，计247.61元。不占企业的一点便宜。"

从20世纪80年代起，郑培民就先后担任市委书记、州委书记、副省长、省委副书记，又曾长期分管全省农业、文教、政法和党群工作，可谓位高权重。但他总强调，"情浓钱淡，永葆清白""君子之交淡如水"。

郑培民偶尔也会收下极少一部分礼物。但送礼物者必须符合两个前提，一是极为熟识的亲友、如同亲人一般的老部下、老同事；二是正常的人情往来，而不是有事求他而送礼。

今年春节，他十几年前的老秘书去看他，送的礼物是一篓水果和两桶瓜子，郑培民高兴地收下了，但转身又拎出两瓶酒，价值远高于送来的东西："把这个拿去！"

"对待身外之物，要铁石心肠。"郑培民写得清楚，做得更明白。

家风

"手拉手，户外走，说说话，散散心，情切切，意绵绵，身体好，永相伴。"

与妻子的一次散步，被郑培民在日记中诗意地记录下来。

他的家，是尽人皆知的美满家庭，郑培民很爱他的妻子和儿女。只是他从不用手中的职权来表达这份感情，他深知，权力是人民给的，是为人民做事的。

几十年中，郑培民的职位一直在变动，而他的妻子杨力求的工作单位只变动过一次，就是从湘潭市新华书店调到了省新华书店，职务仍然是一名普通职工。

调到长沙后，杨力求上班要走上40多分钟。她不会骑自行车，乘公共汽车也不方便，多年来，她一直走路上下班。郑培民托人为妻子买鞋，指明买那种柔软的、平底粘胶的鞋子，他要让妻子在风吹雨打的路上，走得舒服一些。但这个有情有义的丈夫却从不让妻子搭他的顺路车。

妻子敬重郑培民的为人，更注重维护丈夫的形象。杨力求有个"三不"：不帮人向郑培民带任何信，不传口信，不接受任何礼品。他们的儿子说："在廉政问题上，爸爸把前门，妈妈守后门。"

郑培民的日记，折射出"后门"的坚固："某某同志来家，我不在家，请我爱人转给我一封推荐信，并送了5000元，讲请力求旅游用。力求当即指出，这是送'错误'给我们，绝对不能收。"

郑培民的儿子曾经有过被爸爸从车上赶下来的经历。他在湘潭大学读书时，有一次爸爸从长沙去六七十公里外的湘潭开会，正在家中休假的孩子，便想搭便车去学校。谁知郑培民一上车，看到已坐在车里的儿子，立即严辞厉色、毫不留情地把孩子从车上轰了下来。

郑培民曾这样鼓励自己的孩子读书上进，"与其我留给你们财富，不如给你们留下创造财富的能力。读书，就是创造财富的能力！"

孩子长大成人，每次出远门，郑培民从来不多说什么，他只是弯下胖胖的腰身，默默地帮儿女一件一件叠衣服，再一件一件放在箱子里。

只有一次郑培民的话很多，那是儿子代表大学生去台湾参加交流活动前：

"多给大家讲讲湖南吧！湖南的特点是"三乡一地"。鱼米之乡，袁隆平的杂交水稻，刘筠教授培育的湘云鲫是突出的代表；还是有色金属和非金属矿之乡；一地，是旅游胜地，张家界、凤凰古城中外闻名！"

"湖南人会读书，'惟楚有材，于斯为盛'；会种粮，还是古人的话，'湖广熟，天下足'嘛！会打仗，从来就是无湘不成军！"

"湖南人有先忧后乐精神，范仲淹的《岳阳楼记》里写着，先天下之忧而忧，后天下之乐而乐';湖南人有求索精神,屈原说,'路漫漫其修远兮,吾将上下而求索';湖南人有牺牲精神,谭嗣同有诗'我自横刀向天笑,去留肝胆两昆仑';湖南人还有敢于革命的精神,毛主席的'为有牺牲多壮志,敢教日月换新天',多么豪迈!多有气势!"

……

郑培民做成的文化与精神的盛宴,足以使儿子品味一生。

呼唤

至今,谁都不忍告诉湘西凤凰县叭仁村的村民们,他们用金边框着的新春祝福,郑书记没有看到。当秘书含着眼泪打开它时,百姓爱戴的培民书记,已与他们天人永隔。

今年3月11日,郑培民被抽调到北京参加中央干部考察组,工作中,突发急性心肌梗塞。

连郑培民自己都不会相信,困扰了他多年的病魔,一转脸就会变成死神。在赶往北京医院的路上,他已无力地倒在秘书肩膀上,嘴里还在嘱咐司机,"别闯红灯"。

谁想得到,一棵生命的大树就这样倒下!

郑培民记了40多年的日记,终止在他去世的那一天。就在前一天,他还在电话中叮嘱妻子:"你也是五十几岁的人了,也不是个铁砣,要注意一下身体。"临挂电话时,郑培民轻松地对妻子说:"别惦记我,愿你每天都有一个好心情!"

可是,一贯为别人着想的培民书记,你可知道,你的离去,让多少人彻夜难眠,多少人泪飞如雨!他们怎么能有一个好心情!

湘潭市的老部下们最后一次看到你是今年春节。这次回湘潭拜年,你一反往常,从汽车里拿出几件礼物,在场的几个老部下人人有份。

回想此情此景,老部下们泪眼模糊了。培民书记呀,你是在向我们告别吗?要是工作没做好,你可以批评我们,你不能一甩手就走,而且一去不回头啊!

培民书记,你春节时看望知识分子,送去的花儿还没谢呢;苗族群众为你编的苗歌,他们准备了上千首,你还没听呢;叭仁村,那个一直系在你心尖尖上的湘西山村,通向它的盘山路快要修好了,还有火禾公路,这是两条让你操碎了心的路啊,还没有印过你的脚印呢,你怎么就走了?

培民书记,湘西凤凰县安坪村小学校的桌椅做成了,窗子安上玻璃,再不用稻草堵窗户了;安坪村山上一片绿色,再也不用砍树换钱了;火炉坪的张来富,那个你去看望过4次,送钱送母羊送蚊帐的中年男人,他和他的妻子正想告诉你,他们家盖了新房,买了彩电,5只母羊变成了20多只的羊群,他们的日子已经过得和别人一样好了。

这不就是你希望的吗?不就是你一直拼命工作的目标吗?"灯红酒绿不迷眼,不义之财不伸手",在这样的自律下,你所期望的,不就是这样的报答吗?

东北大平原生育了你,三湘四水养育了你。尽管你生前低调宣传,但是,你做过的一切,党和人民都记在心里!

北京八宝山革命公墓,胡锦涛等中央领导和近千人为你送行;在长沙,上千人涌到机场去等你;多少群众围在你省委大院的家门外,痛哭失声!他们想你呀,他们要再看看你!

听说你去世,火禾公路指挥部的8个成员坐在一起,两个小时,不闻人语,只闻人泣;听说你去世,你的扶贫点——湘西凤凰县安坪村,全村的男女老少汇聚在你站过的地坪上追悼你,百姓的泪和湘西的雨交织!

人们怎么也想不明白啊,天若无情,为什么让你这样的好人来到人间?天若有情,为什么天不假寿,让你过早地离开人间!

湘西的老百姓要自己出路费,到北京和长沙来送你,他们,是硬让州委和县委给劝回去的!当记者在凤凰县的几个村寨提到你的名字,老百姓的笑脸立即转为了抽泣,继而变成放声大哭!

哪里有比人民口头流传得更久的历史?哪里有比百姓心头更坚固的丰碑?你活得辛苦而操劳,你活得清白而坦荡,但你活得值啊,你离人们越远,人们觉得你越亲;你离这世界越远,百姓觉得你越真!你留给了人民一个共产党人无愧于天地、无愧于黎民的身影!

"书有未曾经我读,事无不可对人言。"你去了以后,组织上派人整理你的办公室,清理出来的,只有一本本的工作笔记。上善若水。你的生前身后,都透明如水,洁净如水,经得起任何形式的翻检!

倒下的郑培民,擎起来的是精神上的火炬。你经常念叨的四句话:"大浪淘沙，警钟长鸣，不忘宗旨，永葆本色"，已经变成了你的精神遗产，时时地被人们享用着。

不需要更多的语言描述你，不需要更多的词藻雕琢你，郑培民，你让人们记住了：天地之间，曾经有过这样顶天立地的共产党人！

（作者：董宏君、朱玉；原载2002年10月14日《人民日报》；入选时有改动；获第十三届中国新闻奖特等奖）

看个"咳嗽"要掏1065元

【编选手记】

　　这篇500多字的短新闻,取材于生活海洋中的"一滴水",看似平淡无奇,实则暗流涌动,它反映了医德医风、行风建设等重大问题。医生开"大处方"是经济体制转型后医疗卫生行业出现的一个群众反映强烈的问题。记者从一个普通患者的经历入手,以小见大,连续追踪,用事实说话,最终将"大处方"背后的"医药回扣"黑幕公之于众,在社会上引起强烈反响,成为武汉市民热议的焦点话题。在各方努力下,"大处方"现象在武汉得到了有效遏制,广大市民纷纷来电来信,称赞这篇报道做得好。

(王秋杰、高红波)

　　7日,武昌杨先生带着2岁的女儿到市儿童医院看病,没想到看了个"咳嗽"就要花1000多元。因此,他于昨日投诉到本报新闻110。

　　据称,杨先生被导医引到专治哮喘的陈教授诊室,陈问了几句,让他先带女儿去验血,发现孩子对常见的31种物质的过敏反应均呈阴性。

　　陈教授根据孩子患过湿疹,判定孩子是过敏体质,便在病历和处方单上分别开了处方。杨先生见药开得很多,病历上字又看不懂,便问孩子得的什么病,陈教授说:"按我开的药吃就行了。"

　　一划价,药费加治疗费765元,加上验血费300元,共1065元!有医疗人员小声提醒杨先生:"你的药开多了。"杨先生返回诊室问陈教授,陈教授称这是一个疗程的药。

　　杨先生回家后发现,一种叫"贝亚宁"的药上写着:过敏性体质慎用。杨不解:既然孩子是过敏性体质,为什么还要给孩子开这种药呢?细看病历他又意外发现:陈教授开给药房的处方里写的是"贝亚宁6盒、臣功华芬愈美颗3盒、力欣奇4盒……"而病历上没有"贝亚宁"和"臣功华芬愈美颗"这两味药,"力欣奇"也只写有2盒。再深入解读药品说明书：6盒"贝亚宁"可用5个半月！

面对杨先生质疑，陈教授昨日解释："贝亚宁"是一种免疫调节剂，虽然是"过敏性体质慎用"，但她是给孩子开了脱敏药的前提下开出这种药的。

至于为何病历上处方药品数量比购药处方单上少，陈的原话是：为患者家长的经济承受能力考虑。

该院负责人就此表示：陈教授的行为肯定是有差错的，院方会根据院内质量管理条例对其进行处理。

最后，在杨先生的要求下，院方将杨手上的价值210元的"贝亚宁"退掉。

（作者：李红鹰；原载2002年8月10日《武汉晚报》；获第十三届中国新闻奖一等奖）

目击杨利伟飞天归来

【编选手记】

2003年,神舟五号飞船搭载航天员杨利伟于北京时间10月15日9时整在酒泉卫星发射中心发射升空。这是中华人民共和国发射的第一艘载人航天飞船,牵动着全国人民的心。报道载人航天的新闻很多,但目击飞船着陆的文字新闻独此一家。这篇作品真实记录了首次载人航天飞船成功着陆的历史瞬间,生动、细致、准确地描述了许多鲜为人知的现场细节,恰到好处地运用背景资料烘托现场气氛,画龙点睛地凸显了整个事件的重大意义。作者在载人飞船发射前就对杨利伟进行了多次独家采访,与杨利伟建立了深厚的感情,并相约在着陆场见面。当日,作者经过反复申请,成功成为飞船着陆场系统搜救分队的一员。在冰天雪地中驱车数十公里后,他于返回舱落地后第一时间到达着陆现场并向杨利伟提问,最终以目击记的形式写成此稿。作品发表后,被中央人民广播电台、香港《文汇报》等多家媒体转载、转播。《解放军报》收到大量读者来信、来电予以称赞。该作品被评为军报优质稿,并获得社长特别奖。中国人民大学新闻学院刘保全评价其为"一篇具有'同期声'的现场新闻佳作"。

(王秋杰)

今天清晨6时23分,中国首飞航天员杨利伟乘坐"神舟"五号载人飞船从太空归来,平稳着陆于内蒙古中部草原。

此刻,五星红旗正从北京天安门广场徐徐升起。身着乳白色航天服的杨利伟向在场的人们挥动手臂,轻快地跨出外表被大气层摩擦烧灼成古铜色的返回舱。

记者喊道:"杨利伟,我们接你来啦,对全国人民说几句话吧!"

杨利伟笑了,笑容在朝阳映照下无比灿烂。他说:"飞船运行正常,我自我感觉良好,我为祖国感到骄傲。"

42年前，前苏联航天员加加林乘坐"东方号"飞船升空，人类第一次亲眼看到地球表面的形态——淡蓝色的晕圈环抱着地球，与黑色的天空交融在一起；今天，第一个中国航天员乘坐我国自行研制的"神舟"五号飞船，亲眼目睹了地球在星空中的奇观。中国由此成为世界第三个能够独立开展载人航天的国家。

着陆场系统总指挥夏长法是奔向返回舱的第一人。工作人员刚一打开横卧在地的返回舱舱门，他就急切地问："杨利伟，你怎么样？"

仰坐在座椅上的杨利伟转过头来，平静地回答："我很好。"

真是天公作美，昨天这里还刮着大风，而今夜却是明月星空，几乎感觉不到风吹，一望无垠的大草原敞开胸怀，与我们一起静静等待着从太空归来的中国首位航天员。

6时左右，有人喊起来："看，天上有颗星在飞！"

搜救人员纷纷下车，在-4℃的旷野上抬头仰望。只见一颗明亮的"流星"正从月亮边划过。一位技术人员告诉记者："这是与返回舱分离后的轨道舱在运行，减速制动后的返回舱马上就要进入大气层了！"

6时07分，一团火球在西南方的天空向我们飞近，那是进入稠密大气层的返回舱，正在与大气摩擦燃烧中飞来。

6时12分，空中传来"嘭"的一声震响，表明面积达1200平方米的主降落伞已打开。人们更加急切地向空中眺望。

"来了，来了！在那儿！"6时17分，一个黑点在已泛出曙光的东方天空出现，并且越来越大。

"杨利伟回来啦！"大家旋即跳上车，向返回舱飘落的方向追去。

降落伞悬挂着返回舱，在我们的车头前缓缓飘落。记者抬腕看表，正是6时23分。

我们脚下的这片土地，当地牧民称之为"阿木古朗"草原，在蒙古语中是"平安"的意思，这真是个好地名！

8时15分，杨利伟乘坐的直升机从沸腾的内蒙古大草原起飞，向附近的机场飞去。他将在那里换乘专机飞回北京。

内蒙古草原，这片在历史上曾孕育了一代天骄成吉思汗的神奇土地，今天又因天之骄子杨利伟的完美着陆而续写出中华民族新的传奇。

（作者：范炬炜、孙阳、唐振宇；原载2003年10月17日《解放军报》；获第十四届中国新闻奖一等奖）

昆山 31 万农民刷卡看病
　　——每人每年缴纳 50 元　　最高可得到 1100 倍补偿

【编选手记】

　　在贯彻落实科学发展观,加快构建和谐社会的过程中,"三农"问题是一道绕不过去的坎儿。这篇动态消息反映的是江苏昆山城市化进程中老百姓社会生活中发生的重大变化。作者对这一事件从酝酿到实施进行了长期跟踪,最终在农民领取医保卡的精彩瞬间完成了报道。全文不到800字,笔墨精到,朴实传神,堪称佳作。该报道时效性强,具有很高的新闻价值,刊发后引起了国内外多家媒体的关注。新浪、搜狐、新华网等几大门户网站都进行了转载,国内外多家媒体随后也专程赶赴昆山进行采访报道,社会反响热烈。"昆山经验"被推广到周围县市,凸显出构建和谐社会的重大主题。

(王秋杰)

　　从昨天起,昆山31万多农民也可以和城里人一样"刷卡"看病了!

　　昨天,该市7个行政村发放点的上千名老百姓都领到了一本墨绿色的《昆山市农村居民基本医疗保险证》和一张IC卡。此举标志着昆山农村基本医疗保险工作开始进入全面运作阶段。凭着这张IC卡,昆山的农村居民在该市的任何一个医保定点医疗单位都可以自由刷卡就医。根据该市的具体实施办法,农村居民每人每年只要缴纳50元,如果不幸遭遇大病,最高可以得到近1100倍的补偿,也就是说,最高可以报销到接近55000元!

　　昨天下午,在该市周市镇市北村的社区卫生服务站,村民张燕君拿着刚刚领到的医保IC卡开始了自己70岁生涯中的第一次"刷卡"看病经历。经过一番"望闻问切",社区医生给她开具处方,一盒是感冒清胶囊,一盒是珍菊降压片。收银处是一套崭新的电脑设备,输入处方,卡一刷,随即打出一张清单,显示划卡消费9.5元,卡上余额 140.5元。老太太开心得合不拢嘴:"没想到政府为我们老百姓考虑得这么周到,送钱给我们看毛病!"

　　根据昆山的农村医保施行办法,筹资标准为每人每年200元,这个标准目前是全国最高的，其中市镇两级财政各补贴65元，村集体补贴20元，农民自己支付50元，今年该市财政将拿出6000万元用于医保补贴。

据悉，昆山农村医保覆盖包括居住在农村的小城镇户口，其中16岁以下的儿童4.3万多人，17岁到60岁的18.9万多人，60岁以上老人7.7万多人。另外还有6000多名人均年收入在2000元以下的农村低保人口，均采取倾斜政策，不用缴纳一分钱，无门槛进入这个保障体系。为60岁以上的老人建立个人账户，由保险基金每年自动注入150元。

昆山医保中心工作人员介绍说，昆山的农村医保，除了筹资标准低于城镇职工，因而报销补偿的具体数额不一样外，在运作管理模式上已经与城镇职工的医保没什么两样，就连报销的医药范围和5000元报销起付线都是一样的。

（作者：高坡；原载2004年3月4日《苏州日报》；获第十五届中国新闻奖一等奖）

女儿本色

【编选手记】

任长霞,一个家喻户晓的名字,是2004年河南省树立的立法为公、执政为民的典型人物。作为一名一心为民、深受百姓爱戴的女公安局长,任长霞因公殉职的事迹在全国引起了强烈反响。广播新闻专题《女儿本色》节目主题鲜明,素材精当,语言流畅,具有较强的感染力。"女儿"一词寓意丰富,既指任长霞是任家的女儿,又象征着她是党的女儿、人民的女儿。这一角度的选取,奠定了这篇录音报道立意的独特与新颖。这期节目播出后,反响强烈,民众纷纷表达心声:"人民需要更多像任长霞这样的好公安局长",呼唤中原大地涌现出更多像任长霞一样的好警察。中国广电协会专家曹仁义在评述《女儿本色》时曾说,一篇好的新闻专稿应有新点、深点、情点,这个节目这三点都做到了,是个好作品。

(王秋杰、高红波)

2004年4月15日凌晨,破案途中,车祸夺去任长霞40岁的生命。

消息传开,接连几天,20万百姓自发地涌向长街,痛别这位共产党的干部。这是登封历史上第一次。

任长霞:登封市公安局局长,任期内侦破大案要案1000多件,亲自受理3000多百姓来访,荣获中国十大女杰、全国优秀人民警察、全国公安系统特等英模等40多项称号。

而在登封父老心中,这位公安局长只是自己的亲人,自己的女儿。(录音:群众一:多好的孩子,好人哪,可惜了呀!恁好的人,那闺女,好!群众二:长霞,好闺女,不能走!老人小孩相互搀扶着,哭声到处都是。)

请听录音特写:

女儿本色

（现场音：整队，立正，向右看齐……）任长霞活着的日子。每当嵩山披上第一缕霞光，她准时率领干警出操。雄壮的脚步声，印证着一支队伍的信心与精神。

（录音：大多数人认为，公安这个职业是男同志干的，但我认为没有多大差别，女同志如果责任心强，如果愿意付出是能干好的！）这是她长留于世的声音。责任、付出、自信，丰厚的内涵装点着壮美的人生。

让我们把时间切入2001年。4月的登封，桃花谢了，山花遍野。公安局调来个女局长。众人一看，个儿不高，体不壮，黑妮儿一个。几百号人高马大的干警，顿时心里一怔，干警刘文治：（录音：当时有人说公安局没人了，派个女局长。男的还不行呢，女的会中吗？）众目睽睽，任长霞浑然不觉。（录音：她来的第一个星期，先到登封十几个乡镇派出所和群众中了解民情。）

登封因少林寺而闻名，流动人口高于常住人口，又因山多地旷，发案率高，破案率低，行风评比，公安局在市里连年倒数第一，被百姓戏称为"粮食局"，意思是只吃饭不干事儿。

这时，37岁的任长霞来了，这是河南省第一个女公安局长。头个星期，她就跑遍全市17个乡镇派出所。这是她第一次面对全体干警：（录音：公安局是干什么的，是保护人民的盾，对付敌人的刀，过去我们破不了案，群众把我们叫"粮食局"，这是我们的耻辱。）

任长霞出鞘的第一刀，就是整顿警风警纪。快刀斩乱麻，她果断处理15名违规违纪的警察，而后民主测评、竞争上岗，一场从严治警的风暴让每个人都重新认识警察的天职。干警赵军涛说：（录音：任局长经常说，公安公安，心里公，百姓才能安。她提出要求整队伍，跟我学，向我看，对我监督。）天地间自有一杆秤，任长霞以自己为秤星，毫不犹豫地把自己推向风口浪尖。

任长霞出生于郑州一个工人家庭，从小爱舞枪弄棒，最大的志向就是当警察，她高中同学钱红梅记得：（录音：那天我们俩躺在床上，她说，我想当警察。我说，你咋会想当警察呢？特别辛苦呀。她说，我很气愤那种以强欺弱，以势压人，看到那些不公平的事，我就生气，我就是要打抱不平。）高考志愿表，全填的是警察院校，再后来，从警校到预审科，到技侦队，到登封市公安局，任长霞按自己的选择一路走来，风风火火。

　　登封公安干警记忆中，流动着任长霞那繁忙的日程：4月到任，4月下访，4月整顿警风警纪。还是这年4月，任长霞的刀又一次出鞘。这一刀是对准王松黑社会团伙，一个在登封势力影响都很大的团伙，当农民王中央要揭发这一团伙的罪行，看看单薄的任长霞，他犹豫了。干警刘文治：（录音：任局长笑笑说，你回去吧，你啥时候信任我了再来。结果他是4月24日找任局长，25日就成立了专案组，29日就把王松抓起来了。所有登封人民伸大拇指，这个女人敢干，敢动真格的。）仍是4月，任长霞化装成农妇，出没西岭，调查一桩历时4年的系列强奸杀人案。接着，她又把视野投向危害百姓的砍刀帮。依旧是4月，女儿被残害11年积案未破的韩素珍家，来了任长霞。（录音：这是第一次我见到任局长。我说，任局长，告状告了十几年了，穷得没添任啥儿，又脏又穷的，你到我家来不嫌我？不嫌弃，她说，你不要哭了。我说，你管不管，任局长。我管嘛，你放心，我一定要替你查清。）为天地间的正义，也为更多像韩素珍一样的百姓能直诉心声，任长霞定下了局长接待日。干警刘文治：（录音：每月19号为接访日。第一个接访日接访了124起，180多人。124起接访啥概念呢，中午不吃饭，晚上也不吃饭，从上午一下接到晚上11点，接不完，根本接不完，接不完咋弄，把老百姓的信件收起来，晚上回到屋里抽时间再看。第二次，群众去的更多了，290多人。）接待日从每月一次到每周一次，任长霞脸麻了，嘴木了，心却与百姓更近了。

　　自打登封来了女公安局长，爹妈就少了顶梁柱。走马上任前，父亲对长霞说："咱家就你掌握生杀大权，可别放过一个坏人，也别冤枉一个好人，别给祖宗挣骂名！"看着父亲那满脸皱纹，女儿点点头，句句记在心里。父来一年老一年，又偏瘫在床，女儿挂心哪！回郑州开会，再晚再累，女儿也要回家给父亲搓脚揉背，可女儿能回来的时间太少了。父亲心里清亮：自古忠孝难两全，闺女没给咱家丢脸。妹妹任丽娟说：（录音：我姐是忘我的工作，确实是舍了小家，只要有机会、有时间的话，她对家的爱护，包括对父母的情感，无法比喻的。让我妈说，她是撑着家里的一片天。）

　　在登封父老心里，长霞更是响晴的天。韩素珍大娘记得清，4月长霞到自己家，8月就破了案，破案后仍有无穷的牵挂：（录音：（她）感觉我长年上访，成天地跑，家庭十分困难，过年送了油米面，到了又一年秋天，派人去给我出红薯。（刘文治插话：）任局长找干警帮她出红薯，就是地瓜，她家没劳力了。）农民冯长庚带着70多位乡亲来找任长霞反映问题，长霞笑脸相迎，细心记录，看到一位乡亲有气管炎，临走还送上一包药。第二年，麦子熟时，长霞打来电话:"老冯,麦子熟了,趁星期天我和民警给你割麦子去。"麦子熟罢红薯熟,长霞牵挂着熟识的乡亲们,心细如丝就如自家的女儿。

在登封百姓心里,长霞是善良、温暖的化身。处理一次瓦斯爆炸时,看到11岁的刘春雨成了孤儿,长霞一把搂过女孩说:以后,我就是你母亲。天冷了,她送来粉红的棉袄;开学了,她带来文具、书包。人常说,男儿有泪不轻弹,任长霞说,"女人家泪窝浅"。战友们记得,接待来访,百姓说到伤心处,她落泪。(录音:群众的冤屈她听到以后她哭了,她就掉泪了。)得到百姓的信任,她落泪。(录音:冬天特别冷,群众给我们端茶,递板凳,非常热情,当时她感动得哭了)。侦破杀人案,看见嫌犯两岁的孩子哭叫"爸爸",她又落了泪。(录音:说我们的干警,让他抱抱孩子,等把罪犯押上车的时候,任局长又拐回来给他孩子掏100元,说给孩子买点东西,任局长擦着泪上车走了。)那潸潸清泪饱含着她对这一方土地一方百姓的深情。

而在任长霞的丈夫卫春晓心里,长霞变了。过去妻子体贴温柔,夫妻俩常你吹笛,我唱歌,情深意长。自打妻子到登封工作,两人就难得见上一面,匆匆一面,再没有当年的儿女情长。(录音:随着事情越来越多,几乎家里就顾不上了,回去后最多时间在打电话,安排工作。)长霞太忙了,总是来也匆匆,去也匆匆。卫春晓看得出妻子变刚毅了,他明白那是因为她肩负着一方平安;妻子话少了,是因为登封让她牵挂的人和事太多了。而长霞也想尽一个妻子的责任。她觉得欠这个家的太多了,咋样才能补偿补偿?干警吴宏敏说:(录音:她如果回家,我就知道,回家她都从家捎回脏衣服、床单去洗,都是趁空捎回去洗的,已经换季了,她丈夫的毛衣和他孩子的棉坎儿现在洗了还没拿回去呢。)

任长霞最疼的是儿子。那年儿子想妈妈,初二的孩子骑车跑了80多公里,路上车胎爆了,人摔到沟里,看到伤痕累累的儿子,任长霞又落了泪。干警张金莲说:(录音:长霞就说,对不起孩子,妈妈实在是没有时间照顾你。当时她流泪了。她给我讲,心里很难受,对不起家里和孩子。)今年3月,儿子在北京做手术,电话打给妈妈,妈妈心疼得哭了,可最终也没有去陪他。孩子大了,懂事了,他知道,妈妈不仅属于他,还属于登封群山中那千千万万个老百姓。

从2001年到2004年,任长霞在登封忙碌了3年零3天。干警小杨:(录音:开门在那楼上就能看到她的灯光,每晚2点钟之前她都不会休息)。伴着这灯光,她批阅无数百姓的信件,做出无数重大决定,王松黑社会团伙案、"砍刀帮"涉黑犯罪团伙案、西岭连续强奸抢劫杀人案、"5·18"盗枪案、"7·2"杀妻杀子案,一个个影响恶劣的大要案相继破获;伴着这灯光,市里行风评比,公安局跃进前五名；伴着这灯光，登封人心定了，上访的人少了，可登门的还多。（录音：有的群众来说，任局长俺不是来上访的，俺是想来看看你。任局长笑了，来来来坐着喝水。案件少了，群众后来去的多了，都是想去看看任局长。任局长下乡时，老太太都撵着看任局长，都喊着，闺女，你慢慢走啊！）

2004年4月15日零点40分，带着侦破"1·30"案件的使命，任长霞遭遇了车祸，死时还睁着眼睛。案没破，她心不甘哪！

当登封百姓知道这消息，无不痛哭失声。韩素珍大娘倒了三杯酒：（录音：第一杯我就说，告慰任局长在天之灵，我说你永远活在我的心里边。）张生林老汉刚拿到任长霞买的药，干警刘文治：（录音：老头老泪横流啊，失声痛哭，瘫倒在地抬不起来了。他拿着任局长给他的药，背着祭文在登封贴了三天。）更有许多不知名的百姓：（录音：1.长霞你才40岁，你咋走了，我比你大十几岁，我还　…啊？！ 2.任局长为啥会受到人们这样爱戴，她确确实实是为民办实事，她爱民，处处想着老百姓。）

前后几天，登封街头白花、挽幛、祭文、哭声，把天地之间填满。

花如雪，泪如河，长霞在几十万双泪眼中走去，化为一缕最绚丽的霞光。她那爽朗的笑声永留天地之间。

（作者：齐露莹、常志霞、党爱莉、谭可；2004年6月9日河南人民广播电台播出；获第十五届中国新闻奖一等奖）

索玛花儿为什么这样红
——记优秀共产党员、木里县马班邮路乡邮员王顺友

【编选手记】

王顺友，2009年被评选为新中国成立以来100位感动中国人物之一。"感动中国"为王顺友写下颁奖词——他朴实得像一块石头，一个人，一匹马，演绎了一段世界邮政史上的传奇。这篇人物通讯的成功之处在于作者深入现场采访，运用典型细节描写，将木里县马班邮路乡邮员王顺友平凡而伟大的形象一点一滴展现在世人面前。该通讯作者表示："要把最真实的王顺友从大山里捧出来，把最真实的感动传递给读者。"2021年5月30日，王顺友因病在四川省凉山彝族自治州木里藏族自治县逝世，享年56岁。王顺友生前在接受记者采访时曾说："希望能把木里的公路建设好，让我们投递员能开着汽车送邮件，希望自己是最后一个马班邮路乡邮员。"如今，他的梦想早已实现，那段马班邮路已经成为历史，而王顺友是那段历史里闪耀的旗帜。

（何苗苗）

眼前这位苗族汉子矮小、苍老，40岁的人看过去有50开外，与人说话时，憨厚的眼神会变得游离而紧张，一副无助的样子，只是当他与那匹驮着邮包的枣红马交流时，才透出一种会心的安宁。

整整一天，我们一直跟着他在大山中被骡马踩出的一趟脚窝窝里艰难地走着，险峻处，错过一个马蹄之外，便是万丈悬崖。

傍晚，就地宿营，在原始森林的一面山坡上，大家燃起篝火，扯成圈儿跳起了舞。他有些羞涩地被拉进了跳舞的人群，一曲未了，竟如醉如痴。

"我太高兴了！我太高兴了！"他嘴里不停地说着。"今晚真像做梦，20年里，我在这条路上从没有见过这么多的人！如果天天有这么多人，我愿走到老死，我愿……"忽然，他用手捂住脸，哭了，泪水从黝黑的手指间淌落下来……

这就是那个一个人、一匹马、一条路，在大山里默默行走了20年的人吗？

这就是那个20年中行程26万公里——相当于21趟二万五千里长征、绕地球赤道6圈的人吗？

这就是那个为了一个简单而又崇高的使命，在大山深谷之中穷尽青春年华的人吗？我流泪了。

在这个高原的夜晚，我永远地记住了他——四川省凉山彝族自治州木里藏族自治县马班邮路乡邮员王顺友。苗族名字：咪桑。

如果说马班邮路是中国邮政史上的"绝唱"，他就是为这首"绝唱"而生的使者。

王顺友的话不多，却见心见肝。他说，他常常觉得自己这一辈子就是为了走邮路才来到人世上的。

马班邮路在正式文字中被定义为"用马驮着邮件按班投送的邮路"。在21世纪的中国邮政史上，这种原始古老的通邮方式堪称"绝唱"，而在木里人的眼里，这却是他们唯一的选择。

木里藏族自治县位于四川省西南部，紧接青藏高原。这里群山环抱，地广人稀，平均每平方公里的地面上只有9个半人。全县29个乡镇有28个乡镇不通公路，不通电话，以马驮人送为手段的邮路是当地乡政府和百姓与外界保持联系的唯一途径。全县除县城外，15条邮路全部是马班邮路，而且绝大部分在海拔4000米以上的高山。

王顺友至今记得，他8岁那年冬天的一个夜晚，做乡邮员的父亲牵着马尾巴撞开家门，倒在地上。"雪烧伤了我的眼睛。"母亲找来草药煮沸后给父亲熏眼。第二天清早，父亲说，看到光亮了。他把邮件包往马背上捆。母亲抱着他的腿哭。父亲骂她："你懂什么！县里的文件不按时送到乡上，全乡的工作就要受影响。"

11年后，父亲老了，他把邮包和马缰绳交到了19岁的儿子手上，那一刻，王顺友觉得自己长大了。他开始沿着父亲走过的邮路启程，负责木里县至白碉乡、三桷垭乡、倮波乡、卡拉乡的马班乡邮投递，邮路往返584公里。

年轻的乡邮员第一次感受到了马班邮路的遥远和艰辛。他每走一个班要14天，一个月要走两班，一年365天，他有330天走在邮路上。他先要翻越海拔5000米、一年中有6个月冰雪覆盖的察尔瓦山，接着又要走进海拔1000米、气温高达40摄氏度的雅砻江河谷，中途还要穿越大大小小的原始森林和山峰沟梁。他这样描述自己的生活：冬天一身雪，夏天一身泥，饿了吞几口糌粑面，渴了喝几口山泉水或啃几口冰块，晚上蜷缩在山洞里、大树下或草丛中与马相伴而眠，如果赶上下雨，就得裹着雨衣在雨水中躺一夜。同时，他还要随时准备迎接各种突来的自然灾害。

有一次，他走到一个叫白杨坪的地方，下起了暴雨，路被冲毁了，马一脚踩滑跌向悬崖间，他想伸手去拉，也掉了下去，幸亏双双被一棵大树挡住。他摔得头破血流，眼睛和半边脸肿得没了形。当时他真想大哭一场，盼望着有个人来帮一下多好啊！可是除了马、邮件，什么都没有。

这些艰辛在王顺友看来还不是最苦的，最苦的是心头的孤独。邮路上，有时几天都看不到一个人影，特别是到了晚上，大山里静得可怕，伸手不见五指，他能感觉到只有风声、水声和不时的狼嚎声。家中操劳的妻子、年迈的父母、幼小的儿女……此刻就会像走马灯一样在他的脑子里转，泪水落下一行，又落下一行。于是他便喝酒，让自己的神经因麻木而昏睡过去，因为明天还要赶路。

如果仅仅是为了一个饭碗，王顺友在这条马班邮路上或许早就坚持不住了。让他最终坚持下来的，是这条邮路传达给他的一种神圣。

"每次我把报纸和邮件交给乡亲们，他们那种高兴劲就像过年。他们经常热情地留我住宿，留我吃饭，把我当成共产党的大干部。这时，我心里真有一种特别幸福的感觉，觉得自己是一个少不得的人！"这是王顺友最初感受到的乡邮员工作的价值。

白碉乡乡长王德荣曾对他说过这样的话："你的工作虽然不是惊天动地，但白碉乡离不开你。因为你是我们乡唯一对外的联络员，是党和政府的代表。藏民们有一个月看不见你来，他们就会说：'党和政府不管我们了。'你来了，他们就觉得党和政府一直在关心着他们！"这话让王顺友心里滚烫。

一次，王顺友把邮件送到倮波乡政府，就在他牵着马掉头的时候，看见乡干部正翻阅着报纸说"西部大开发太好了，这下子木里的发展要加快了！"一时间，王顺友高兴得像是喝了蜜，因为乡干部看的报纸是他送来的，这薄薄的一张报纸竟有这么重的分量？！他越来越觉得乡邮员工作了不起。

于是，王顺友在马班邮路上一年一年地走下来，至今已经走了20年，而且还在继续走着。邮路上的每一天，他都是穿着那身绿色的邮政制服，他说："山里乡亲们盼望我，其实是盼望穿这身制服的人。"邮路上每一天，他都像保护命根子一样保护着邮件，白天邮包不离身，晚上邮包当枕头，下雨下雪，他宁肯自己淋个透，也要把邮包裹得严严实实。邮路上的每天，他都会唱起自编的山歌，雅砻江的苗族人本来就爱唱歌，他说："山歌是我的伴，也是我的心。"

翻一坡来又一坡，

山又高来路又陡，

不是人民需要我，

哪个喜欢天天走。

太阳出来照山坡，

照亮山坡白石头，

要学石头千年在，

不学半路草鞋丢。

这是王顺友无数山歌中的一首，邮路成为他心中一道神圣的使命。既然他深爱着自己大山连大山的故乡，既然他牵挂着山里的乡亲们，既然他崇敬着像太阳一般照耀着大山的共产党和人民政府，既然他生在中国邮政史上马班邮路的"绝唱"之年，那就上路吧！一个心怀使命的人，才是一个有价值的人。

如果说马班邮路是一种"心"的冶炼，他在这冶炼中锻铸了最壮美的词句——"忠诚"。

王顺友爱看电影，特别爱看关于英雄的电影，他说，这是父亲给他的遗传。父亲年轻时参加过"剿匪"，打仗不怕死，常教导儿子不要向任何敌人投降。当王顺友第一次在电影《英雄儿女》中看到那个高喊"向我开炮"的王成时，便开始敬佩他上了。"王成和我一个姓，他不怕死，为了党，命都敢丢。现在没有打仗的机会了，把信送好就是为党做事。"

1988年7月的一天，王顺友往倮波乡送邮件，来到雅砻江边，当时江面上还没有桥，只有一条溜索。他像往常一样先把马寄养在江边一户人家，然后自己背上邮包，把绳索捆在腰上，搭上滑钩，向雅砻江对面滑去。快滑到对岸时，突然他身上挂在索道上的绳子断裂了，他大叫一声，从两米多高的空中狠狠地摔下去，万幸，落在了沙滩上，但邮包却被甩进江里，顺水漂去。王顺友疯了一般，不识水性的他抓起一根树枝就跳进了齐腰深的江水中，拼命地打捞邮包，等他手忙脚乱地把邮包拖上岸后，人一下子瘫倒了。岸上有人看到这惊险的一幕，连说他傻，为了一个邮包，命都不要了。他说："邮包比我的命金贵，因为那里面装的都是政府和乡亲的事！"

2000年7月一天的傍晚，他翻越察尔瓦山时，突然从树丛中跳出两个劫匪，嚎叫着要他把钱和东西都交出来。他本能地向前跨出一步，用身体护住了驮在马背上的邮包，大声喝道："我是乡邮员，是为党和政府服务的，是为乡亲们送信的。要钱没有，要命有一条！"说着，他抽出随身携带的柴刀，死死地盯着劫匪。两个劫匪一时竟被这个一身正气的乡邮员吓呆了。趁他们出神的空当，王顺友疾步上马，冲了过去。事后有人送他一个绰号"王大胆"，他说："其实我心里也怕得很，是这身邮政制服给我壮了胆。"

这身邮政制服给予王顺友的何止是胆？它给了他一个马班邮路乡邮员的最

高品质——忠诚。这也是他作为一个共产党员对党的事业的忠诚。忠诚洒满了他邮路上的每一步。

1995年的一个秋天，王顺友牵着马走过雅砻江上刚刚修建起的吊桥，来到了一个叫"九十九道拐"的地方。这条由马帮踩出的羊肠小道陡峭地盘旋在悬崖峭壁之间，走在这条路上，马的粪便可以直接落在后面的马和人身上，跟在后面的人只能看到前面马的尾巴，路的下面便是波涛汹涌的江水，稍有不慎，就会连人带马摔下悬崖，掉入江中。

王顺友小心翼翼地跟在驮着邮件的马后边，一步一步地向前迈，眼看就要走出"九十九道拐"了。突然，一只山鸡飞出来，吓得马一个劲地乱踢乱跳，他急忙上前想拉住缰绳，谁知刚一接近，受惊的马抬起后脚便朝他蹬来，正蹬中他的肚子，一阵剧疼之后他倒在了地上，头上的汗水大颗大颗地往下落。

过了很久，受惊的马终于安静下来，它回头看着主人痛苦的样子，眼神变得悲哀而凄婉，用嘴一下一下不停地蹭着王顺友的脸。王顺友流泪了，他抬起手向马做了一个手势，告诉它不要难过，他不怪它。他忍着疼痛慢慢地站起来，牵上自己的伴儿，继续上路了。一路上疼痛不断加剧，他走走停停，停停走走，实在挺不住了，就倒在地上躺一会儿，就这样，坚持把这班邮件全部送完。

9天以后，他回到木里县城，肚子已经疼得受不了。邻居用拖拉机把他拉到了医院，医生检查后大吃一惊：大肠已被踢伤，由于耽搁时间太久，发生严重的肠粘连。医生说，再晚些时间，命就没了。经医院全力抢救，王顺友总算保住了一条命，但他的大肠从此短了一截，留下终身残疾，肚子经常作痛。

我直截了当地问王顺友，有没有想过不干这份工作了，哪怕去打工。他认真地告诉我："不可能。乡亲们需要我，他们等着我带给他们亲人的消息，乡政府盼着我带给他们党的声音。我做这个工作是给党和人民做事，有人喜欢我；如果我打工，只是个人挣钱，没人喜欢我。我只有为党和人民做事，心里才舒坦，好过。"

这个苗族汉子的话，句句都是从心窝里淌出来的。正是凭着这样一颗心，20年来，他没有误过一次邮班，没有丢失过一封邮件和一份报刊，投递准确率达到百分之百。

"山若有情山亦老"。如果王顺友走过的邮路可以动情，那么，这里的每一座山，每一道岭，每一棵树，每一块石头，都将洒下如诗如歌的泪水，以敬仰这位人民的乡邮员，用二十年虽九死而不悔的赤心，锻铸了一个共产党员对党和人民事业的最高贵的品质——"忠诚"。

如果说马班邮路是一条连接党和人民的纽带，他就是高原上托起这纽带的脊梁。

跟着王顺友一路跋涉，终于来到了他邮路上的第一个大站白碉乡。路边等候着一群乡亲，见到他，都围了上来。有人给他递茶，有人往他口袋里塞鸡蛋，还有一个乡亲竟抱来一只活生生的老母鸡捆到了他的马背上。王顺友像个远道回家的大孩子一样，高兴得牙龈都笑得露了出来。晚上，坐在一户乡亲家的小院里喝酥油茶，他对我讲："每次走到乡上都是这样，乡亲们需要我，我也离不开他们。"

山里人交朋友是以心换心。他们对这位乡邮员的情意，让我更深切地触摸到了王顺友的一颗心。

1998年8月，木里县遭受百年罕见的暴雨和泥石流袭击，通往白碉乡的所有大路、小路全被冲毁，这个乡几乎成了一个与外界隔绝的孤岛。按规定，这种情况王顺友可以不跑这趟邮班。但是，当他在邮件中发现了两封大学录取通知书时，便坐不住了。他清楚地知道对于山里的孩子来说，这两份通知书意味着什么。"我决不能耽搁娃儿们的前程！"他上路了。

王顺友是怎样拽着马尾巴连滚带爬地走到白碉乡，他已经记不清了。但是当年接到通知书的布依族女孩海旭燕和藏族女孩益争拉初的家人至今都清楚地记得，当他们在连日的绝望中打开家门，看到一身水、一身泥、腿上流着血的王顺友，从怀里掏出那封用塑料袋裹得严严实实、滴水未沾的大学录取通知书时，全家都哭了。

现在，这两个女孩都已经大学毕业，参加了工作。益争拉初的父亲王八金红着眼圈说："咪桑是一个最忠诚的人，是我们这里离不开的人！"

王顺友的确是大山里离不开的人。因为他的付出，乡亲们更多地感受到了大山外面世界的温暖。

邮路上的深山里零零星星地散居着一户户人家，他们附近没有集镇，更没有邮局，王顺友就成了这条路上的"流动邮局"。20年中，他代收、代发信件和包裹不计其数。他走邮路的时候，总有一些乡亲拿着信件和包裹早早在路边守候着，请他代寄到外地。很多山里的人不知道邮寄信件和包裹是需要邮资的，每次王顺友都是一声不响地收下，回到县城后，再自己掏钱贴上邮票或付上邮费，把它们寄出去。

山里的居民，生活大都十分贫困，他们与外界的联系常常仅仅是买些盐巴、茶叶，而就这点东西也得在大山里往返三四天才能买到。看到这些情景，王顺友心里很难过，便在每次跑邮路时，装上几包盐巴、茶叶和药，山里人谁需要了，他就递上一包。看到他们接过包包时脸上绽放出的笑容，心头便有一种很幸福的感觉。

好事做多了，乡亲们都说王顺友是雷锋。他说："我比不上雷锋，但我要学雷锋。"

按照规定，乡邮员只要把信件送到每个乡的乡政府就算圆满完成任务。但王顺友总是坚持把信件直接送到农户。他说："乡里的干部忙，没时间送信，让乡亲们跑老远的路到乡上来取信，我不忍心。我多走几步，大家都方便了。"

有一年冬天，雪下得很大，王顺友从木里走到白碉乡已经是第三天了，他的手上有一封寄给白碉乡呷咪坪村陶老五家的信，猜想可能是陶家十多年没有音讯的女儿寄来的。他放下乡里的报纸，水没顾得上喝一口，又上路了，在雪地里走了10多公里，把信交到了陶老五的手上。信果然是陶家女儿寄来的，说她已经在外面结婚生子，还附了一张孩子的照片。陶家人喜极而泣，王顺友也高兴得流泪了。

1997年，从木里县城到白碉乡的公路全线贯通，乘车只需要4个小时就可以到达。王顺友完全可以改道走公路直达白碉，既安全又省力。可他依然牵着马，翻山越岭步行两天到白碉。有人想不明白，说他傻。他却说："不是我傻。如果改道，我是方便省力气了，可雪山下那些托我带信、带包裹的乡亲们就不方便了。所以，我还要继续走这条路！"

2004年秋天，国家组织的为老少边穷地区白内障患者免费实施复明手术的"健康快车"驶进木里。木里县残联的同志把通知书交到王顺友的手上，希望在"健康快车"离开木里之前能把它送到倮波乡，因为那里有因白内障而失明的老人。

当时王顺友正患胃痛，可他什么也没说，牵着马上路了。他几乎是一路急行军，没有吃过一顿安稳饭，没有睡过一个安稳觉，只要两条腿能动，他就不停歇地走，结果，7天的路，竟用4天赶到了。这时，他已经被病痛和过度的劳累折磨得不成样子，两手捂着胃，脸白得像纸，虚汗不停地往下淌，连说话的力气都没有了。他被送进了乡医院。

当天晚上，"健康快车"的消息传遍了倮波乡每一户人家，王顺友为送通知生病的消息也随之传开了。第二天一大早，乡亲们涌到了医院，一位双目失明的藏族老阿爸，拿着家里仅有的几个鸡蛋，让人搀扶着来到王顺友的病床前，拉着他的手，不停地抹泪，嘴里反复地念叨着："我的儿子！我的儿子！"

一颗金子的心，换来的是金子的情。马班邮路沿途的乡亲们都把王顺友当成自家的亲人，每当他要来的日子，许多人家就会等在路边，拉他到家里喝茶吃饭，走时，他的口袋里会塞满鸡蛋、核桃、水果等各种好吃的东西。

2003年冬天,王顺友送邮途中胃病犯了,躺倒在保波乡一户叫邱拉坡的人家。他歇了半天,坚持要继续上路。邱拉坡劝阻无效,又放心不下,于是就把手头上的活交代给家人,陪着生病的王顺友一起上了路,走了整整6天,直到把邮件送完,又把王顺友送回木里家中。

王顺友是幸福的,他的幸福来自于他的工作。尽管他长年一个人默默地行走,但是他的胸膛间却激荡着大山内外的心声;尽管他身躯矮小,但是他却在党和人民之间托起了一条血脉相连的纽带;尽管他朴实如石,但是他又挺立如山。他就像高原上的一道脊梁,用无声的力量实践了自己心中一个朴素的信念:为党和政府做事了不起,为人民做事了不起!

如果说马班邮路是一个人的长征,这条长征路上凝结着他全家人崇高的奉献。

一提到家,王顺友总是说:"我有三个家,一个在山上,一个在路上,一个在江边。"

江边的家是他住在雅砻江边白碉乡老家的父母的家。这个家厚载着对他的养育之恩,他本当在父母的膝前尽忠尽孝,然而,老父亲在把马缰绳交给他的那一天告诉他:"你只有为政府和乡亲们把这件事做好了,做到底,才是我的好儿子!"一句话,交给了他如山的使命,也让他永远地负了一份做儿子的心债:是他的弟弟们在替他这个长子孝敬着老人,最疼他的老母亲活着没有得到他一天的照料,临病逝前,喊着他的名字,见不到他的身影。那一刻,他正在邮路上翻越雪山。从此,顶着蓝天的雪山,成为他心中永远的痛!

山上的家是他和妻子儿女在木里城外一个叫绿音塘的山腰间建起的清贫小窝。他和妻子韩萨结婚那年,也正是他从父亲的手里接过马缰绳的那年。他们结婚20年,他在邮路上跑了20年,20年算下来在家的日子不到两年。三亩地,三头牛,十几只羊,四间土坯房,一双儿女——这个家全部是由妻子一个人苦苦撑起来的。韩萨说她自己是"进门门里没人,出门门外没人",想得太苦了就拿出丈夫的照片看看。由于操劳过度,她的身体很坏,长年生病。而这样的时刻,王顺友总是在路上。

有一次,韩萨病了,因为没有钱,去不了医院。当时儿子在学校,女儿去了亲戚家,她只好一个人躺在家里苦熬着。不知道熬了几天几夜,当王顺友从邮路上回来时,她已经说不出话来,望着丈夫,只有眼泪一股股地往下流。王顺友向单位的工会借了1000元钱,把妻子送进了医院,服侍了她3天。3天后,妻子出院,他又要上路了。握着韩萨的手,他心头流泪,轻轻说:"人家还等我送信呢!"善良的女人点点头。

这样的记忆,又何止一次两次。那一次,是邻居发现了几天不吃不喝、已经病得奄奄一息的韩萨,撒腿跑了两个多小时,赶到县邮政局报信,才保住了她一条命。而那时,王顺友离家还有3天的路程。

有人曾问韩萨,想不想让王顺友继续跑邮路?她的眼泪一下子出来了。"只要他天天在家,哪怕什么活也不干,我也高兴。可他送信送了20年,你要让他不送,他会受不了的。邮路是他的命,家是他的心哪!"

韩萨真的是最懂得王顺友的女人,这个家的确是他放不下的心。他有一本发了黄得皱巴巴的学生作业本,每一页上面都记满了他在邮路上唱的山歌,其中很大一部分是相思相盼的情歌。他说:"那是唱给韩萨的。"说这话时,他眼里有泪。

高山起云遮住山,
马尾缠住钓鱼竿,
藤儿缠住青岗树,
哥心缠住你心肝。
獐子下山山重山,
岩间烧火不见烟,
三天不见你的面,
当得不见几十天。

优美哀婉的歌词里,蕴满了多少离别之苦。

幸福因为稀少而珍贵。王顺友对家人的每一点细微处,都流淌着这个情重意重的苗族汉子的挚爱。邮路上乡亲们塞给他的好吃的东西,哪怕是一个果子,一颗糖,他从来舍不得吃一口,总是带回家,让妻子儿女品尝;每一趟出门,他总是把家里的事一件件安排好,把妻子要吃的药一片一片地数好,包好,千叮咛,万嘱咐。他对记者说:"每次邮路上回来,当老远能看见半山腰的家时,心里就开始慌得不得了啦,巴不得一纵身就跳到家里,剩下的两个小时的路,几乎是一路小跑……"

扁担挑水两头搁,顾得了一头,顾不了另一头。王顺友对家人的愧疚或许是他一辈子都无法释怀的。他说:"马班邮路总得有人去走,就像当年为了革命胜利总得有人去牺牲。为了能传达党和政府的声音,为了能让更多的乡亲们高兴,我这个小家舍了!"小家舍了,路上的家却让他付出了几乎生命的全部。在这个家,马是他的最爱。他说:"这么多年,跟我度过最苦、最难、最多的日子都是马,我跟我妻子儿女在一起的日子还没有跟马在一起的多,我心里所有的话都跟马说过!"

20年里，王顺友先后有过30多匹马，他能说得出每一匹马的脾气性格，还都给它们起了好听的名字。其中有一匹叫青龙的马，一身雪白，跟上他的时候只有5岁，一直伴他走了13年。这匹特别有灵气的马，能记得王顺友在邮路上每一处习惯休息的地方，每当天色渐晚，看到主人因疲倦而放慢了脚步时，它就会用嘴咬咬他的肩头，意思是说快点走。然后，便会独自快步向前走去，等王顺友赶到休息的地方时，它早已安静地等候在那里了。

让王顺友最为刻骨铭心的是，这匹马救过他的命。

2005年1月6日，王顺友在倮波乡送完邮件后往回返，当他牵着马走到雅砻江边直奔吊桥时，不知怎的，青龙四个蹄子蹬地不肯走了。仅差十几米远，王顺友看到一队马帮上了吊桥，他想同他们搭个伴，便大声喊："等一等……"可他的青龙一步不动。正当他急得又拉又扯时，一个景象让他惊呆了：吊桥一侧手臂粗的钢缆突然断裂，桥身瞬间翻成九十度，走在桥上的3个人、6匹马全部掉到江中，转眼间就被打着漩涡的江水吞没了。半天，他才回过神来，抱住他的青龙哭了。

这匹马现在已经18岁，他把它寄养在了一个农户家，隔上一些日子就会去看看。他说，平原上的马一般寿命30年，而天天走山路的马只能活20年。像青龙这样的好马，他还有过几匹，但有的老了，有的伤了，也有的已经死了。县里和省里的电视台拍了不少他和马在邮路上的片子，他从来不看。因为一看到他的那些马，心头就会流泪。20年里，他给了马太多的爱。

在他每个月拿到手的800多元工资中，光买马料就要贴上200元。尽管单位每月发的70元马料费够吃草，可他还要给马吃很多苞谷。他常说，马只有吃得好，身上才有力气，走路才走得凶。

邮路上，即使走得再苦，他从来舍不得骑马，甚至当看到马太累时，他会把邮包从马背上卸下来，扛在自己身上。

马给了王顺友太多的安慰。

他最愿看的电视节目是赛马；他最愿去的地方是马市；他最感激的人是北京密云邮政局职工哈东梅和凉山州委书记吴靖平，还有几位他叫不出名字的捐赠者，他现在的两匹马就是他们送的。记得他第一次接过吴书记送的那匹马时，来不及说一句感谢的话，一把拉过马头，双手扳开马嘴看牙口，连声道："好马！好马！"说完就流泪了。因为他没有想到，20年，他只是干了自己应该干的事，却得到了这样贴心的鼓励。他说："只要能走得动，我就一直走下去！"

真的无法想象没有马的日子王顺友该怎么过。前不久，他作为全国劳模去北京开会的那几天，每天晚上躺在宾馆松软的床上，就是睡不好。他说，和马在一起睡惯了，有马在，心头就安稳；没马在，心头空落落的，即使眯一会儿，又梦见自己牵着马走邮路。

三个家，三重情，三份爱。王顺友因它们而流泪，也因它们而歌唱；因它们而痛苦，也因它们而幸福。有人问，这三个家哪个最重要？他说："哪个都放不下。"放不下，是因为连得紧。三个家，家家都连着同一颗心，一颗为了马班邮路而燃烧的心！

如果说马班邮路是高原上的彩虹，他就是绘织成这彩虹的索玛。

王顺友牵着马一步一步专注地走着，从后面望过去，他的背驼得很厉害。

在一般的工作岗位上，40岁正是一个黄金年龄，但对马班邮路上的乡邮员来说，40岁已经老了。和其他的乡邮员一样，王顺友患有风湿、头痛、胃痛等各种病症，另外，他还患有癫痫病，现在每天要靠吃药控制病情。

这位在木里的马班邮路上走得年头最长的人，还能走多远呢？

他说："走到走不动为止。"

记者问："如果让你重新做一次选择，还会走马班邮路吗？"

"那不会变。"

"为什么？"

"马班邮路把我这一辈子的心打开了，为党和政府做事，为乡亲们做事，让我活得舒坦，敞亮！也让我觉得，自己在这个大山里是个少不得的人呢！"

"在一般人看来，一个牵着马送信的人能有多重要？"

"我们木里山太大，太穷，没有邮路，乡亲们就会觉得心头孤独了。现在我们有十几条马班邮路，十几个乡邮员，每个人跑一条路，不起眼，可所有这些路加起来，就把乡亲们和山外面的世界连在一起了，就把党与政府和木里连在一起了！"

记者的心被一种热辣辣的东西涨得满满的。

5月的凉山，漫山遍野盛开着一片一片火红的花儿，如彩虹洒落在高原，恣意烂漫。同行的一位藏族朋友告诉记者，这种花儿叫索玛，它只生长在海拔3800米以上的高原，矮小，根深，生命力极强，即使到了冬天，花儿没了，它紫红的枝干在太阳的照耀下，依然会像炭火一样通红。

噢，索玛花儿……

　　（作者：张严平、田刚；新华社2005年6月2日；获第十六届中国新闻奖一等奖）

火车首次跨越"世界屋脊"

【编选手记】

　　这是一篇报道我国青藏铁路首次建成通车的消息。这篇消息迅速、准确、全面地记录了中国首次开通世界上海拔最高、通车里程最长的高原铁路的壮举，打破了美国现代火车旅行家保罗·索鲁"有昆仑山脉在，铁路就永远到不了拉萨"的断言。它道出了西藏人民对铁路开通后新生活的憧憬，以及藏文化对外发展与传承的设想，同时回应了关于铁路通车后大批游客流入会破坏藏文化与生态环境的担忧。稿件播发后，被美国、英国、法国、印度等国媒体广泛刊载。其中，路透社、法新社、美联社等西方主流媒体大篇幅、滚动转发，扭转了国际舆论关于青藏铁路报道长期以来对我不利的局面。西方主流媒体如此大量、正面地转发中国媒体播发的涉藏稿件是极其罕见。

（何苗苗）

　　中国周六创造了历史：第一对满载乘客的列车沿着连接西藏和中东部地区的高原铁路首次跨越了"世界屋脊"。

　　当两列庆典列车"青1"和"藏2"分别驶出格尔木和拉萨车站时，世界为之瞩目。

　　数千名身穿各色民族盛装、讲各地方言的群众目睹了这一历史时刻，高呼"扎西德勒"。

　　国家主席胡锦涛为首趟进藏旅客列车开通剪彩。

　　"这不仅是中国铁路建设史上的伟大壮举，也是世界铁路建设史上的一大奇迹，"他对会聚格尔木火车站参加庆典的2600多名各界代表说。

　　周六是中国共产党建党85周年庆祝日。当晚还有三列进藏客车分别从北京、成都和西宁首发。

梦想成真

青藏铁路全线通车,圆了中国革命先行者孙中山的梦想,也打破了美国现代旅行家保罗·泰鲁"有昆仑山脉在,铁路就到不了拉萨"的断言。

青藏铁路从西宁至拉萨,全长1956公里。其中814公里的西宁至格尔木段已于1984年通车,格尔木至拉萨段2001年6月29日开工建设。

这一工程被喻为"奇迹",因为人们过去普遍认为沿线的多年冻土层根本无从支撑铁轨和火车。

"没想到,这辈子我还能坐上火车!"乘坐首列出藏列车700名旅客之一、藏族牧民土登当曲说。他的"英雄结(辫子)"是用新的红头绳编的,"因为今天是大喜的日子",他说。

土登当曲有5个孩子,最大的27岁,他希望能带着孩子外出打工、做生意。

拉萨大昭寺僧人次仁为沿线的风光陶醉,迟迟不肯坐下。"到了青海我要去塔尔寺朝佛。"

塔尔寺是藏传佛教格鲁派("黄教")的六大寺院之一,也是黄教创始人宗喀巴的诞生地。

重写历史

下午5∶38,驶离拉萨的首次列车"藏2"经过青藏铁路最高点——海拔5072米的唐古拉山口,历史被重写。

青藏铁路从此取代秘鲁利马至万卡约的铁路成为世界最高的铁路。

行车海拔超过4000米时,列车开始弥漫式供氧,旅客还可以随时用吸氧管吸氧,以免出现高原反应。

胡锦涛称造价330亿元的青藏铁路建成通车是中国社会主义现代化建设取得的又一个伟大成就,并再次证实中国已跻身世界强国之列。

"这一成功实践再次向世人昭示,勤劳智慧的中国人民有志气、有信心、有能力不断创造非凡的业绩,有志气、有信心、有能力屹立于世界先进民族之林。"他说。

1300多年前，文成公主和亲吐蕃，从现在的西安到拉萨，走了近3年。今天，从北京到拉萨仅需48小时。

不仅是经济繁荣

铁道部预测，2010年，铁路将承运75%的进出藏货物，降低运输成本并使旅游收入翻番。

而专家认为，青藏铁路带给西藏人民的远不止地区经济的繁荣。

针对一些国际舆论对大量汉民的到来会"灭绝藏文化"的担忧，藏学专家安才旦说，青藏铁路恰恰为藏文化带来了新的发展空间。

"西藏人民有追求发展的权利，"他说。"铁路将推动西藏的繁荣，并向世界展示藏文化。"

中国西藏文化保护和发展协会理事黄福开说，铁路开通后，人们的生活方式难免会有所改变。"人们会继续吃糌粑、喝酥油茶，也会吃西餐，穿牛仔衣，这是人类文明进步的必然。"

一些环境论者还担心铁路会破坏高原环境。

为保护高原生态，青藏铁路用于环保的资金达15亿元，是目前中国政府环保投入最多的铁路工程。

"我对中国政府的做法感到钦佩！"正在拉萨访问的意大利汉学家米良多说。

国家主席胡锦涛在周六的开通庆典上发表的讲话中也强调了环保问题。

"广大干部职工和乘客要增强环保意识，自觉爱护青藏高原的山山水水、一草一木，切实保护好沿线生态环境。"他说。

据悉，中国政府还计划在10年内将青藏铁路延伸至日喀则、林芝和亚东。届时西藏铁路总里程将突破2000公里，部分贸易物资可不再经过马六甲海峡，直接从南亚出入境。

（作者：周岩、吴宇、拉巴次仁；新华社2006年7月1日；获第十七届中国新闻奖一等奖）

贫困县刮起奢侈风
——河南濮阳干部建豪宅机关盖大楼

【编选手记】

这篇报道以确凿的证据、耳闻目睹的事实，集中反映了干部特权思想、追求奢侈之风等问题，深刻揭露了部分干部以权谋私、贪污腐败的不良风气。文章条理清晰，逻辑性强，文字简练，立场鲜明，堪称揭露权力异化、维护群众利益的力作。中纪委、国家发改委将此作为反面典型向全国进行了通报，中共中央办公厅、国务院办公厅也专门印发了《关于进一步严格控制党政机关办公楼等楼堂馆所建设问题的通知》。

（何苗苗）

河南省濮阳县是省扶贫开发重点县。然而，近几年来，这个县刮起了一股奢侈风：县委县政府及一些县直机关竞相建起豪华办公楼，这些单位的"头头脑脑"们也纷纷搬进高档住宅。

濮阳县刮起的这股奢侈之风，引起了当地群众的不满。知情人士纷纷通过各种渠道向上级反映，有人干脆上网发帖揭露此事。

东挪西借　党政机关比建豪华办公楼

濮阳县位于河南省东北部，全县22个乡镇中，有7个乡镇30余万人地处沿黄滩区，生产生活条件落后。统计数字显示，濮阳县2005年农民人均纯收入为2442元，在河南省108个县市居第75位。全县1035个行政村，仅有251个村能看上有线电视。

就是这样一个人均财政收入仅200余元、尚有数十万人未解决温饱的财政穷县，在办公楼建设方面却屡出大手笔：

2002年9月，在没有按规定程序报批的情况下，濮阳县开工建设县委县政府综合办公暨公务员培训楼。该项目设计建筑面积1.5万平方米，预计总投资975万元。2004年6月工程竣工，不仅面积增加到近2万平方米，工程总造价也超过3200万元。这座办公大楼已竣工两年多，除了变卖老办公院、财政拨款、企业支持、东挪西借支付一部分外，至今仍拖欠工程款134.31万元。

县委、县政府带头，县纪委也不甘落后。2004年7月，濮阳县纪委以建纪检干部培训暨党风廉政教育中心为由申请立项，建起了占地面积达23.35亩的县纪委办公大楼。该楼预算投资400.6万元，实际筹集基建资金723.7万元。其中除一部分财政拨款外，濮阳县纪委还要求部分经济条件较好的乡镇和一些县直单位"支持"了106万元。

上行下效。濮阳县财政局、劳动和社会保障局等机关也各寻门路，建起了豪华气派的办公大楼。濮阳县劳动和社会保障局办公大楼于2005年开工，2006年交付使用。该楼共7层，总支出800多万元，其中300万元系挪用该县化肥厂"4050"人员的生活费和养老金。

巧立名目 领导干部纷纷搬进高档住宅

在一座座豪华办公楼拔地而起的同时，濮阳县领导及各局委的头头儿们还各找借口，为自己建起了漂亮的别墅式住宅。这些被县国土局负责人称为"独立的低层住宅"有独栋的，有联排的，最大的一户建筑面积达600平方米。

据了解，2004年8月，濮阳县纪委未经城建和国土部门批准，将批准建设纪检干部培训暨党风廉政教育中心的一部分国有划拨土地，擅自改变用途，在所谓的"培训中心"后面建起了职工住宅。其中，建二层别墅10套，每套280平方米，分给县纪委领导班子成员居住。

2005年6月，濮阳县劳动和社会保障局以办公楼南边不能再建高层建筑，否则将影响办公楼通风、采光为借口，在办公楼南边建起9套高档低层住宅，分给局领导班子成员及副科级以上干部居住。这9套住宅中，建筑面积最小的398平方米，最大的498平方米。

濮阳县房产局则以改善城镇困难职工居住条件为由，向县政府申请划拨经济适用房用地35亩，实际却用于建设本单位干部职工住宅。其中建二层住宅楼8套，面积最大达600平方米，除了房管局领导自住一部分外，还将其中一套送给县人大一位领导。

不仅县直各机关领导纷纷住进高档住宅，濮阳县四大班子领导也开始筹建县级干部集中住宅区。2004年10月，因为"一些县领导从外地调来没有房子住，县里也没有招待所"，经濮阳县四大班子联席会议研究决定，由县机关事务管理局牵头，开发建设一个县级干部集中住宅区。该住宅区占地50多亩，户型为二层连体楼，设计61户，每户280平方米。

为了降低用地成本，濮阳县机关事务管理局竟然在地上附着物补偿不到位的情况下，强拉围墙将大部分花园圈占，致使金凌花园价值200余万元的花木被毁盗一空。2005年12月，因户型面积过大、地上附着物补偿不到位、动用警力强行占地等问题，该小区建设被有关部门叫停。

虽然县级干部集中住宅区建设被有关部门紧急叫停，但这并没有影响到濮阳县领导干部建豪华住宅的积极性。经纪检部门调查，已确定濮阳县县直局委负责人和个别县级干部已建成高档低层住宅100多套，涉及县国土局、计生委、社保局、建工局、纪检委等十余个单位，其中至少有79套不同程度地违反了有关规定。

讲的是排场 失的是民心

2月中旬，按知情群众提供的《濮阳县领导干部豪宅分布图》，记者实地察看了一些被群众称为"腐败楼"的干部豪宅。

在濮阳县国税局办公楼后边不远，有一片气派的高档别墅群。这个别墅群共4排28户，每户都是单家独院，前院大宅门可开进小轿车。记者用脚粗略丈量了一下，每栋楼房的占地面积都在200平方米上下。住宅的外部装修也十分讲究，红宅门、高院墙、豪华瓷砖、欧式风格的阳台，十足的现代豪门。小区看门的师傅告诉记者，这些房子的主人一部分是县国土局的领导，也有一部分卖给了其他局委的干部。

在濮阳县机关事务管理局为离退休县级干部建设的一个高档别墅小区里，记者走进了其中一户人家的院子。小楼只有二层，白墙蓝瓦，楼房前墙面的很大部分是用玻璃镶嵌而成。借和主人搭话的机会，记者留心观察，院子的左半部分由水泥铺就，右半部分是一块不大的菜地，绿油油的蔬菜长势不错。

当地一位知情人士告诉记者，像这样带独立小院的低层住宅，每套造价至少在20万元以上。在濮阳县，正科级干部每个月的工资也就是千元左右，要想住这样的房子，至少得不吃不喝20年。

说起为局领导班子建设豪华住宅的决策经过，濮阳县劳动和社会保障局副局长董随钦这样告诉记者：局办公楼后面有一块空地，建高楼可能会影响到办公楼采光，局里决定建几幢低层住宅。当时并没有说一定给局领导，只是说领导优先购买。"当领导的，谁不想住大点，住得排场点？最后，我们领导班子成员包括副科级以上干部每人都要了一套。"

董随钦说，当时也知道这房子有点大，面积超标，但想着机会难得。濮阳县同样的商品房每平方米都达到1500元了，这房才卖620元一平方米。别看是别墅，实际价格与市内150平方米商品房的价格差不多，这好事上哪找？再说，其他局委和县领导都弄了，自己不弄，说不定以后就没有机会了。

别墅是住上了，但民心却失掉了。村民宋西林告诉记者，当时县里征他们宋村和陈拐村的耕地，每亩地连青苗和附着物总共才补5万多元。群众有意见到县里上访，要求公布征地批文和具体补偿标准。县里领导解释说，征地是因为县纪委要建干部培训和党风廉政教育中心，希望大家支持国家的廉政建设。工程建好后，群众发现所谓的党风廉政教育中心竟然是县纪委的豪华办公楼和县纪委领导的高档别墅时，心都凉了！

濮阳市纪检委副书记、监察局长王际元介绍，春节前，濮阳县纪委已将部分违规别墅查封，拟于节后公开拍卖。

一位不愿透露姓名的县直机关负责人说，濮阳县刮起的奢侈风，县委县政府应负主要责任。这就像汽车闯了红灯，应该处罚掌握方向盘的司机，而不能仅仅处罚乘车人就草草了事。

（作者：李钧德；新华社2007年2月27日；入选时有改动；获第十八届中国新闻奖一等奖）

"走近卢氏县委土坯房"系列报道

【编选手记】

《河南日报》2007年7月刊发的系列报道《走进卢氏土坯房》全方位展现了卢氏县委坚持土坯房办公50余年，真心实意为群众办实事、做好事、解难事的公仆本色。报道一经发出，便在社会上产生了极大的反响。全省随即召开了学习卢氏县委土坯房精神的现场会，弘扬为人民服务、做人民公仆的精神。卢氏县县委常委、组织部长王明智说："这些年来，卢氏用实绩考核来引导干部把心思用在发展上、把精力用在改善民生上，形成了昂扬向上的精神状态、公平正派的用人风气、你追我赶的发展氛围。""卢氏土坯房精神"最弥足珍贵的不仅仅在于世人对它的称赞，更在于一代又一代人的继承与发扬。

（何苗苗）

土坯房背后的故事——"走近卢氏县委土坯房"系列报道之一

"现在卢氏县委大院的土坯房成了舆论热点，恐怕得有一段时间不能翻修盖新楼了吧？"

"本来我们也没有这样的打算。"

7月20日下午，记者冒雨赶到卢氏县，见到县委书记王振伟时，采访就这样开始。

记者眼中的县委大院

穿过卢氏县城繁华宽敞的大道，进入一条狭窄拥挤的小街，不经意间，车辆已经驶入了县委大院。

这是一座上世纪50年代典型风格的机关大院。高大的椿树、桐树、婆娑的竹子在雨中显得更加青翠欲滴。花木掩映下，西四东五九排平房很有点田园气息。只是外墙赭红色的涂料在日晒雨淋下早已褪色斑驳，露出混着麦秸的土坯。

记者注意到平房上铺的还是小青瓦，屋檐上长满了青苔，几棵野草干脆在房顶上安了家。"瓦片都要成文物了"。县委办主任聂红超自嘲地说，"这种小青瓦现在连农民盖房也不用了。前几次小修小补，只能下乡买群众的下房瓦。"

"我这哪像个县里的领导干部呀！"

记者信步走进县委统战部部长李保民的办公室。他笑着介绍，"平房也有好处，冬暖夏凉，群众找着也方便，前面关着门，来人能从后面敲窗户。问题就是太潮，冬天坐一会儿，膝盖以下都冰凉；碰见这种连阴雨天，桌子腿上也长毛。"

李保民的办公室里外两小间，加起来也就20多平方米，寝办合一。吊顶用的是最便宜的石膏板，地上铺的是四块钱一平方米的地板砖，办公家具一看都上年头了。

看记者一直盯着办公桌，李保民忙着解释："我这还算好的了。县政府那边，别看是楼房，办公条件还不如我们。"他告诉记者，一位副县长用的办公桌椅，上面还印着"卢氏县革委会"的字样。露出的木茬把裤子连续挂烂了3条，最近才刚刚更换。

"我刚来的时候，也很不适应。"李保民说，2003年他从外县的一个富裕乡的党委书记提拔到卢氏县任县委常委、统战部部长，一进院门就傻眼了，"这哪像个县委大院，还不如我们的乡政府。"

让他记忆最深的是初到任的几天，半夜起夜，举着打火机半天才找到厕所。好不容易上完厕所回来，把身子裹进冰冷的被筒中，呼啸的寒风从窗缝钻进来，天花板上的老鼠不停地窜来窜去，实在难以入睡。上班后，几个群众推门就问："县委书记在哪个屋？"群众走时关门重了一点，震掉了门后的一块墙皮。

那几天，李保民一直找不到感觉："我这哪像个县里的领导干部呀！"

时间一长，工作上的事也多了，对于这样的办公条件也习以为常了。"要不是你们报道，我还真想不起来住的是土坯房了。"他笑着说，"只有一样事，我们这些家在外地的干部，每次回家，都得带回去一堆脏衣服，为这事没少挨老婆的抱怨。"

修修补补过日子

"据我所知，从1991年我到财政局上班开始，县财政至今没有安排过一分钱用来修建、新建办公场所。"县财政局副局长王静说，特别是从2003年县里开始实行"零基预算"制度，各单位的行政管理费用"5年一个样"。

财政不批一分钱，县委大院的修缮管理怎么办？县委办公室副主任呼延向阳说："我们一直是修修补补过日子。"

行走在县委大院，碎砖块铺成的小路让人免去了泥泞之苦。"这是我们县委办公室工作人员自己铺的，水平不咋着。"呼延向阳指着路旁的花坛说，"就连这些花草，也是我们自己修剪的。"

由于年久失修，不少平房都漏雨。县委办的工作人员急中生智，伐掉了院里的一棵半枯的桐树，锯成木板钉到房顶，上面再糊上一层泥巴，又对付了好几年。

这种修修补补过日子的技巧，县委工作人员现在已深谙其道。就连交给记者的卢氏县情介绍材料，也是正反两面密密麻麻刚好挤下。文印室的工作人员告诉记者，"只要不是正式文件，打印都是用废纸，包括给书记县长出草稿。"

"其实也动过盖楼的心思"

用了58年的县委大院，难道就没有人动过建新办公楼的念头？县人大党组书记尚丁午原任县委办公室主任，他介绍说："其实县委也动过盖楼的心思。"

他回忆，1988年上半年，当时的县委已经讨论通过要盖新办公楼。正巧赶上全国全面开展脱贫攻坚工作，县里决定集中财力扶贫，盖办公楼的事就此搁下，这一搁就再没有提过。

卢氏县委、县政府的不少领导干部，都是从外地交流过来的，寝办合一，工作不便。"就连老婆来探亲，我在外面工作，她只能窝在里间看电视，还得把音量调到仅仅自己能听见。"县委书记王振伟说。

2003年7月，根据上级有关规定，可以为异地工作的干部建临时周转房。

大家在一起议论,都觉得应该建周转房。但是当年卢氏县在推行"两免一补"过程中,县里决定把城镇孩子也纳入其中,这样一来投入又加大了,周转房的事情也没人再提了。

"就在这间土坯房里……"

到过王振伟办公室的人,都对墙上的一副对联印象深刻。

上联是"得一官不荣,失一官不辱,休说一官无用,地方全靠一官";下联是"吃百姓之饭,穿百姓之衣,莫道百姓可欺,自己也是百姓。"中堂摘录的是范仲淹《岳阳楼记》中的名句:"先天下之忧而忧,后天下之乐而乐"。

"我觉得,这副对联不仅王书记喜欢,它也是卢氏县委、县政府领导干部作风的概括。"坐在县委常委会议室里,尚丁午环顾四周,动情地向记者介绍:

"就在这间土坯房里,县委决定实施深山独居户移民搬迁工程,2000多户、7000多名群众从此走出深山;"

"就在这间土坯房里,县委决定加大山区公路建设力度,让352个行政村全部通上3.5米宽的水泥路;"

"就在这间土坯房里,县委决定下大气力解决群众就医难,95.8%的农民加入了新型农村合作医疗;"

"就在这间土坯房里,县委决定富民先富脑,7.2万农民接受了专业培训后,走出大山,奔赴全国各地淘金。"

"就在这间土坯房里……"

(作者:常法武、王自合、王珂、万川明、李宜鹏;原载2007年7月25日《河南日报》;获第十八届中国新闻奖一等奖)

挺进映秀

【编选手记】

这是2008年"5·12"汶川地震救援时的广播新闻现场直播报道。"5·12"汶川特大地震灾情牵动着党中央和全国人民的心,这是全世界最早从震中映秀镇发出的现场报道,播出时间是2008年5月14日13点47分。记者的播报准确到位,一气呵成,传递所见、所闻、所感,既有对现场环境的准确描摹,又有对新闻细节的精准捕捉,信息的"含金量"极高。该直播报道对救援部队驰援映秀、抗震救灾具有重要参考价值,彰显了广播媒体在应急突发事件中的社会责任与媒介优势。

(何苗苗)

主持人:现在我们中央台的记者王亮已经进入了汶川映秀镇的灾区最震中的地方,我们马上接通王亮的电话。因为连日来他不断跟我们连线,他的电池已经快不多了,赶快接通王亮的电话。王亮,赶快给我们介绍一下前方情况。

记者:好的,我们已经到达了这次地震的最震中的部分,也就是汶川县的映秀镇。冲锋舟登陆之后我们又徒步前行了两个多小时,这两个多小时确实特别艰难,可以说一路上,只要稍有不慎,我们就可能掉到岷江里边,岷江河流特别湍急。在前往映秀镇的路途当中,我们的右侧就是贡嘎山,我们左侧就是岷山,整个山体滑坡已经把公路全部覆盖和掩埋了。而且桥梁呢,我们看见有一座大桥,叫做百花大桥,也已经整体地坍塌了。我们就是从夹缝当中,从峡谷里边爬过来的。

现在我们浑身都是泥,而且有的战士陷在泥潭里边,这个泥已经都到了他腰的这个地方,我们一起把他拉上来,如果说再陷下去的话,他可能生命就保不住了,这一路确实是非常非常的艰难。

总而言之,不管有多么艰难,现在我们已经到达了这次地震的震中区,就是汶川县的映秀镇。我们看到这边有很多房屋已经倒塌了,而且地上躺着很多的伤员。就在我们到达映秀镇的同时,我们看见有两架陆航的直升机,也已经飞到了映秀镇的上空,而且在映秀镇开辟出了一块比较空旷的场地,划了两个直升机的停机坪,两架直升机都已经降落,而且拉走了第一批伤员,所以说我们看到了希望!

(作者:王亮;2008年5月14日中央人民广播电台播出;获第十九届中国新闻奖一等奖)

走向希望的春天
——来自地震灾区的报告

【编选手记】

　　这篇通讯全景式再现了四川地震灾区恢复重建时期民众的生活，展示了灾区人民恢复生产、重建家园，艰苦创业、勇攀高峰的志气和精神。该通讯感情充沛、催人泪下、立意高远、主题重大。播发后，被中央和地方媒体广泛传播，在社会上产生了强烈反响。据"中国新闻奖"参评材料介绍，众多媒体和读者通过电话、信件等方式，对报道给予了高度评价。

（何苗苗）

　　油菜花开了，梨花开了，满山的青草，满坡的野花。一棵被巨石砸弯腰身的桃树，即使匍匐在地，也依然开出了一树的嫣红。

　　早春二月，当我们再一次踏上北川、汶川、青川……一幕幕不可触动的伤痛记忆，在满目的春光中，化为永久的珍藏。春天，这片土地上的这一个春天，终于在垮塌的房屋下，在迸裂的石头缝里，顶出来了！艰难深重，却是势不可挡。

　　野火烧不尽，春风吹又生。

在最寒冷的季节里，总有最温暖的阳光

　　2008年隆冬时节，都江堰市第一批板房小区幸福家园的居民田传贵没有想到，中共中央总书记、国家主席、中央军委主席胡锦涛在实地了解灾后恢复重建和群众生产生活情况的途中，走进了他的家。胡锦涛告诉他，中央的同志都很牵挂灾区群众。

　　此时，总书记的话语是那么亲切——惦记着你们能不能暖暖和和地过冬，

能不能过好灾后第一个新年。

田传贵心里暖洋洋的,在历尽劫难的这个最寒冷的冬天,没有什么比党中央的关怀更温暖。

2009年1月24日下午,北川县擂鼓镇猫儿石村吉娜羌寨的村民们迎来了中共中央政治局常委、国务院总理温家宝。总理来和灾区人民一起过年了。

在村民王成益家,温家宝参观了两层小楼,详细了解盖房花了多少钱。王成益说:"国家补助了2万多元,还给了5万元的无息贷款,加上自己的积蓄盖起了新房。在新房里过年,像做梦一样。"总理听后高兴地说:"送你们八个字:温暖过冬、欢乐过节。"

严冬来临,受灾群众能否温暖过冬、能否欢乐过节,牵动着党中央、国务院和全国人民的心——

要确保过冬住房加厚加固,让每一位灾区群众不受冻。

要确保御寒衣被发放到人,让每一位灾区群众穿得暖。

要确保冬春口粮满足需求,让每一位灾区群众吃得饱。

要确保卫生防疫落实到位,让每一位灾区群众保健康。

要确保必需物资储备充足,让每一位灾区群众无后忧。

汶川县雁门乡萝卜寨在海拔2000多米的高寒山区,被称为"云朵里的羌寨"。

深冬,记者向汶川出发,翻过高高的山坎,沿着曲折的山路盘旋而上,所见,古老的羌寨已化为一片废墟,近千名村民住进了临时过渡的"叉叉房"。这是当地人称呼的一种简易房,它用木头搭成框架,四周和房顶围着席子。

记者看到,萝卜寨所有的"叉叉房"都被彩条布裹得严严实实,花花绿绿的布条在冬日单调的大山里显得格外鲜艳。

走进86岁的羌族老人王金诚的家,从老人嘴里知道,他们住的"叉叉房"是精心包裹的,有四层。最里面一层是木板,中间有油毛毡,再一层是棕垫,最外面是彩条布。

老人说:"'叉叉房'屋顶低矮,不能生火取暖,前几天还担心过冬怎么办,现在好了,政府把我们的房子围了这么厚,晚上睡觉就不怕冷气钻进来。"他又指着床上的三床棉被说,"这也是政府发的,这个冬天冻不着了。"

依然是深冬的日子,在青川县姚渡镇阳山村李培根家,记者遇上他们一家三口正和两位邻居围坐在一起吃饭。

饭桌上热气腾腾,菜是三荤两素,主食是大米饭,还有一瓶当地酿的粮食酒。房梁上挂着一排腊肉,屋角处立着两袋"救灾大米",床上摆着厚厚的棉被,屋外木架上密密麻麻地挂着金黄的玉米棒……

"今天上午刚杀了年猪,请帮忙的邻居一起吃顿饭。"李培根笑着说,"今年过冬没问题,有吃、有穿、有盖的,过年啥也不缺了。"

给这个寒冬带来温暖的,是党和政府、全国人民对灾区群众的关爱与呵护。

截至2008年底,中央财政累计下拨汶川地震灾区自然灾害生活救助资金417.94亿元,救助受灾困难群众922.44万人;

——下拨临时生活救助资金82.74亿元,救助"三无"和"三孤"人员922.44万人;

——下拨后续生活救助补助资金25亿元,救助对象349.25万人;

——下拨倒损房屋农户住房重建补助资金300亿元,支持灾区农户住房重建;

——下拨地震灾区冬春临时生活救助资金6.25亿元,用于受灾困难群众基本生活保障。

读一读四川省的这一组数据吧。

四川全省春节前竣工永久性农房56万多户,全部完成了221万多户一般损坏农房的维修加固,同时分别完成了城镇1.2万户、26.37万户的重建和维修加固。去年11月底前,53.02万户农村自建过渡安置房的保暖改造任务全部完成。

四川省委、省政府利用财政投入、社会捐赠等渠道,筹集发放棉被399.1万床、棉衣490.2万件、烤火炉等取暖用品47.7万个,保证受灾群众每人至少有1床棉被、1套棉衣温暖过冬。此外,四川在储备10多万床棉被的同时,还安排2亿多元资金采购防寒物资。

来自灾区四面八方的镜头,见证着人们迎接春天的点点滴滴——

在汶川,卧龙镇22岁的藏族小伙子明卯,春节在板房里举行了婚礼,一对幸福的新人如愿开始了新的生活。

在陕西重建后的略阳县徐家坪镇上坪村,村民们唱出的最欢乐的陕北民歌是"三间大瓦房,石灰刷白墙,睡在帐子房,腊肉挂满墙"。

在甘肃陇南市武都区桔柑乡贺家坪村,村民潘贵春节里念叨得最多的一句话是"要是在过去,遇上这么大的灾难,我们早就成了逃荒的难民了,哪能像现在这样红红火火过年。"

春天,在最寒冷的日子里孕育。

2月4日是农历二十四节气中的"立春"。从这一天,寒冷的冬天离人们远去,充满希望的春天悄悄来临……

在最伤痛的心里，总有最坚强的力量

2008年8月16日，北川，大雨滂沱。

这一天是汶川大地震百天纪念日，数万悲伤的人们汇聚在北川县城遗址，祭奠自己的亲人。

唐家山大水村一个叫吴红的羌族妇女来了，地震中，她失去了丈夫和儿子。她把伞撑起在一块石头上，跪在雨中，颤抖的手擦亮火柴，为失去的两位至爱的亲人焚纸哀悼。她一边烧纸一边哭，一边哭一边对亲人大声地倾诉："我不能辜负你们，我要完成你们的遗愿，我要让你们死得瞑目，死得安心……"

她的周围，纸烟弥漫，万人痛哭，泪飞如雨……

倾诉是一种新的积蓄，伤痛里有最厚重的力量。

这个春天，我们在北川任家坪板房区又见到了吴红。依旧是小小的个儿，肩头斜挎着一个背包，迈着大步，几个月没见面，人变得俊秀而硬朗。已是村委会主任兼妇女主任的吴红兴奋地拉我们进了她的家，她和大水村的村民们搬到这里5个多月了。

屋里很简陋，但很温馨，墙上挂着羌绣，沿窗挂着腊肉，一块大花布隔开了起居和休息两个空间，做饭的煤气灶、锅碗瓢盆样样俱全。

她讲起，去年农历十月初一过羌历年，在她的倡议和带领下，整个板房区的6000多人在一起跳锅庄舞，唱山歌；她讲起，春节过后，她要开始组织这里的妇女们学习羌绣，第二天一早，她就要带着第一批20多个妇女去都江堰接受为期半个月的培训；她还讲起，她正在筹建北川羌族自治县和谐旅游开发公司，县里已决定给予贷款，她最大的梦想就是让羌族的文化走出大山。

37岁只有小学文化的她，开始跟人学习电脑，现在已能上网查资料、聊天，就是打字慢一些。说到这，她不好意思地笑了。

"生活一定要过下去，困难越大我越不怕。但有时候也恼火得很，晚上睡不着，就一个人在本子上写，自己鼓励自己。我要让死去的亲人在九泉之下放心……"

逝者，这是永远不可触及的痛，突然间，她哭了。只是哭过之后，她的眼睛里重新现出光彩。

告别时，吴红一定要送给我们一双她亲手缝制的羌绣布鞋，这是她为将要成立的旅游公司设计的产品。鲜艳的羌红底面上，金绿两色相交出夺目的花朵与青草。

这是经历过劫难的花朵与青草啊！

难忘在绵阳最大的永兴板房区，这里居住的1万多人都来自北川县城，几乎家家户户都有亲人逝去。

40岁的文化蓉失去了16岁的儿子、68岁的母亲，她曾经想到死，躺在床上十几天不吃不喝。是志愿者救了她，让她这个上无老下无小的人体会了人间的另一种亲情。

如今，她也加入了志愿者的队伍，在板房区志愿者服务站照看来这里读书游戏的孩子们。她对我们说："活着的人，还要长期走下去，有点事做，才觉得有活下去的勇气。"

百日祭奠那天，她和丈夫冒着大雨到北川为儿子烧了纸，那晚她梦里见到了儿子，还是穿着她给他买下的那条白裤子。她对儿子说："娃娃，一路朝前走吧，妈妈和爸爸会一直笑着看着你的……"

还见到一个原在北川开了十多年"刘氏鲜卤店"的老人刘任钦，地震中失去了二儿子、孙女、大儿媳妇，一家人走了一半。他变得沉默寡言，很少和人说话。进了板房区，他的心慢慢暖过来了，"刘氏鲜卤店"在板房区的家门口重新开张，每天慕名光顾的客人络绎不绝。他说："人还是要生活嘛！"他打算过几年到北京转转，那是他这辈子最想去耍耍的地方。

走在这个板房区，路边房后，凡是有土的空地上，一片青绿，油菜、大葱、小白菜、胡豆……应有尽有，就连修建房屋时挖出的一座座大土堆上，也都被各种各样鲜活水灵的青菜覆盖了。

创造出这绿色生活的人们，曾经历了怎样内心痛苦的挣扎？在祖国温暖的怀抱中，他们挺住了！

被誉为"最坚强的警花"的蒋敏挺住了，她把痛失亲人的悲痛，化为至今战斗在工作岗位上的力量。

北川中学幸存的孩子们挺住了，在挂满成千上万张心语卡的学校断墙上，一个孩子写道："我们要继续努力，带着你们和我们的未来继续努力！同学们，安息吧！"

全国人民挺住了，当温家宝总理在北川一间教室写下"多难兴邦"四个大字时，每一个中华儿女的心都在感受着一种召唤昂起倔强的头颅，燃起那颗火热的心，为了明天，充满希望地向前迈进。向前，向光明的未来前进……

春天，一个不可阻挡的复苏。

在最困难的地方，总有最钢硬的脊梁

又见到那个云朵里的萝卜寨，已是春暖花开。

萝卜寨党支部书记马前国正嘶哑着嗓子、一身黄土一脚泥，在新羌寨的工地上忙碌着。他告诉我们，新建的房子地基像桥墩一样结实，抗10级地震也没问题。这多亏对口支援的广东江门的建设者们，他们尽了最大的努力。

已经担任了22年支书的马前国，曾有多次机会外出挣大钱，可他都推掉了，现在一个月拿着208元补贴，没黑没白地为全寨子的人忙碌。

他忘不了，去年地震过后，望着垮塌的寨子和死难的乡亲，他生平第一次落泪了，能在大难关头，带领乡亲们闯难关，是他莫大的欣慰。为了让全寨子的人在今年5月12日前全部住进新羌寨，半年多来，他几乎每天都只睡三四个小时，眼看着房子要建好了，他又在计划下一步在全寨推广种植400亩甜樱桃，发展经济；还要恢复古羌寨的面貌，发展古羌寨文化。

"我们要在建起新羌寨的同时，建起对新生活更高的目标，萝卜羌寨的明天一定更美好！"他的自信，就像古羌寨那棵在地震中依然挺立不倒四季常青的"神树"。

在北川陈家坝乡，我们见识了另一种坚韧。

这里的青林村有一个叫赵义富的老汉，地震让坐落在大山上的村子损失惨重，家回不去了，老汉从安置点每天一趟来回爬二十多里陡坡，去给家里幸存的大红马、猪、鸡喂食喂水。当时他给我们说过一句让人落泪的话："日子要过下去！"

如今，老汉怎么样了？

在乡里的板房区向人打听，得知赵义富和他的老伴搬上了山。于是，我们决定上山。

难以形容这条山路的艰难，一条碎石羊肠子小道常常是直上直下，有一半路都是拽着带路乡亲的手爬过去的。老乡说，这比地震那会儿强一百倍了，村里上上下下的人多了，硬是踩出了这条小道。整整两个小时，我们终于在快摸到山顶的地方见到了赵义富。

老汉正在整一块菜地，碧绿的胡豆、萝卜、小白菜长得齐齐整整。看过去，老汉比去年黑了，却也更欢实了。

"咋想到上山了？"

"刨点生活嘛。政府对我们这样好，不能老靠着国家。"老汉呵呵地笑着。

"那匹马呢？"

"年前在山崖上滚死了。"老汉的脸伤心地抽搐了一下。

这是他心里最痛的记忆。去年秋天，他的大红马失踪后，他围着大山爬上爬下找了3天，最后在一块悬崖下找到了。

马早已死了，脖子都摔断了。他摸着它，不停地抹泪，心疼啊，多好的一匹马，能驮200斤东西呢。

这个晚上，他和哭肿了眼睛的老伴一商量，决定上山住下，马没了，还有猪，不能让猪再有个闪失。第二天，他们背上国家发的口粮、铺盖卷，回到了大山上。

那年底，两头长白猪被喂得膘肥体壮，他们把其中的一头卖了一半，留下一半；另一头，生下了9个小猪娃。春节，在外打工的儿子回来了，全家人在山上喝酒吃肉，守着一群猪儿欢欢喜喜地过了一个年。

赵义富兴冲冲地引我们去见他的猪。

猪妈妈个大体圆，白得如雪，9个猪崽子白里透着粉红，活蹦乱跳。赵老汉乐得合不上嘴，不停地给我们数落着，养猪不敢缺人，一天要给猪喂三道食，猪料里要配玉米面、黄豆、小麦，还有白糖，猪娃娃愿吃甜的。他忽然有些不好意思地插了一句："有时累狠了，我也喝点白糖水……"

望着老汉，鼻子有些发酸。

他依旧在欢喜地念叨着，今年不仅养了9个猪娃，还种了百合，能收500斤，算下来，收入比去年多不少哩！卖下钱，他准备养头母牛，等母牛下了犊子，日子就更好过了。

他几乎没有在意，为了这样的好日子，他要付出多少艰辛，要吃的粮食，要用的化肥，都要靠他从几十里以外的地方一趟一趟背上山来。

在最困难的地方，总有最钢硬的脊梁。这不仅仅是一个赵义富老汉的脊梁，也是整个灾区人民的脊梁。这是任何艰难险阻也打不垮、压不倒的民族脊梁！

在最细微的心弦中，总有最深挚的祝福

古米蓝，一个富有诗意的名字。地震期间，在绵阳最大的受灾群众安置点

九洲体育馆里，她和她创建的"完美春天志愿者服务站"，成为无数痛苦的人们最贴心的朋友。男女老少都喊她"蓝姐"，最多的时候，她指挥过两万多人的志愿者队伍。

这是一个曾有百万家产、做茶叶生意的女子。去年5月8日，她从家乡三台县到绵阳，原定于12日晚飞云南考察生意上的事，却被那场突如其来的大地震留在了绵阳。她走进九洲体育馆，找到了一种新的追求，她为受灾群众散尽了身上所有的钱，也掏出了她全部的真情。

初春，我们在绵阳永兴板房区见到了古米蓝。她和"完美春天志愿者服务站"依然坚守在这片受灾的土地上，每天，都有来自全国各地的志愿者到她这儿报到。

问她，为什么还坚持在这里？她说："平复一颗受伤的心灵不是一朝一夕，我们还有很多的事要做。"

志愿者服务站承担了全区各种求助的事务，还开设了阅览室、体育场、儿童心理辅导站。在古米蓝的桌子上，我们看到了一摞对灾区小学生的调查表，调查的内容是"我的心愿"，上面记录了震后许多孩子最向往并能实现的愿望。

有一个11岁的女孩的心愿，是得到一个轮椅，因为她的爷爷在地震时腿受伤了，她想让爷爷坐着轮椅到处走走，走出痛苦，不再悲伤。有一个9岁男孩的心愿是得到一本新的《儿童百科全书》，因为地震中他原来的那本被埋了。还有的孩子想得到一台地球仪，有的想要一支圆规……

古米蓝说，他们已尽最大的努力满足了孩子们的心愿。因为每一份满足，都是对心灵受伤的孩子们最大的抚慰与疗伤啊！

像古米蓝这样的志愿者在灾区不计其数。而没能到灾区的更多的人们，心，依然朝向着汶川。整个中国都是灾区人民坚强的大后方。

2008年11月18日，汶川县城张灯结彩，彩旗飘飘。岷江路500米长的大街上，前来参加广州—威州灾后就业援助招聘会的群众络绎不绝。来自威州镇、绵虒镇、龙溪乡的3000多名群众，兴奋地在招聘现场搜索着适合自己的岗位。

年过不惑的董尚明可能算是应聘群众中的"长者"了。"地震后，钱不好挣，要想不继续吃'救济'，还得找个挣钱的门路。"已经在招聘会上签订了意向性协议的他，打开了紧锁的眉头。

这次招聘的工作岗位除了少数对技术要求高外，大多数都是劳力性工作岗位，很适合普通群众。

截至去年年底，地震灾区劳动者实现异地转移就业5.3万人，就地就近就业116.1万人，灾区总体就业形势基本稳定。全国20个支援省、市已经向灾区提供有效岗位信息76.9万个,通过援建项目吸纳灾区劳动者就业2.5万人。

临近春节,汶川县龙溪乡龙溪村又重新热闹了起来。那"叽叽喳喳"的说笑声,是村里的孩子们回来了。

地震后,汶川的中小学生大多被安排到了全国各地免费异地复课读书。龙溪村50多个孩子分散到了广东、山西和四川宜宾等地,如今,他们带回了社会各界的浓浓关爱。

在灾区的土地上,到处可见建筑工地,每一个工地上都高高地悬挂着来自上海、广东、山东、江苏等全国各省市建设者们的豪言壮语。在都江堰向峨小学的废墟旁,由上海援建的全木结构建筑的新的向峨小学,已经开始封顶。

工地负责人介绍,这所由上海同济设计院设计的学校,每平方米造价300多元,能抗8级地震,防火防潮防辐射,是国内学校中的一流建筑,今年6月将全部交付使用。

"天地那么大,走出小屋吧,闻得草儿香,爽在阳光下,好人那么多,敞开心扉吧……"1月28日,文化部春节慰问团在宁强县燕子砭中学操场进行演出,吸引了周边乡镇的上万名群众扶老携幼纷纷赶来观看,一曲《给心放个假》,温暖了多少乡亲的心。

金山寺村民王显勤说:"做梦也没想到这么高水平的演员来到了我们小山村……"

在那些悲伤的日子里,一批又一批慰问巡演团奔赴地震灾区,走汉中、过陇南、行天水、经绵竹、穿映秀、抵北川……沿着龙门山脉,传递着一个民族心连心、手挽手的深情。

无边大爱,祈福着新的春天……

在浴火重生的大地上,总有更加明媚灿烂的春光

在灾区,我们见到了被称为震后夫妻重组的"北川第一对"——张建钧、母贤碧夫妇。

大地震夺去了张建钧的妻子、岳父母,夺去了母贤碧的丈夫,他们分别与仅有的一个儿子相依为命。这对曾同住一个小区、原本是远亲的父子、母子,顷刻间同为断肠人。

震后3个月,张建钧的姐姐给他们牵线。2008年10月27日,他们在北川曲

山镇登记结婚,成为灾后北川第一对重组婚姻的夫妇。

母贤碧给丈夫织了一件毛衣,作为婚后的第一件礼物。张建钧送给妻子的是一句扒心窝的话:"我会照顾你一辈子!"

母贤碧的儿子参军出发的头一天,夫妻俩一起把自己的儿子带到北川县城,让他们分别对自己的父母焚纸祭奠。晚上,全家人聚在一起,吃了一顿他们震后最丰盛的晚餐,饭桌上,这一家人相拥在一起哭了,那泪水里更多是对新生活的激情与渴望。

母贤碧说:"有了说知心话的人,对今后的日子也有盼头了!"

张建钧告诉我们,他准备过几天到上海打工去,挣些钱,把日子过得更好!

灾区的新生活就是这样,静静地,却是勇敢而顽强地向前走着。

在绵竹遵道镇著名的年画村——棚花村,我们看到垮塌的房屋正在修建,每一幢已经建起的房子,都重新绘制上了多姿多彩的年画,有"赵公镇宅""老鼠嫁女""三星高照""双扬鞭"……从中透露着年画村人对新生活的喜悦与自信。

在镇上的灾区妇女年画刺绣培训现场,十几位大嫂、姑娘正在老师的指导下,细细地绣着手中各式的年画。她们说,一幅中等大小的年画刺绣能卖1000多元,现在的订单供不应求呢。

在另一处年画村——射箭台村,我们见到了绵竹年画界唯一一个被文化部授予"非物质文化遗产传承人"90岁的民间艺术家陈兴才。自地震后,随着全国各地的人涌入灾区,加上灾区新生活的开启,年画的需求量大大增加,老人每天都要在画室上半天。在他的传承下,不仅他的儿子、孙子画年画,全村70%的人家都能画。老人说:"年画能提人的精气神啊!"

在村头立着的一块宣传栏上,我们看到了这样的一段话:"我们虽然失去了家园,但我们仍然拥有绵竹年画,我们从废墟中站立起来,拿起画笔,继续绘出家乡的坚强……"

挺起胸膛,迈向新生活的脚步,踏响在灾区的每一片土地,每一座厂房,每一个人的心上。

今年大年初五,绵竹市汉旺镇的宁静被打破。

停摆的汉旺大钟下,聚拢从各地赶来的人。这一天,成都的陈黎老人一家合了两张影——一张是大钟前,远处,东方汽轮机有限公司的震后废墟隐隐约约;另一张,是两三公里远的汉旺镇新址,庞大而热闹的建设工地,一派重生景象。

这一天，东方汽轮机有限公司主机四分厂开工了。早上，厂长李传军特意早到了一点，没想到工人比他来得更早。"大家都憋着一股劲。"李传军说。

作为受灾最重的企业之一，去年，东汽史无前例地突破百亿产值；今年，发展的速度被上调为12%。原本计划两年完成的东汽异地重建计划，有望提前到今年结束。

东汽总经理张志英说："全社会都在关心东汽，回报社会是我们的使命。"

一个个喜悦在这个早春传递着。

灯光亮起，汶川县草坡乡沙排村在水力发电机的轰隆声中，迎接新年的到来。

文县临江镇蒋冯村的蒋向东，从正月初二开始，和村里的几位农民忙着在新村前的空地上学驾车，他说："房屋建好了，就得考虑发展出路了，灾后重建，运输需求量非常大，我们要组建一个运输队，搞运输。"

田野上，到处是春耕的繁忙景象，运送种子和化肥的农用车穿梭不停。

诚然，这一切仅仅是一个开始，还有太多的困难，太多的期盼，路还很长很长……

但是，终究是花开了，草绿了，春天来了。

春天是孕育，春天是成长，春天是蓬勃的希望……

打不垮压不倒的英雄的灾区人民，英雄的中国人民，正在这一片浴火重生的春天的大地上，创造着新的奇迹，走向更加美好灿烂的明天！

（作者：张严平、李亚杰、金小明、丛峰、刘大江、冯昌勇、周英峰；新华社2009年2月24日；获第二十届中国新闻奖特别奖）

179小时，王家岭见证生命奇迹

【编选手记】

　　2010年3月28日，山西王家岭煤矿发生透水事故。经历长达179小时的救援后，终于在4月5日凌晨30分传来首批矿工成功升井的消息。《人民日报》一版编辑组迅速与现场记者取得联系，核实新闻事实，打破了以往人民日报刊发中央领导新闻必须送审的"惯例"，抢在新华社前编发了中央领导对获救矿工的慰问电，荣获第二十一届中国新闻奖一等奖。该作品刊发在《人民日报》头条位置，围绕百姓最关注的"灾难现状是怎样的？各方如何展开救援？"这两个问题展开。此外，179小时的数字式标题回应了读者对矿难救援现场的关注，展现了一场社会多方参与救援，井上井下与死神争夺生命的紧急较量。

（王欣瑜）

　　经过179个小时全力救援，截至凌晨1时15分，王家岭煤矿透水事故首批9名获救者被陆续抬出井口，送往位于河津市的山西铝厂职工医院。据医务人员介绍，9名获救者意识清醒。

　　零时40分，获悉4名矿工获救升井后，中共中央政治局委员、国务院副总理张德江发来慰问电，代表党中央、国务院，代表胡锦涛总书记、温家宝总理，向获救矿工表示亲切慰问，向所有参加救援的同志们致以崇高的敬意。希望同志们再接再厉、争分夺秒，继续加大救援力度，全力以赴解救被困矿工。

　　以人为本，生命至上。华晋焦煤公司王家岭矿3月28日发生透水事故以后，党中央、国务院高度重视，胡锦涛总书记、温家宝总理立即作出重要指示，要求采取有力措施，调动一切力量和设备，千方百计抢救井下人员，严防次生事故。受胡锦涛总书记、温家宝总理委派，张德江副总理于事故发生次日凌晨紧急赶到现场，指导抢救工作。

　　国家安全监管总局、山西省委省政府认真贯彻落实党中央决策部署，主要领导立即赶到现场指挥抢险救援，按照抽水救人、通风救人、科学救人的要求，全力组织抢救。一方有难、八方支援，社会各方力量迅速集结，全体救援人员发扬不怕疲劳、连续作战的精神，不抛弃，不放弃，奋战7天7夜，成功救出首批9名被困矿工，创造了奇迹。

截至记者发稿时，救援工作仍在继续紧张进行。矿井深处还不断传来声声敲击管道的生命之音。

（作者：安洋、刘鑫焱；原载2010年4月5日《人民日报》；获第二十一届中国新闻奖一等奖）

红山嘴，大雪即将封山

【编选手记】

　　这篇通讯刊登于《解放军报》，荣获第二十二届中国新闻奖一等奖。记者之一的刘明学，是从连队战士报道员成长起来的，被赞誉为"连队记者"。他长年累月坚守在军区一线，在大雪封山前和黄国柱、张占辉一起赶到连队，与战士们同吃同住，采集了大量鲜活生动的新闻素材。通讯《红山嘴，大雪即将封山》主题以小见大，从军人日常的苦与乐出发，反映出边防部队官兵舍小家为大家的崇高精神和家国情怀。

（王欣瑜 高红波）

　　北出阿勒泰，记者乘坐的越野车在万山丛中颠簸蠕动，下午2时抵达红山嘴边防连。

　　登上哨楼远眺，对面红山梁上已覆盖着厚厚的积雪。冬天来了，大雪就要封山！

　　这天是9月22日，正是北京秋高气爽的时候。

　　大雪封山，对新疆阿勒泰军分区红山嘴边防连官兵来说，是"天大的事"。每年10月到来年5月，在长达8个月的封山期，这里银装素裹，积雪一人多深，陆路交通完全中断。

　　大雪封山，给守防官兵留下太多的痛。

　　会晤站副站长王兴民断断续续给我们讲了他的一段经历。

　　2008年4月的一天深夜，王兴民接到妻子高玮的电话："我病了，医生说很重……快点下山，看看我吧。"

　　结婚8年了，通情达理的妻子从未提过类似要求。

　　王兴民有一种不祥的感觉，他渴望马上回到妻子身边。可由于大雪封山，道路不通，即使插上翅膀，也无法越过这重重雪山，王兴民急得用拳头直播自己的胸口。

实在等不及了,高玮把女儿托付给邻居,只身一人从边城回到老家,住进了河南医科大学附属医院。

5月12日,高玮被确诊为胃癌晚期。

消息传来,如晴天霹雳。

5月25日,红山嘴开山了,王兴民日夜兼程,26日晚赶到妻子病床前。他不敢相信,去年深秋分别时,那个容光焕发的年轻妻子,居然会变成这般模样。

第二天,王兴民独自一人,背起行囊,抱着虚弱的妻子,紧赶慢赶挤上西去的列车,奔赴兰州军区总医院。

夜行火车沉闷的节奏,让疲惫不堪的丈夫沉沉睡去,高玮从丈夫的手提包里翻出病历,确认了自己的预感。她哭了。

抽泣声惊醒了王兴民,妻子拭去眼角的泪水,平静地说:"兴民,我剩下的日子不多了,有3件事你要答应我:一,家里买房借亲友的钱,你要一分不少地还上。二,我走后,你要常去看望我的父母。三,照顾好女儿也照顾好自己,再找一个,成家……"

7月26日,王兴民年仅29岁的妻子,怀着对美好生活的无限眷恋,永远离开了人世,身后留下一个不满6岁的女儿。

短短两年中,王兴民先后失去了3位亲人,除了妻子,还有母亲和祖父。

边防的夜静极了,王兴民第一次向外人倾诉这痛断肝肠的经历,在座的全都落泪了,而蒙古族连长龚黎明竟哭出声——

2010年1月20日,龚黎明的妻子金兰查出卵巢肿瘤,急忙给丈夫打电话:"肿块有拳头大,医生说一天都耽误不得!"

因为大雪封山,龚黎明同样回不了家。几天后,坚强的金兰只身启程,从祖国的西北边陲回到东北老家。

"做手术那天,是妻子金兰代我签的字。"龚黎明说,术后,妻子长时间直不起腰,身体弯得像一张弓,购物、买菜,样样都得自己干,连邻居看了都觉得心疼。可她倒挺乐观,说活着就是一种幸福。

也许是因为爱得太深,也许是因为愧疚太多,从得知妻子患病那天起,身处"雪海孤岛"的龚黎明,每天都要用一个心形巧克力盒子当模具,用洁净的清泉浇冻一颗"冰心",以寄托对爱妻的思念。这个冬天,他总共浇冻了九十多颗"冰心"。

龚黎明说,他是幸运的,妻子经过一年多的调理,身体基本康复,还怀上了孩子。

从2008年至今，龚黎明在连队度过了3个封山期。

听到这里，我们给团政委陈田杰提了个建议：今年可否安排龚连长下山过冬，陪陪妻子？陈政委想了想，答应了。龚黎明摸摸后脑勺，脸上掠过一丝笑意。

红山嘴军人对家人怀有深深的愧疚，却无愧于军人的使命，无愧于祖国的重托。

在荣誉室，记者数了数，自组建以来，红山嘴边防连年年出色完成守防任务，11次被两级军区表彰为"基层建设标兵连队"，3次荣立二等功。会晤站翻译额尔德木图，前不久被新疆维吾尔自治区评为"敬业奉献道德模范"。

木图在红山嘴守了整整19年，组织上曾几次想给他换个离家近、条件好的单位，都被他谢绝了。他对记者说："我离不开红山嘴，每次休假，住三五天就想回来。"

木图今年42岁，还是初级职称，技术9级。前几年，因为没有学过英语，蒙语不在考试之列，多年无缘晋职。现在政策向边海防倾斜了，但年龄又过杠了，还是不能晋升中级职称。记者为他遗憾，他反而劝记者说："没有关系，生活很好，我很满足。组织上让干就干，让走就走。"

让木图感到着急的是，会晤站编制两个蒙语翻译，他一个人顶了多年。累点倒不怕，怕的是他离开的那天，一时找不到合适的接班人。

大雪即将封山，严冬就要来临。

15名下山士兵的名单基本确定。在即将告别连队的时候，他们默默为军马准备了足够的草料，把狗圈羊舍清理得干干净净，把烤火煤堆得方方正正。还有那一排排晾在院子里的咸肉、干鱼、干鸭、粉条，无不体现着老兵对连队的留恋！

记者和即将下山的士兵座谈时，多数人心情沉重，因为他们还想留在山上守防。当然，也有部分士兵想早点回家。文书、大学生士兵刘昌运快言快语："父母都60多岁了，需要照顾，我已经为国家尽了两年忠，现在该回家尽孝了。"

大雪即将封山，严冬就要来临。

新疆军区给红山嘴边防连配备的全地形车和新型雪橇车，静静地停在营院里。连队干部介绍说，全地形车性能优良，可以满足冬季巡逻所需；军分区派人维修了光伏发电设备，水电暖设施保养一新；连队的网络视频业已启用，战士们又多了一条和亲友沟通的渠道。

指导员刘占锋的感言颇有诗意：身在边关有人疼！

清晨，我们漫步山上。两个停机坪分别坐落在山顶和半山腰，快两年没用过了,落满了厚厚的秋霜,在阳光下晶莹闪烁。尽管连队物资储备十分充足,什么也不缺,官兵们还是盼望过年时有慰问的直升机在这里降落。

我们也感慨:什么时候,这里能固定停放两架或数架直升机,用于边防巡逻和保障,到那时候红山嘴边防连就不再是"雪海孤岛"了。

(作者:黄国柱、张占辉、刘明学;原载2011年9月28日《解放军报》;获第二十二届中国新闻奖一等奖)

火车站见证兰考经济变迁

【编选手记】

  时任《河南日报》开封记者站站长的童浩麟在采写这篇消息稿时,手中已掌握大量关于兰考的素材。他以兰考2012年底最后一批采棉工返乡作为内容,写下了这篇消息。《火车站见证兰考经济变迁》全文800多字,使用了8句直接引语、46处数字,通过兰考火车站的今昔对比,将新闻与历史联系在一起,反映出兰考经济发生的巨大变化。

(王欣瑜 高红波)

  2012年12月2日下午3点15分,兰考县南彰镇徐洼村村民李麦花在新疆摘棉94天后,乘坐K1352次火车回到了兰考。

  94天挣了6100元,比去年少了2000元。"今年全国涌到新疆摘棉的人有70多万人,比去年又多了10万。"李麦花说。

  "今年兰考到新疆摘棉的明显减少。"兰考县火车站党总支书记何金峰说,"从火车站出发摘棉的约为1.8万人,比去年少了8000人。"

  兰考县劳动和社会保障局统计数字显示,在2008年达到18万人次峰值以后,兰考劳务输出总数逐年回落。今年前10个月,兰考就地转移劳力6万人,本地就业和外出务工人数比例达到了74:26。

  "兰考的劳务经济,已从劳务输出进入到回乡创业和带动就业层面。"兰考县劳动和社会保障局局长孔留书说,"劳务经济的变化和本地经济发展密不可分。"

  自2008年起,兰考县委、县政府每年春节都举办"返乡创业明星评比活动",在评出的52名创业明星中,无一不是20世纪90年代从兰考走出去的务工人员。

  第五届创业明星古顺风回报家乡的是投资1.5亿元的生态农业科技园。"公司已促使2500亩土地实现流转。"古顺风说,"1亩地2万元的效益,完全可以让村民不出村就挣钱。"

在古顺风生态农业科技园打工的城关镇姜楼村村民有470人,人均月收入1600元。"在家门口就能养家,还能顾家,俺咋还会舍近求远外出打工呢?"村民齐庆竹说。

"兰考火车站虽然是陇海铁路线上一座普普通通的县城车站。但却见证了兰考人民生存的几次改变。"焦裕禄纪念园管理处副主任董亚娜说,"1962年焦裕禄来兰考的第一天,在火车站看到外出逃荒的群众直流泪。上世纪90年代,百姓又一次坐上火车离开兰考,兰考进入劳务输出时代。"

"17年一共介绍了2万多人外出打工。"作为兰考最早从事劳务输出的游富田说,"因为本地企业发展快,群众都坐着火车又回来了。今年我就不再介绍劳务外出了。"

"随着当地企业用工越来越多,企业用工空岗、用工备案在我局频率越来越高,从2010年的一年4次,发展到现在的一月一报。"孔留书说。按照规划,未来5年,兰考企业将全部消化本地富余劳动力。

2011年,兰考县财政一般预算收入完成5.1亿元,同比增长76%,由2008年的全省排名第103位上升到第42位;固定资产投资完成63.5亿元,增长30.7%,增幅居全省10个直管县第一位。

(作者:童浩麟;原载2012年12月3日《河南日报》;获第二十三届中国新闻奖一等奖)

万里长江第一条过江地铁今天运营

【编选手记】

2012年12月28日，武汉地铁2号线开通，标志着万里长江第一条过江地铁的诞生。记者在采制这篇现场录音新闻时，紧紧抓住武汉地铁带给人民的"激动、创新、安全、快捷"的感受，通过生动传神的音响、充满激情的文字、详略得当的结构以及富于画面感的叙述，将千万江城人民的自豪与快乐定格在短短的几分钟里，将万里长江第一条过江地铁的深远历史意义和重大现实意义浓缩在一篇广播新闻中。这是一篇意义特别重大、特色十分鲜明、制作特别精良的广播新闻。

（王欣瑜）

今天上午十点，长江第一条过江地铁——武汉轨道交通2号线一期工程开始运营。请听记者刘群、赵阳采制的录音新闻：

武汉轨道交通2号线一期工程开通仪式的会场设在汉口中山公园站。很多市民都早早来到这里，准备亲眼见证令人激动的时刻：

市民甲：我早晨八点钟就来了，高兴、高兴！

市民乙：感觉蛮幸福，很幸福！蛮自豪啊！

和以往重大工程竣工庆典不同的是，今天的仪式，没有搭设主席台，没有摆放鲜花，也没有领导致辞。在市民代表和地铁建设者代表简短发言之后，武汉市市委书记阮成发等市领导就和市民、建设者、拆迁户代表一起乘坐首趟过江地铁，以此庆祝第一条过江地铁投入运营。阮成发和市民们一边拉着家常，一边走进地铁车站。他说得最多的就是对市民的感谢：

我们发自内心地感谢（你们）！这个功劳归于全市人民。

（地铁广播：欢迎您乘坐武汉轨道交通二号线……压混）

走进地铁车厢，副市长胡立山对市民们说：武汉人建成了长江第一座大桥，又建成了长江第一条隧道,今天我们又建成了长江第一条地铁,非常自豪!

武汉轨道交通2号线一期工程总投资150亿元,工期五年,创造了五个中国第一,这就是:第一条穿越长江的地铁;盾头独头掘进距离最长的区间隧道;埋深最大的地铁隧道;第一条在江底修建带泵房联络通道的隧道;水压最大的地铁隧道。隧道在江底最深的地方有46米,这里的水压可以把水柱喷射到十五层楼高。武汉地铁集团董事长涂和平:

在水下我们做了五个联络通道,如果一条隧道出现问题,乘客就下车走安全走廊,到另外一条隧道,就非常安全了。在这个紧急情况下,通风井就几分钟可以把烟迅速地抽到洞外。

(地铁广播:乘客您好,列车即将穿越万里长江……压混)

列车穿越万里长江,这让车厢里的所有人都兴奋起来:

(列车穿江现场音响数秒,压混)

市民张女士:3分50多秒,不到4分钟,蛮爽!

3分50秒!地铁穿过了3322米的长江地铁隧道!这比公交车走武汉长江大桥快一个多小时。

学生张诗悦:特别特别高兴、特别特别开心!

市民陈女士:很骄傲的,不能用语言来形容!

市民杨威说:我家是住在(汉口)常青花园,我要在(武昌)洪山广场上班。以前我是早上六点钟就得起来,坐两个小时的公交基本上才能到单位,现在我只需要七点起来,我八点就可以到单位,而且还绰绰有余。对我个人来说也是最大的一个受益者。

地铁2号线起点是汉口金银潭,终点在武昌光谷广场,全长27.73公里,设有21座车站,贯穿中心城区的黄金交通走廊,串联起江北江南五大商圈。单边运行时间52分钟,运行初期每天客流量可超过50万人次,可以分流全市24%的过江客流。市委书记阮成发告诉乘坐地铁的市民:

今后五年,(武汉)每年要通一条地铁,这样呢就是(武汉的)三个火车站、飞机场和地铁之间是无缝对接,整个武汉的交通它的综合性和立体性(就)充分体现了。

(作者:刘群、赵阳、应响洲;2012年12月28日武汉广播电视总台新闻综合广播《全市新闻联播》栏目播出;获第二十三届中国新闻奖一等奖)

致我们正在消逝的文化印记（节选）

【编选手记】

　　伴随着我国现代化建设的步伐，一些镌刻了历史印记的传统文化陷入了被淡忘的窘境。2015年，中央人民广播电台新闻纵横栏目播送的《致我们正在消逝的文化印记》，以广播纪录片的形式聚焦了"方言、戏曲、工匠"等正在消逝的优秀传统文化。该作品充分展现了传统文化的声音魅力。制作组通过采集现场音响、人物对话的声音素材，在听觉维度上留存了"传诵童谣、二人台听戏"等经典的声音档案，将抽象的文化具象化，增强了作品的感染力。同时，该系列报道在广播中引入了季播方式，在保持总体风格统一的前提下，通过季播区隔了多个主题。时任中央人民广播电台新闻节目中心副主任的高岩曾表示，该系列报道对音频产品生产方式的转型具有较强的样本示范意义。

（王欣瑜）

代表作一：（方言季）上海的"腔调"

　　苏扬：这里，就是上海。它有张爱玲心中活色生香的老宅，也有王安忆笔下"流言传得飞快"的弄堂。它既现代又传统，既摩登又市井。

　　每个城市都有自己独特的表达。在上海，这口纯正的吴侬软语，不紧不慢，柔柔糯糯，被人们称作"腔调"。曾几何时，这"腔调"，从一个字的发音上，本地人就能敏感地知道你是否属于这座城市。

　　金女士："满大街没有太多的人说外地话。不学上海话，首先购物会有问题。售货员都听得懂普通话，但他一听你说，就觉得'侬是外地人'。"

　　怀揣各种梦想涌入这座城市的人，越来越多，到了2014年，每五个常住人口中就有两位是外来的。

在潮涌的南腔北调中，上海的学校、机关、服务业，出现了"推普员"。

王厂长："推广普通话！比如同学之间用上海话讲话，就有人跑过来说：'诶，同学，不行哦，学校里不能讲上海话，要讲普通话，你知道吗？扣分，扣分！两个人都扣分！'"

上海"腔调"的淡去，令上海滑稽戏演员王汝刚心塞地发现，台下的观众和他一样越来越老，越来越少……

王汝刚："票房越来越少。台下坐的都是白头发，从白头发看到连白头发也没有了。剧场出现一块一块空座，就像一座墙，外面的石灰慢慢脱落，露出了它的本体——座位。"

不止观众变老、变少，连演员也难找。沪剧演员马莉莉演了50多年沪剧，她怎么也没想到，从娘胎里带出来的家乡话，今天却被年轻演员"当外语来学"。

马莉莉："招不到人了。我们沪剧从来不到外地招生，但现在外来子女都要了。最滑稽的，老师上课教的上海话会说，但生活中突然和他说一句上海话，他会说'老师没教过！'孩子把它当外语学，地方语言形成了地方戏，地方语言就是乡音哪！"

许多土生土长的上海人渐渐发现，随着城市被高楼大厦不断翻新，原来熟悉的城市"腔调"，也悄然模糊了地域的边界。

马莉莉："我先生到南京路去买东西，普通话不太会说，比画了半天，服务员和他说，'你说普通话，我没听懂'——他说，'我变外地人了！'"

爷爷奶奶去接孩子，"囡囡啊，侬在学校好吗？"，小孩说："爷爷奶奶，我在学校很好。""棕朗切撒（上海话）？""我中午吃的红烧大排。""你要多吃点哦。"慢慢，爷爷奶奶也说起了普通话，把爷爷奶奶带过去了。

那些记忆里儿时的乡音俚语，如今被挤进了尚待拆迁的几条弄堂，留在怀旧的人心里。文学编辑金宇澄用从小熟悉的上海话在网上写下上海的市井故事，这部上海方言小说《繁花》为他赢得了"茅盾文学奖"。

金宇澄说，方言就像一条河流，每天都在变，但生命力非常强。文学的其中一个功能就是把时间、语言、人物固定下来。人们过了很多年看，"噢，原来当时是这样的"。

记者："您做的事情就相当于把语言这条河流选取一个横断面，让我们看到当下的上海话、上海人？"

金宇澄说："对。如果你是上海人，心里是用上海话念完这本书的。普通话读者肯定不知道上海话的味道，但仍可以完全读完。"

在上海田子坊附近的一家音乐吧，王昊正和他的小伙伴们为12月初即将举行的音乐脱口秀紧张排练。

王昊用上海话唱："有一个老头，住在上头，跑到下头，看看钟头，看到时间不对头，拿个篮头，去买馒头，看到别人排在前头自己排在后头，把别人推到后头自己排在前头，结果买了两坨无厘头（在上海话俚语里，屎读作无厘头）。"唱完他笑说："你看我们就可以把它做得很嘻哈、做得很时尚。"

这是一个人们眼里地地道道的时尚青年：他爱赛车、爱拳击、唱摇滚。王昊一直试图用现代音乐形式，结合上海本土方言，来表达属于他们这一代青年的情感和生活，上海腔调就活在他的梦想中、音乐里，从未远去。

我们上海人的上海话，是蛮"爽"的，它不做作。

"嗲"，它的语气很嗲，还有就是味道。

"活"，它的用词很活。

上海话，就一个字"灵"，灵气的灵。我们讲颜色，红，血血红；白，雪雪白；黑，么赤黑；绿，碧碧绿；黄，蜡蜡黄……

代表作二：（戏曲季）谁还在唱"二人台"

78岁的辛礼生已经很久没有登台了。虽然一开口依然声震四座，但主持人还是依照流程，只让老人清唱了两句，就匆匆把他请下了台。

这里是北京，一台跨年晚会正在录制。和装扮洋气、闪亮登场的"新民歌手"相比，穿着大棉裤，衬衫皱皱巴巴的辛礼生显得有些格格不入。头天晚上，他坐了十几个小时的长途车专程从老家河曲赶来，虽然作为"一代歌王"压轴登场，可包在小布包里的演出服和他最拿手的"四块瓦"还没掏出来，他的演出就已经结束了。

辛礼生茫然地坐在那儿，一声不响。这原本生于寂寞的二人台，终究要回到寂寞吗？

山西河曲，黄河九曲十八弯在这里拐了一个壮阔的直角弯，自北向南。然而位于山西、陕西、内蒙古三省交界的这个小县，几百年间，却没有得到过黄河水的福泽——这里十年九旱，地少人多。

一辈又一辈的河曲汉不得不泪别妻儿，到口外谋生，一曲《走西口》，唱尽了女子对丈夫的所有叮咛。78岁的辛礼生至今还记得当年母亲的孤单。

辛礼生回忆说，他的母亲围磨的时候就唱："手绊住那个磨把把呀，不呀么不想围；住在娘家的闺女我不呀么不想回。"她难受的时候，她就肯唱这个歌。

一把四胡，一根笛子，一男一女，劈啪作响的四块瓦，就是一台戏。忙活一天的乡亲常会在冒汗的夏夜，或是秋日的午后，跳上房顶，扯起嗓子，唱几句"哥哥妹妹"，就算给日子滴了蜜。

"自古那个黄河向东流，什么人留下个走西口？"才满17岁，辛礼生自己也踏上了祖祖辈辈走过的路。

辛礼生："我17（岁）上就走了内蒙了，家里面弟兄5个嘛，过不了嘛，那个时候……太苦了。出去可想家了。"

七天七夜，辛礼生才走到内蒙古。离开家乡，辛礼生才知道，走口外的汉子们全靠"二人台"回味那熟悉的乡音。

辛礼生："一听到二人台卖唱的人家又来了，我跑十来里地去看。他一唱完，肚里头就记得差不多了。偷师学艺去了，看完还得往回跑哇，爱得不行嘛！"

4年后再回到河曲老家，辛礼生的"二人台"已能唱得满堂彩。

北京的专家说，辛礼生是比帕瓦罗蒂的高音还高出八度的"农民歌王"。台下的观众不懂那些，只知道听他唱《走西口》，听一回，哭一回。

演出完了，观众却不肯走。这样的情景，黄河对岸的武利平也经历过。二人台起源于山西，却成长于内蒙古，蒙古族民歌和舞蹈的融入，使"二人台"更加盛况空前。1976年，15岁的武利平平生第一次演"二人台"，他说那情景"至死难忘"："当时大概有两万人聚集在礼堂的周围，全部要进去。大概那天那个剧场我估计得有三千人。我演的《走西口》，大家底下一点声音也没有，也没掌声，当然也没有笑声，《走西口》是个悲剧。但唱到那一句的时候，'手拉着那个妹妹你的手，送你送到大门口'，全场观众沸腾了。我每次说到这都要感动，为啥呢？把人的情感已经憋到了必须要释放的时候。从那天开始我就说这个'二人台'一定是好东西。"

54岁的武利平现在是内蒙古"二人台"剧团团长，在他的眼里，"二人台"是黄土文化和游牧文化共同孕育的好东西。只是当年的火爆，如今却只残存在一代演员的记忆里。

当记者问到现在村里孩子还会唱二人台吗？杜老师表示，现在村里连人也没有了，都打工去了。现在大部分这个年纪的孩子，就唱没调的那些歌。

2006年，二人台被列入第一批国家级非物质文化遗产名录。正是在那一年，作为二人台的发源地，河曲县好不容易重新成立了二人台剧团。可如今，团长王掌良说，要凑够一台节目，还得到外边去借演员。

王掌良介绍，第一批报名的三百多人，招收了六十四人。现在就剩下30多人了。

10年前，辛礼生还乐呵呵地告诉别人，他的心愿是能多收几个徒弟，把一肚子的二人台再一句句传下去；10年过去了，如今他想的，只是多留下些谱子。

辛礼生表示，作为一个传承人，把二人台应该是发扬得更好一点，结果是，不行，难过。他想找个人写东西的人，做个资料。虽然没人唱了，但是想留点资料，也许有一天还有人愿意唱。把这个东西不要带入棺材里。可惜了。

这几年，武利平倒是使尽浑身解数折腾出了几部现代戏，尽管在圈子里颇有争议，他却从未动摇，要用一生心血去留住这"土生土长土里料、土言土语土腔调"的地方小戏。

武利平表示，要想把二人台做好，你就得把二人台当家，当你的坟墓的最后终结点去做，恐怕这件事情就能做好。"（记者问：您是这样的人？）我生我二人台，死我二人台！哈哈……"

惺惺相惜，隔岸看河曲二人台的没落，武利平觉得，保护艺术的关键，是保护人。辛礼生70多岁了，辛礼生没了，那像辛礼生这样的演唱方式自然就没了！河曲是"二人台"孕育的地方，这么好的一个品牌不打造，抱着金碗讨饭吃！艺术很多都是用人来计算。这个人没了，这个艺术就没了。

河曲人曾自豪地说，哪里有海红果，哪里就有"二人台"。如今黄河水还在静静地流淌，海红果年年还在开放，只是这"二人台"，谁还在唱？

（作者：集体；第二十六届中国新闻奖一等奖作品，2015年11月30日至2015年12月31日，中央人民广播电台中国之声《新闻纵横》播出；获第二十六届中国新闻奖一等奖）

老郭脱贫记
——政府兜了底 致富靠自己

【编选手记】

文字通讯《老郭脱贫记》语言质朴，构思巧妙，是记者深入实地、深入基层采写的佳作。新闻要想"讲好"故事，就要深入人民生活。这篇报道篇幅短小，却讲好了脱贫攻坚的新时代故事，富有现实温度，真正做到了"贴近实际、贴近生活、贴近群众"。

（衡鑫 高红波）

贫困户吃低保，别人争得面红耳赤，老郭却总想让出去："脱贫靠劳动，不能躺在'政策温床'上！"

老郭叫郭祖彬，今年56岁，是河南封丘县王村乡小城村农民。年轻时的老郭并不穷，开四轮，拉红砖，日子过得去。没成想，儿子3岁患病，摘除脾脏，手术费花了1万元。老郭把积蓄拿出来，勉强渡过难关。10年后，儿子再次病发，做心脏搭桥手术花了6万多元。这回，老郭借遍"村里一条街"，才凑够医药费。为了还钱，他到天津打工六七年，窟窿没补上，还落下脑梗病。乡邻们忧心地说："老郭脱贫——猴年马月的事！"

封丘是国家级扶贫开发重点县，建档立卡贫困户1.86万户，5.8万人。该县对因病、因残等7种致贫原因分门别类，采取"1+2+N"帮扶模式，即每户1名帮扶责任人，2项以上扶持政策，家庭成员每人1条帮扶措施。拿老郭来说，安排公益岗位，每月挣400元；孙子享受教育补助，每年1000元；儿媳转移就业卖手机，每月工资1500元。全家享受人身意外险、医疗补充险，阻断"因病致贫"。

政府"兜了底"，致富靠自己。封丘县实施产业扶贫项目81个，户均可享产业扶贫资金8000元。村支书郭祖良选定种植中药材，请来中医药大学教授，测土、配方。老郭一听，第一个报名。

4月，是种地黄的最佳季节。可这时麦子已长到腿窝，首批报名的50户农民看不到效益，谁也舍不得铲麦子。

老郭的老伴儿着急了："万一出不来苗，地黄收不着，麦子也毁了。"

"村支书一心为咱，能把你带到沟里？"老郭坚持己见，并辞去公益岗，专心种药。

第一批10户，种了50亩，老郭种4.5亩。半月后，地黄没出芽。村民议论，老伴数落。老郭一天到地头转几遍，悉心照料。40天，地黄出齐，一地绿色。老郭长出一口气："心里石头落了地，我瘦了18斤。"

村支书郭祖良压力更大："万一种不成，咋有脸见乡亲？"他请专家"把脉"指导，成立种植合作社，与安徽企业达成协议，以优惠价回收药材，让农民吃上定心丸。

12月，地黄叶枯，眼看就到收获的季节。为解销路之忧，村党支部组织贫困户到安徽找市场。见中药材需求旺盛，更多贫困户以土地入股，加入合作社。如今，合作社种3种药材，共计400多亩，明年将扩至1000亩。依托中药材产业，村里将建中药材展馆，开设中医疗养一条街，发展"养生小城"特色游。

挖出一根弯弯的地黄，老郭算了笔账：4.5亩药材，纯收入1.8万元。自己在合作社干工，月工资1500元；老伴在合作社除草、浇地，可挣500元；儿子开车耕地，也能收入3600元。加上养猪，全家年收入5.6万多元，家里6口人年人均纯收入9300多元。

（作者：马跃峰；原载2016年12月25日《人民日报》；获第二十七届中国新闻奖一等奖）

"幸福照相馆"H5

【编选手记】

改革开放40多年来,中国人民的衣食住行发生了巨大变化,不变的是千万家庭对"团圆"的不懈追求。2018年春节期间,H5产品《幸福照相馆》创新采用"多人脸融合"技术,满足了人们足不出户便能拍摄一张"全家福"的简单愿望。该新闻作品不仅在技术层面具有创新性,在形式层面也实现了创新。同时,它恰逢中国人民的重要节日,贴合了中国人民春节团圆的愿景,实现了新闻作品的"共情"与价值满足。作品在实现良好传播效果的同时,也将技术融入大众生活,真正做成了有温度的融媒体产品。

(衡鑫)

扫码查看案例

(作者:央视财经客户端集体;2018年2月13日央视财经客户端发布;获第二十九届中国新闻奖一等奖)

5G技术助力国产机器人完成全球首场骨科实时远程手术

【编选手记】

这则广播消息选题新颖,采用"现场解说+同期声"的形式,还原了手术的关键步骤与成功的历史时刻,令人紧张不已。节目播出后,获得了听众和专家的好评。尤其是手术现场的音响真实、可贵,避免了以往重大手术事后补采的遗憾。这使得整个报道更具广播特色,故事性强、可听性强。"5G+人工智能机器人"两项尖端技术强强联合,完成了全球首场骨科实时远程手术,标志着智能机器人远程手术技术在我国正式进入临床应用阶段,具有重要的新闻价值。

(衡鑫 高红波)

扫码听广播新闻获奖作品

(作者:韩萌;2019年6月27日 FM100.6北京新闻广播《整点快报22点档》栏目播出;获第三十届中国新闻奖一等奖)

"数说70年"数据新闻可视化系列短视频

【编选手记】

"数说70年"通过数据可视化的形式,用数据"讲故事",用数据"说新闻",以小切口呈现大主题,生动展现了新中国成立70多年来取得的一系列辉煌成就。它让数据"活"起来,让新闻"动"起来,深刻适应互联网新闻阅读特点,将单纯枯燥的数据以人们喜闻乐见的方式加以呈现,是融合创新的新闻佳作。

(衡鑫)

扫码查看案例1

扫码查看案例2

扫码查看案例3

(作者:张小影、陈发宝、张益勇、朱文娟、王琳、吉亚矫、雷雨田、赵田格格;2019年9月23日《经济日报》微信公众号发布;获第三十届中国新闻奖一等奖)

杨叔的脱贫日记

【编选手记】

文字通讯《杨叔的脱贫日记》是一篇脱贫攻坚大背景下的典型报道。改革开放以来，中国共产党带领全国各族人民持续向贫困宣战，成功走出了一条中国特色扶贫开发道路，使7亿多农村贫困人口成功脱贫，为全面建成小康社会打下了坚实基础。中国成为世界上减贫人口最多的国家，也是世界上率先完成联合国千年发展目标的国家。该作品见微知著，以"小人物"反映"大主题"，从"杨叔"的日记内容入手，生动真实地展现了中国共产党和人民群众面对脱贫攻坚的初心和决心。这篇文字通讯也启示广大新闻工作者：做好新闻报道要"从群众中来，到群众中去"，只有深入实际，才能写出真正有温度、有品质的新闻作品。

（衡鑫）

杨叔的屋里，那新刷的箱柜就在窗前，在冬日阳光的照射下，闪闪发亮，是杨叔最爱的红色。再过10天，就是2021年了。杨叔坐在炕上，慢慢翻看着之前的日记："2020年农历三月十二，继宏放弃休假日，驱车亲临亲躬，自费（买来）床单，为我家整理了床铺；又腰系油布，以童年时初学之娴熟油漆活技术，执刷子刷新了垃圾堆似的两柜一箱，使之鲜红，焕然一新。"

在杨叔的眼里，这鲜红既是对贫困的作别，更是对焕然一新生活的迎接。

2016年农历三月初一 晴
帮扶干部来了，也重燃了希望

73岁的杨叔是宝鸡市金台区硖石镇车辙村五组村民杨思笃，宝鸡市金台区住建局扶贫干部朱继宏扶贫五年来，一直叫他杨叔。

杨叔身材单薄瘦小，但是腰板直挺，看着硬朗。他常着一身蓝色布衣，干农活时，手脚麻利，额头上的汗珠在黝黑皮肤的映衬下闪闪发光。只上过小学的杨叔还是个文学爱好者，村子里能沟通的人少，他就写日记。油盐酱醋、酸甜苦辣，都被他写进日记里，洋洋洒洒，竟也写了14本。

为了摆脱贫困，杨叔辛苦了一辈子：种粮食，他比别人流的汗多，每亩地总能多打一二百斤麦子，却卖不了几个钱；种苹果，他比别人精心，却遇到市场行情不好；养牛，辛辛苦苦养大一头牛，卖的时候却被贩子坑了；好不容易拉扯大两个儿子，大儿子在工地因工身亡，小儿子在打工时胳膊骨折……

"我的精神一下子垮了，别说脱贫了，一家人都养不活。"杨叔说。2014年12月，杨叔家被定为贫困户。

"2016年3月1日，帮扶干部朱继宏来到我家，先是核实家庭各项农副收入，后谈及脱贫措施……他拿起扫帚，清扫了庭院卫生。"这是杨叔的一页日记，他的生活从这一天开始改变。

初来乍到，如何帮扶杨叔，朱继宏心里也没底。但是，两人喜欢文学和写作，能说到一块去，聊着聊着，朱继宏就说中了杨叔的心事：大儿子去世了，怎样才能尽到爷爷的责任把三个孙儿养大？

朱继宏受到触动，渐渐有了帮助杨叔发展产业来脱贫的想法。可是，杨叔夫妻年老体弱，能干什么呢？

"经过多次走访，我发现，车辙村耕地少、林地多，自然环境优美，经常有市民来郊游。杨叔老两口可以管护苗木、散养土鸡，向游客出售土特产。"朱继宏说。

杨叔采纳了这个建议。很快，帮扶项目启动，补助资金到位，仅个把月时间，他就在7亩地上种下了白皮松、花椒、核桃苗。金台区住建局还给车辙村每户贫困户赠送了20只乌鸡雏。

树苗和雏鸡让杨叔忙碌起来，他渐渐走出了老年丧子的悲痛和消沉，心中又燃起脱贫梦想。

不久，小儿子找到了稳定工作，村里安排大儿媳在公益性岗位就业，三个孙儿学费、保教费得到减免，全家入股了两个种植养殖合作社。

有了帮扶人，享受到好政策，杨叔的干劲越来越足。家里15亩地分散在8处，他不是种麦子就是栽树苗，没有一处撂荒；村里开展各种培训，他一场不落；只要听说哪里有活干，他和老伴都赶着去打零工。

人勤地不懒。杨叔家的地在全村务得最好：树苗下见不到杂草，花椒枝用小木棍撑开，接受光照多，长势好。夫妻俩精心饲养的乌鸡，一年多时间，光鸡蛋就卖了2000多元。

三年后，杨叔家的核桃、花椒已经挂果，1万多棵白皮松树苗翠绿一片，最高的也有1米多。"这是我的付出，我干了就有希望。"杨叔说。

2017年农历十一月十一 多云
请结束对我家的帮扶，改扶别人

翻开杨叔的日记，点点滴滴，都是感人的回忆：

金台区区委书记来家里慰问，坐在炕上和他一笔一笔算收入账，随行人员还帮他理了发；

驻宝鸡某部队来村里扶贫，了解到他家的困难后，资助了杨叔大孙子5000元教育经费；

硖石镇第一盏路灯在车辙村亮了……

杨叔庆幸自己生活在好时代："40多年前，我家5口人住十二三平方米的土坯危房……30多年前，扛着70多斤橡子，翻两架山，到县功镇集市只卖了3.5元……现在的精准扶贫，让我这个普通百姓感激涕零！"

2017年11月初，杨叔掐着指头算了一下，自己家庭人均收入已经达到了3406元。当年农历十一月十一，路过村委会时，见书记、村民委员会主任都在，杨叔就走进去说，家里人口多，得到经济、教育、健康等方面的扶助很大。"人常说，吃够了要知道摞碗，请结束对我家的帮扶，改扶别人。"

杨叔主动向村委会申请退出贫困户行列。然而，考虑到他家刚过贫困线，村委会没有通过他的申请。

在一个安静的夜晚，杨叔在日记里写道："贫困户的扶持待遇，我已享受两年多，多种优惠项目，一项都没落下。我既感激又愧疚，无从报恩，只想有生之年，好好劳动，如遇公益事项，将奉献绵薄之力。"

从此，在村委会的大院、在村里的水泥路上，常会看到一个瘦弱的身影在清扫垃圾。

2018年，车辙村集体经济进一步发展壮大，杨叔家参与了光伏发电、中蜂养殖等6个产业项目，年底核算，人均收入7202元。杨叔再次提出脱贫申请，这次村委会通过了，他家从此摘掉了"穷帽子"。

为庆祝这一天，朱继宏和驻村工作队员把杨叔家盖了近30年的房屋墙壁粉刷一新，村里给他家赠送了沙发、茶几、电视机。朱继宏的妻子特意在网上买了一幅杨叔中意的山水画，挂在卧室墙上，整个房子窗明几净、生机勃勃。

杨叔难掩激动之情，将这一天写进日记，"如果老天眷恋我，不急于叫我离世，我倒衷心地还想再多活几年……"

2020年农历五月初九 小雨
希望子孙能记住历史，律己向上，感恩社会

杨叔的日子一天天好起来，他也见证了车辙村的变迁。

八百里秦川自古就是富庶之地，杨叔家所在的六川河边的车辙村依山傍水，村民们祖祖辈辈过的却是穷日子。2012年全村325户，三分之一是贫困户。

党的十八大以来，扶贫工作轰轰烈烈展开。金台区住建局包抓车辙村，帮扶干部来到村里，帮助开展移民搬迁工作，对全村环境面貌、产业布局进行规划设计。2015年起，宝鸡市委、市政府组织万名干部驻村帮扶，开展精准扶贫，朱继宏等14名干部帮扶车辙村54户贫困户。

村委会建了办公楼、休闲健身广场，村组互通硬化路，主街道装了电灯，山洪治理工程项目开工，河堤上栽了花种了树……杨叔高兴地把车辙村的变化写进了日记里。

5年扶贫经历，也影响着扶贫干部的人生。"山区家庭，没有劳动力，发展生产十分艰难。但是，杨叔没有被困难吓倒。他不畏艰难险阻，带领全家上阵，脱贫致富，是一位坚强的老人。"朱继宏说，"我帮扶了杨叔的物质生活，他'帮扶'了我的精神世界。"

和朱继宏一起参与帮扶的其他13名干部，在和贫困户打交道的过程中，也深受感动。他们有的是80后、有的是90后，多数是城里娃。刚驻村时，听不懂方言，和贫困户交流都成问题，几年下来，个个都成长起来了，帮助村民争取项目，发展产业，对扶贫工作充满激情。

在他们的真情帮扶下，车辙村把资源优势转化为产业优势，大力发展林木、林下经济，发展休闲旅游产业，全村成立蛋鸡养殖、中蜂养殖、黑土猪养殖、山羊养殖等6个合作社，把贫困户全部嵌入产业链。2019年底，车辙村除6户7人五保户外，111户410名建档立卡贫困群众全部脱贫摘帽。

对于车辙村的扶贫工作，帮扶干部还有更长远的计划：发展1500亩柴胡产业园和13个蔬菜大棚，巩固全村脱贫成果，小康路上，大家一起走。

今年，杨叔家的苗木有了效益，小儿子的工资涨了，大孙子考上了大学……燕子在杨叔家明亮的厅堂内筑起了窝，雏燕的叫声悦耳，杨叔全家的生活越来越有盼头。

忙碌了一天后，夜深人静时，杨叔坐在炕上，又一次专注地写着日记："希望我的子孙日后偶然见此字迹，能记住历史，律己向上，感恩社会……"

（作者：张辰、刁江岭；原载2020年12月22日《陕西日报》；获第三十一届中国新闻奖一等奖）

焦裕禄精神的新时代回响

【编选手记】

　　这是一篇传递时代声音、反映时代精神的典型人物报道。主流媒体开展典型人物报道，旨在彰显时代主题、传播正能量、引领主流价值观。2021年，中国共产党迎来百年华诞，世所罕见的脱贫攻坚战宣告全面胜利。在全国脱贫攻坚总结表彰大会上，黄诗燕和蒙汉被追授"全国脱贫攻坚先进个人"称号。《焦裕禄精神的新时代回响》通过新时代两位县委书记践行共产党人初心使命、为人民无私奉献的事迹，证明了焦裕禄精神颠扑不破的时代价值。时代在变，奋斗精神不变。该作品紧扣时代主题，彰显时代精神，记录人物故事，是一篇优秀的守正创新之作。

（衡鑫）

　　焦裕禄同志是县委书记的榜样，也是全党的榜样，他虽然离开我们50年了，但他的事迹永远为人们传颂，他的精神同井冈山精神、延安精神、雷锋精神等革命传统和伟大精神一样，过去是、现在是、将来仍然是我们党的宝贵精神财富，我们要永远向他学习。

　　——习近平总书记2014年在调研指导兰考县党的群众路线教育实践活动时强调

　　◇"别人嚼过的馍"，吃着没味道；因地制宜的路，只有闯才能看到未来
　　◇小小黄桃"四两拨千斤"，盘活了全县扶贫、就业、交通等难题
　　◇21世纪很多年了，竟然还有老百姓用不上电，我们是有责任的，我们对不起老百姓
　　◇我们都来自农村，出身农民，还有很多亲人仍然在农村。大家'洗脚上岸'，绝不能穿上'皮鞋'就忘了'草鞋'

◇打完了当打的仗，走完了当走的路，黄诗燕和蒙汉，一个走得安静无声，一个离去如烈火流星

◇"好好写一写蒙书记！""他心里装着全体人民，唯独没有他自己。"

◇这一场追寻，还没有结束。因为需要追寻的，不是两个人，而是浩浩荡荡、前赴后继的一群人

57年前，为改变河南兰考的落后面貌，县委书记焦裕禄带领干部群众艰苦奋斗，直至生命最后一刻。

2021年，中国共产党迎来百年华诞。世所罕见的脱贫攻坚战宣告全面胜利，1800多名党员干部为此献出了生命，其中4位县委书记就有2位来自湖南：中共炎陵县委原书记黄诗燕和溆浦县委原书记蒙汉。

没有硝烟的战场，却有如此壮烈的牺牲。

正当我们聚焦已被评为"时代楷模"的黄诗燕，准备深入潇湘大地展开采访，不经意搜到的一段视频，使我们重新思考原有的计划——

大雨倾盆，溆浦成千上万名干部群众自发送别蒙汉。灵车驶过，一名中年妇女冲出人群，跪地痛哭……

黄诗燕？蒙汉？蒙汉？黄诗燕？

哪一个堪称新时代的焦裕禄？

从东至西跨越400余公里，炎陵到溆浦的距离，在地图上只有一拃长。可就是这一拃长的距离，让我们往返跋涉、一路追寻……

寻路：昔日焦裕禄栽下的泡桐已成兰考的"绿色银行"，他们给这一方山水留下了什么？

湖南，红色的热土。2013年，习近平总书记来到湖南湘西州十八洞村考察时，作出"实事求是、因地制宜、分类指导、精准扶贫"的重要指示。

贫困已在中华大地盘踞千年。为了兑现"让人民幸福"的庄严承诺，新时代的中国共产党人誓要攻克这个顽固的堡垒。

一场硬仗就要打响！黄诗燕和蒙汉分别走进了罗霄山区和武陵山区这两个集中连片特困地区。

"要根据自己的实际情况，摸索出一条与之相适应的路子。"

入夜，炎陵县委大院的灯火渐渐暗去，县委的同志悄悄拉上办公室的门，独留下黄诗燕一人。静静坐在办公桌前，他细细研读着习近平总书记的著述《摆脱贫困》。

仅有20万的人口，接近20%的贫困发生率；"十种九不收"的种植条件，运不出去生生烂掉的水果，还有百姓逢雨必漏的"杉皮屋"……一个"贫"字，深深刻印在这片红土地上。

怎样才能摘掉国家级贫困县的穷帽，如期完成党交办的任务？

7月的一天，烈日炎炎，黄诗燕顶个草帽，又下乡了。这一次，在霞阳镇山垅村村民陈远高家，他发现了一棵老桃树。

"真的？"黄诗燕推了推眼镜，"这一棵树年收入有7000块？"

从选种到嫁接，从上肥到除虫……汗水浸湿了白衬衣，可他兴致不减，操着一口浓重的攸县口音，拉着老乡问了个底朝天。

一旁的炎陵农技专家谭忠诚越听越佩服："只听说他是个笔杆子，没想到竟是学农出身，提的问题都很专业。"

"这就是咱炎陵的摇钱树啊！"连拍了几下老桃树，黄诗燕一直紧锁的眉头舒展开来。

这次调研后，炎陵黄桃产业发展领导小组办公室迅速挂牌，农民种黄桃免费领苗领补贴。"黄桃"挂帅打头阵，要搞八个特色生态农业基地。

400多公里外，蒙汉却在犯愁。

扶贫靠产业。溆浦虽然是传统农业大县，规模产业却近乎一张白纸。县委班子换了一茬又一茬，2012年全县第二产业占GDP比重仍在全省倒数。

还有138个贫困村、13.41万贫困人口，51个村公路没有通……广袤而崎岖的山区实在掘不出"源头活水"，蒙汉把目光投向县城边上的一片荒地。

"咱们的园区怎么搞？"2013年9月的一天，蒙汉又把时任县发改局副局长周钊问住了。

"关键要做起来。"周钊硬着头皮，心里打鼓。几个月前，就因为工业园区的规划建设问题，这个三十多岁的男人被蒙汉书记骂哭了。

"那就组个班子，马上搞起来！"

一个月后，还在到处跑手续的周钊和在"冷衙门"里混日子的刘小兵突然接到通知：到卢峰镇沈家堡集合！

大步流星，蒙汉领着他们直接爬上一座山头，指着四周一片荒山，语出惊人："这儿就交给你们了，干好了，是溆浦的功臣；干不好，就从山头跳下去！"

溆浦县工业集中区管委会就这样宣告成立，当上管委会主任的刘小兵被"逼上梁山"，麾下只有一个公章三个兵、50万元启动资金，一块300多座坟墓要外迁的荒地。

蒙汉立下军令状：将产业园区作为发展溆浦经济"第一大主战场"！可是，1亿多元的厂房建设资金，县里一分钱拿不出来，记不清有多少老板一听要垫钱修路建厂房，立马拍拍屁股走人。

"前面那么多任都没搞成哦。""这个'湘西乌克兰'，搞工业没出路！"……空前的阻力也向黄诗燕袭来。

炎陵山区素有"天然氧吧"之称，果树种植条件得天独厚。但过去30多年，这里引进了多个鲜果品种，始终"只有样品没有产品"。

市里有人提点他："这么紧巴巴的财政，万一砸不出个水花，你这个位子能坐得稳？"

农民们没几个敢信："从种子到票子，至少三五年，万一搞不好，不是鸡飞蛋打？"

"别人嚼过的馍"，吃着没味道；因地制宜的路，只有闯才能看到未来。黄诗燕浏览着习近平总书记在河北阜平考察扶贫开发工作的报道，反复回味着总书记提出的"只要有信心，黄土变成金"。

他深知，要想改变落后的面貌，一方面要全力以赴抓产业，一方面要身先士卒鼓士气。

"产业做好了，农民才能真正靠山吃山靠水吃水。"当机立断，黄诗燕干脆领着专家团，下村搞起黄桃种植基地。

产量不足？他挽衣袖卷裤腿，蹲在树下查虫害；

卖不上价？他从除虫方法开始教，对标海外市场提品质；

品牌叫不响？他字斟句酌广告语，包装标识全统一，一举申报"国家地理标志证明商标"！

2016年初夏，近万吨黄桃金灿灿地挂满枝头，黄诗燕又开始谋划销路："糖分高、容易坏，要抓紧卖！"

一场黄桃大会办了起来，他亲自登台给黄桃代言："个大、形正、色艳、肉脆、味甜、香浓，炎陵黄桃既好吃又好看！"

有人提醒他：书记站台会不会影响不好？他脸一板："为百姓站台，我怕什么？！"

这还不算,他又在县域全境建起集中统一的收购站,组织电商送技下乡,小山沟里刮起直播带货风。

"回过头看,没有黄书记的胆识和担当,根本不可能做到。"谭忠诚说,"有人说黄书记拿黄桃赌了一把,但我们明白,这根本不是赌博,从头到尾他都想得特别细,看得也远。"

以3年为一节点,按照黄诗燕设计实施的"广种、丰产、外销"三步走,小小黄桃"四两拨千斤",盘活了全县扶贫、就业、交通等难题。8年间,"炎陵黄桃、'桃'醉天下"叫响市场。

这8年,也印证着中国反贫困斗争的脚步。

平均每年有1000多万人脱贫,约每3秒钟就有1人跨过贫困线。

"脱贫致富贵在立志,只要有志气、有信心,就没有迈不过去的坎。"习近平总书记在湘西州十八洞村考察时的话语,在蒙汉心中升腾起一团火,燃烧着他,也炙烤着周遭一众人。

大会小会,他都为工业园撑腰站台;四处招商,他冒着大雪给企业家母亲拜寿,说服他回乡创业;隔三差五,他就跑到园区指挥调度,晚了就在工棚和衣而睡……

打听到几位溆浦籍企业家有回乡建厂的意向,他带着刘小兵立刻飞到广东。没有开会,也不座谈,蒙汉直接找了家餐馆,自掏腰包请客。

就这样,一家接一家,一企定一策,49家企业进驻了,扶贫车间开动了,贫困户在家门口就业增收了。

我们跟随刘小兵,站在曾经举行任命仪式的山头环视:溆浦产业开发区二期建设如火如荼,一片荒山成了创新发展的热土。

"从建这个园区开始,蒙书记就真的想给溆浦留下一只会下金蛋的鸡。"指着一条双向六车道的园区道路,刘小兵告诉我们:当年蒙汉力排众议,通过公开招标选了一家全球知名的公司来做设计,很多模棱两可的问题,比如路要不要修这么宽、山要挖掉几座,他都坚持绝不"降级",要按未来几十年能支撑起现代化产业园的规模干!

"绿我涓滴,会它千顷澄碧。"焦裕禄当年带领群众栽下的泡桐,不仅把漫漫黄沙变为万亩良田,也成了今日兰考名副其实的"绿色银行"。

而黄诗燕和蒙汉,留下的是一个年综合产值20亿元、惠及县域内三分之二贫困人口的黄桃产业链和一个技工贸年总收入近30亿元、成为"产城结合"样板的省级工业园区。

行路：跨越半个多世纪，什么才是他们心中不变的标尺？

谭忠诚的手机里，存着炎陵桃农们为纪念黄诗燕发的朋友圈截屏。其中不少，重复着"黄书记就是焦裕禄"这一句。

老百姓怎么评价蒙汉？溆浦县委办的干部没有直接回答，而是拉着我们走上蜿蜒曲折的山路。

蒙汉到任时，这个百万人口大县刚刚经历了前任县委书记贪腐落马的震荡，基础建设欠账多、脱贫攻坚梗阻多，黑恶势力滋扰的群体性事件也时有发生。

"脚板底下出思路！"

如一阵急旋风，蒙汉上任56天就走遍全县43个乡镇，所到之处"飞沙走石"——他把矛盾问题都揭开了看，"政绩盆景""民生工程遮羞布"，到了他这里统统掀掉。

第一次到溆浦县最偏远的沿溪乡，蒙汉就发现了问题：去瓦庄村有两条路，要么是坐车绕行50多公里，要么是翻山走小路，徒步大概7公里。

"走小路。"已经入夜，蒙汉手电一打，率先攀上陡峭山路。

到了山顶，乡亲们告诉他，对面的乡被大山挡住了。一来一回只能绕道，200多公里！

"这怎么行？"蒙汉一听急了。已近凌晨，他一个电话打给交通局局长："一早8点，开现场会！"

第二天8点整，山头现场会准时召开。蒙汉让交通局局长现场签下军令状：打通两个乡直达的翻山路，要快！

不到半年，路修通了，两个乡距离缩短至20公里。蒙汉乘胜追击，干脆在全县搞了个"断头路"三年清零行动。

拿下阵地，全力推进！溆浦干部觉得蒙书记手里好像握着一根小鞭子，赶着他们一路小跑。

不打招呼，他直接"杀"到工地现场，径直走到路基边上，抄过卷尺蹲下就量，张嘴就问灌注质量——

"你这个灌满水泥了吧？"

"灌了，灌了。"

他不信:"敲一个,来来来来来,敲一个。"

抄起锄头,他叮当一顿敲,见路基松动,眼睛一瞪粗着嗓门便喊:"这边就没灌啊!"

不等接茬,他转头一指施工方:"我知道你们!灌也灌了一点,'偷'也'偷'了一点,交通局来搞质量检测,你就带到灌了的那个地方去敲。"

对方连连点头,他还不放心:"你别糊弄我。如果里面没灌满,这里汽车的轮胎压过去就压坏了!"

末了又比着手势说:"我要拿起八磅锤来敲的啊!"

大山里的沟坎,思想中的懈怠,都是最难啃的硬骨头。作为县域发展的领路人,必须一竿子插到底,把党和国家的大政方针"精准滴灌"到每家每户。

河水湍急,他纵身跳上木船,扯着嗓子和"孤岛"上的村民喊话;山石滑坡,他一脚跨上村民的摩托,摸黑前往山顶的片组;鞋子陷在泥沼里拔不出,他直接拽下来提手上;太晚了就夜宿农家,扒一口老乡家的剩饭,分一床破旧的棉被……蒙汉踩着一双大脚板,划定了全县行政村1757个网格的服务路线图。

电不来、网不通,他不走;房不改、账不对,他倒查。针对基层党组织涣散无力,他提出"所有干部联农户"的硬要求;发现"两不愁三保障"跑冒滴漏,他又念"问题在一线解决"的紧箍咒。

溆浦县扶贫办的颜涛是跟着蒙汉下乡最多的人,他记得蒙汉入户的习惯动作:开龙头、开电灯、看米缸、看存折。

有一次,看到贫困户改造后的房屋厕所没装门,只用了两块帘子隔开,他当场批评镇党委书记:"你去上个厕所,看看你羞不羞!"

跑遍溆浦的犄角旮旯,百姓的问题解决了不少,蒙汉的"亲"也认了不少。

在卢峰镇屈原社区,我们找到了那段视频里跪倒在雨中的王林芳。

"你比我大了几岁,我就喊你大姐吧!"蒙汉第一次来家的情形她还历历在目。

多年前,王林芳的丈夫在一次劳动中从山上摔下,落下了终身残疾。此后两个儿媳离家出走,儿子们撇下孙子外出打工,一家的重担压得她喘不过气,几次都想抱着小孙子跳进溆水河里一了百了。

可蒙汉逢年过节总想着她,一次次来家里安慰:"大姐,有困难不怕,我们来帮你一起想办法。"

帮扶政策一项项落实,王林芳的丈夫纳入低保、儿子孙子住上了公租房,蒙汉还经常上门嘘寒问暖。

"他就是我们溆浦的焦裕禄啊!"王大姐的情绪又一次失控。

颜涛又带我们找到了74岁的北斗溪镇华荣村村民李冬金。

老屋又破又黑、儿子卧病在床……2015年冬,李奶奶第一次见到这个大个子的县委书记。

"我的娘已经不在了,你的生日和我娘就差一天,你就是我的亲娘,以后你的家就是我的家,我到你这儿来就是到家了。"那一刻,她的心被他的这番话温暖了。

如今,全家人住进新房,两个孙女相继考上免费师范生。可李奶奶还是惦记着那间蒙汉住过的破屋,梦到他又拎着大包小裹进门就喊:"娘,我来了!"

我们一愣,不禁想起那个风雪交加的夜晚,焦裕禄坐在老大爷的床头,说出的那句"我是您的儿子"。

正如焦裕禄当年所说:"共产党员应该在群众最困难的时候,出现在群众的面前,在群众最需要帮助的时候,去关心群众,帮助群众。"

蒙汉认了多少亲?好像没人说得清。走了多少路?干部们的苦笑能说明。

一程又一程,我们亲身体验着蒙汉的日程。连日阴雨,山路上覆着薄霜,车窗外云遮雾绕,三五米就辨不清人影。身侧是万丈悬崖,遇到急弯不由让人捏一把汗。

"左拐右拐全听他的,好像脑子里有张地图。"司机贺泽健最佩服蒙汉的体力和记性。每次下乡暗访,蒙汉都会暂时"保管"所有人的手机,由他指挥路线,随时停车查办问题。

端上一锅热乎乎的糙米粥,炎陵梨树洲村的村民一再拜托我们把黄书记写好,因为他"把群众的小事,都当作大事"。

这个海拔1500多米的小山村,曾是炎陵历史上最后的无电村。黄诗燕第一次到这里,听说有个组还在用手摇水力发电机,特意改变行程,换上拖鞋,循着山泉逆流而上。

青苔湿滑,黄诗燕一脚没踩住,跌进水潭,浑身湿透。上了岸来,他连说"不要紧",草草抹了一把脸,就把老乡递过来的衣服套在身上。

然后,他又面色沉重地对同行的干部们说:"21世纪很多年了,竟然还有老百姓用不上电,我们是有责任的,我们对不起老百姓。"

而今,水泥路修到了家门口,电网架到了山顶上,特色民宿有了统一规划,老人看病孩子读书不犯愁……小山村已成当地一席难求的网红避暑地。

在炎陵采访,县委大院进出数十回,我们对老古董般的门窗和台阶印象极深。时任县长文专文记得,黄诗燕一上任,就和县委办的同志们统一认识:"把钱花到老百姓最需要的地方去。"

易地扶贫搬迁、农村危房改造、土坯房集中整治三大工程齐头并进,随便划拉划拉就是3亿多元的支出。

"这可是炎陵县全年的财政收入啊!""要不要把标准降低点?"

黄诗燕斩钉截铁:"砸锅卖铁,也要让老百姓住上新房。"

屋顶漏了雨,换上几片瓦;书柜隔板变了形,翻个面继续用……县委的开支减了又减,黄诗燕还继续加码:"老百姓有个遮风挡雨的房子不容易,我们可以再勒紧裤腰带""以后生活好了,房子还会加层,要按两层楼打地基、留楼梯……"

有的同志还不理解,黄诗燕就开党会、讲党课,一遍遍组织大家学习领会习近平总书记关于民生工作的重要论述——

……多做一些雪中送炭、急人之困的工作,少做些锦上添花、花上垒花的虚功……

打开蒙汉办公桌上的剪报册,习近平总书记的重要讲话和重要文章逐年分类,其中一段做了特别标记——"做县委书记就要做焦裕禄式的县委书记,始终做到心中有党、心中有民、心中有责、心中有戒。"

翻开炎陵干部的笔记本,上面记着黄诗燕的告诫:"要有清正之德、廉洁之志、谦慎之惧,要对党纪国法存畏惧之心,对工作纪律存畏惧之心,对人民群众存畏惧之心。"

同学聚会,他抽不开身;企业邀约,他婉言谢绝。同事聚餐,他回复说"最好的感情,是工作上相互支持"。

有人打听黄诗燕爱好什么,县委的同志只知道他饱读诗书,讲起话来常常引经据典、信手拈来。他还常给年轻的同志讲解自己写的"岁寒三友":"我们要学竹,扎根不松根;学松,傲寒不傲天;学梅,报春不争春。"问遍黄诗燕的朋友圈,除了"抽烟很凶,不讲牌子",人们都说他"不食人间烟火"。

这时候突然有人插话:黄书记也找老板走过后门!

"那是一个贫困户,父母因病失去了劳动能力,家里有个儿子三十来岁,脑袋看上去要笨一点,他问我能不能帮忙解决这个人的就业问题。"入驻炎陵九龙工业园的宗义电子科技有限公司总经理胡安,最终给黄诗燕开了这个"后门"。

他还记得黄诗燕当时诚恳的语气:"我最反对走后门,但为了这个家,还请老板开绿灯。"

心路：绝不能穿上"皮鞋"就忘了"草鞋"，赤子之心为何始终炽热如火？

我们把追寻的目光，投向蒙汉倒下的那一天——

2020年7月7日这一天，他的行进轨迹依旧快得像擦出火花的子弹：

上午9点35分，他处理完一堆文件就从县委大院出发，去两个镇子调度环保问题；

下午2点半，他从大江口镇政府赶回县委，继续处理一些文件；

下午3点50分，他来到溆浦一中，检查高考考务工作；

下午5点半，他驱车42公里赶到北斗溪镇，调研文旅特色小镇建设，随后赶往坪溪村陪同检查游步道、民宿项目建设；

20多分钟吃完晚饭，晚上8点，他又赶到当地的枫香瑶寨，向上级来的领导汇报文旅产业情况。

到达这里比原计划的时间晚了，还没等车停稳，蒙汉和县委办主任张克宽就一路小跑登上直通寨门的台阶。

进了房间，正要汇报，手机响了。蒙汉又站起来接电话，刚"喂"了一声，高大的身躯便重重地砸到茶几上，栽倒在地，一片鲜血染红了地板……

这就是蒙汉！那个最爱说"只要干不死，就往死里干"的猛汉！

一语成谶，同样应验在黄诗燕身上。

"黄书记常说，脱贫攻坚等不起，产业发展等不起，老百姓想过上好日子等不起，他唯独没想到的是，自己的身体也等不起……"大源村原扶贫工作队队员刘云慧再也说不下去。

修路、修桥、看病、盖房、娶媳妇……村民们记得，黄书记每次来都带着笔记本，把大家的困难一一记下。

黄诗燕亲自督战，村民们盼了十几年的硬化路终于建成通车。"晴天一身灰，雨天一身泥"的境况一去不返，可那只"衔泥垒起幸福窝"的"燕子"，却再也飞不回来。

2019年11月24日晚，黄诗燕胃疼得厉害，一夜无眠。

25日一早7点多，在接受医生检查治疗时，一向温和内敛的黄诗燕破天荒给妻子彭建兰发了一条短信：

"老婆，爱你。"

"哈哈哈怎么爱，三十年了才听到一个爱字，好感动哟！"彭建兰配了一个"亲吻"的表情。

"爱你在心。"

"那我怎么知道呀！"

这一天是彭建兰的生日。她哪里想到，这是他以最炽烈的方式作的最后诀别！

四天之后，29日上午一场脱贫攻坚调度会前，同事们一早看见黄诗燕，被他的样子吓了一跳："书记，你脸色这么不好，还是去医院做检查吧。"

"脱贫攻坚是大事，不能耽误。"

最后的气力，也要留在这特殊的战场；最后的话语，也不忘共产党人的使命——

"脱贫攻坚是头等大事，压倒一切。扶贫工作等不得！"他停了停又说："相信大家，辛苦大家，拜托大家！"

黄诗燕在会上留下这句嘱托时，炎陵县已脱贫摘帽一年多，全县贫困发生率从19.45%降至0.45%。

人们最后看到他时，宿舍的灯还开着，他半倚在床头，双拳紧握，眉头紧锁，停止了呼吸，也停止了工作。

"他总说不拼怎么行……"听着人们的诉说，我们脑海中再一次浮现出焦裕禄的身影——用左手按着时时作痛的肝部，就连办公坐的藤椅上，也被他顶出了一个大窟窿……

"他心里装着全体人民，唯独没有他自己。"

打完了当打的仗，走完了当走的路，黄诗燕和蒙汉，一个走得安静无声，一个离去如烈火流星。

家乡老屋的橡子头，还记着他们极其相似的成长心路。

"党和国家培养了我，我就要把事情做好。"堂兄蒙永明记得，蒙汉小时候连草鞋都没得穿，就打赤脚。家里只点得起松脂油灯，每次读完书，两个鼻孔都熏得黑黢黢的。

因家中变故高考落榜，蒙汉当过木匠、卖过烧炭，辗转当上民办教师，后来又考入师范。此后无论身居何位，他常告诫自己和身边人："我们都来自农村，出身农民，还有很多亲人仍然在农村。大家'洗脚上岸'，绝不能穿上'皮鞋'就忘了'草鞋'。"

一路走来，草鞋印下的足迹深刻而清晰。

2015年，黄诗燕到天坪村调研，在村民张福明家里借住两晚。白天去村里跑，晚上跟大家聊，他不让张家换被褥，临走时，还要按规定付餐费。

张福明哪里肯收，黄诗燕把钱塞进他手心："这是共产党的传统，必须收。"

张福明涨红了脸："你不像个当官的。"

黄诗燕咧开嘴："我本来就是农民的儿子。"

"他本来叫诗艳。"老家的亲人说，高三时，黄诗燕决定改名，立志要如春燕衔泥，为百姓垒起幸福窝。

"为官一任，造福一方，遂了平生意。"

黄诗燕的遗物，是满柜子的书。摆在显眼处的，是一套泛黄的《马克思传》。

书的扉页附着一页纸，是一位仅有数面之缘的老党员写给他的《最美书记》——

"县委书记黄诗燕，炎陵百姓好喜欢……"

黄诗燕在任9年，一封举报信没有。可是，蒙汉在任8年，得罪的人却不少。

2019年，脱贫攻坚临近验收，蒙汉加紧暗访，随机抽查。一次，他到镇上一翻帮扶单位的签到本，发现有干部一个月只去了两次；又突击检查一个小网格片，有群众反映手机没信号。

蒙汉当场把人找来，一通红脸出汗："你们这些干部当初也是农村出来的，你们原来也是穿草鞋的，你们穿上皮鞋以后就忘记了穿草鞋的人，你们的初心在哪里？你们的良心在哪里？"

这还不够，他着人连夜整理通报，点名道姓发遍全县。

他还在通报里补了几句："脱贫攻坚进入倒计时，本来胜利在望，但如果稍有不慎，那就会临场阵亡，英雄反成了俘虏，功臣反变为罪人，不划算！不值得！不应该！"

"他虽然脾气大，但没人记恨他。"时任县委办常务副主任黄谋延说，"作为一个班长，他真把我们干部队伍的懒散病、软骨病、徇私病治好了！"

蒙汉的遗物，除了随身放在包里的《共产党宣言》和笔记本，还有满满一盒子发票，都是蒙汉下乡调研时的餐费收据。

妻子熊清波没把这些烧掉，都整理好收在老家屋里。

"老蒙最讨厌东西乱放，我一本一本一盒一盒给他整理好了，不然他会不高兴的。"

黄诗燕和蒙汉的女儿，都是直到很久以后，才有勇气点开父亲最后的影像资料。

黄心雨不明白，父亲走后，为什么有人叫他"大地赤子"。直到有一天，在罗霄山区，她看到了一条路，叫"燕归路"，一座桥，叫"燕归桥"，忽然就懂了。

蒙雅说："父亲说这是个山清水秀的地方，可他不许我来。我知道，这里有很多他的亲人。我不认识他们。可送他那一天，我见到了他们……"

蒙汉家的老屋前，有一棵老香樟树，溆浦县委大院里，恰好也有一棵。到任溆浦，蒙汉把自己的微信名改作"香樟树之恋"。

干部们曾对这棵树感情复杂，因为蒙汉的下乡通知只有一句："香樟树下集合，天亮就出发。"

可如今，他们还念叨着蒙汉常挂嘴边的那句："我们党员干部要像香樟树一样扎根大地，为人民群众遮风挡雨。"

站在这棵树下，我们不禁感慨：无论历经多少风雨，哪怕需要生死以赴，共产党人的赤子之心始终如一。

亲民爱民、艰苦奋斗、求真务实、无私奉献——在这两个人身上，同样都有着焦裕禄精神的传承。

尾声：答案留在这片土地

在大源村"燕归路"的碑前，在蒙汉老家的坟前，隔三差五，就有村民带着米酒和野花前来凭吊叙旧。

我们久久伫立，采访中的一幕幕浮现在脑海——

"黄书记对我说，小蓝，不要怕穷，穷不可怕，我们要敢闯。"炎陵鑫山村桃农蓝才洪含着泪说。

"哪里知道他是蒙书记哦，一边擦鞋一边问我有没得困难。"溆浦县委大院外，擦鞋大娘段金连泣不成声。

"黄书记，我不会说话，我们世世代代都会感谢你。"炎陵大源村张艮花老人捧上一株映山红。

"好好写一写蒙书记！"直到我们的车子开出很远，李冬金奶奶挥手的身影，依然还立在村口。

从春寒料峭的罗霄山区到草长莺飞的溆水之滨，我们越来越清晰地感受到，有一种力量穿越时空，让两座大山里的故事彼此交融、呼应。

"魂飞万里，盼归来，此水此山此地。百姓谁不爱好官？"

再鞠一深躬，再颂一遍追思焦裕禄的诗句，我们懂得了：这种力量，就是一个百年大党薪火相传的精神密码，就是9500多万共产党人砥柱中流的铮铮风骨、时代品格。

坚持真理、坚守理想，践行初心、担当使命，不怕牺牲、英勇斗争，对党忠诚、不负人民——伟大建党精神代代相传，在新的征程上发扬光大！

离开潇湘大地时的景象，历历在目：阳光拨开云雾，层层叠叠的梯田上，蓬勃的新绿，彰显出生命的力量与光芒。

这一场追寻，还没有结束。因为需要追寻的，不是两个人，而是浩浩荡荡、前赴后继的一群人……

（作者：刘紫凌、吴晶、陈聪、袁汝婷、屈婷；原载新华社《瞭望》新闻周刊2021年第52期；获第三十届中国新闻奖一等奖）

从"第一"到"第一":7本火车驾驶证见证"中国速度"

【编选手记】

华龙网自2015年起开始实施重点选题策划机制。每年年初,新闻中心都会对标当年国家和当地的中心工作及重大主题,征集年度重点选题,挖掘典型人物事迹,从小切口描摹大时代。《从"第一"到"第一":7本火车驾驶证见证"中国速度"》切入角度新颖,不落俗套,向受众生动展现了我国铁路事业的突飞猛进。

(衡鑫)

70年前的今天,在李国方的记忆里是模糊的,但在中国铁路史上,却无比清晰。

那是1952年7月1日,新中国成立后建成的第一条铁路——成渝铁路通车,他的父亲李鸿升拉响了首班列车的第一声汽笛。3岁的他,被大哥抱去现场观看。

此后70年间,李国方和他的儿子,先后也成了火车司机。祖孙三代司机收藏的7本火车驾驶证成了"传家宝",它们见证了中国铁路从时速40公里到350公里的飞跃,也见证了中国铁路多个"第一"的进阶之路。

新中国第一条铁路通车
一声汽笛,圆老百姓半世纪铁路梦

泛黄的驾驶证上,手写的名字"李鸿升"笔力遒劲。他是新中国第一代蒸汽机车司机，2本驾驶证至今保存完好。

"成渝铁路的第一辆火车就是蒸汽机车，车号是3859。车头挂着毛主席画像，插着鲜艳的红旗，庄严的党徽在车头上闪闪发光……"

儿时，李国方一次次听父亲讲起通车那天的故事——天蒙蒙亮，重庆菜园坝已是人山人海。10点整，时任铁道部部长的滕代远笑着剪断火车前方的红绸。

"呜——"李鸿升抬手抓住汽笛阀手柄，长长的汽笛声响起。在山城人民巨浪般的欢呼声中，火车缓缓驶出重庆火车站，气势磅礴地驰骋在新中国第一条铁路上。

"成渝铁路，西南地区人民苦盼了半个世纪。"李国方难忘父亲谈起这条铁路时严肃的神情。

20世纪初，清政府筹办川汉铁路，西段是成渝铁路，但将筑路权卖给列强。1935年，国民政府决定修筑成渝铁路。但直到1949年，一寸钢轨未铺。

新中国成立之初，百废待兴，工业基础十分薄弱。在极其艰难的条件下，党和政府仍下定决心修建成渝铁路，带动西南地区经济社会发展。

1950年，成渝铁路开工。十余万军民，集结成筑路大军。

现年90岁的孙贻荪是成渝铁路的修建者，他至今难忘，修路条件艰苦，可大家浑身却有使不完的劲儿，"没有鞋子就打光脚板，没有先进工具，就用手握钢钎一点一点砸开石头。"

"修路所用的木材、钢铁等物资紧缺。"李国方指着自己珍藏的影像资料感叹，这些木材都是铁路沿线老百姓捐献的，有人甚至捐出了自己的寿材。

两年后，505公里的成渝铁路建成通车。这是新中国成立以来，完全由中国人民自主建设的第一条铁路。

从此，成渝两地通行时间从7天水路缩短到13小时。

千年"蜀道难"历史改写
一路高歌，改革春风吹遍中国大地

"开蒸汽火车不仅要技术，也要力气。"1980年，31岁的李国方也成为成渝铁路上一名蒸汽机车司机。

驾驶室内三个人,一人负责操纵机车行驶,一人铲煤,一人瞭望和监控。"铲煤最累,一铲子下去,得将几十斤煤铲进锅炉。驾驶位就在锅炉旁,夏天得忍受五十多摄氏度的高温,衣服全湿透;冬天要探头瞭望信号灯,窗户必须敞开,冷风呼呼往里灌。"李国方回忆道。

因铲煤浑身沾满粉尘,那时司机们调侃自己:"远看像要饭的,近看像挖炭的,仔细一看是机务段的。"

此后,成渝铁路迎来内燃机车。李国方拿到内燃机车驾驶证后很是欣喜,"再也不用像蒸汽机车那样费力铲煤了。"

26年火车司机生涯,李国方经历了蒸汽机车到内燃机车,再到电力机车的技术变迁,攒下了3本驾驶证,也见证了川渝地区"一路通、百业活"的经济腾飞。

"巴蜀大地物产丰富、人口稠密。"李国方驾驶货运列车时亲眼看到,荣昌的煤点燃万家灯火,内江的糖、自贡的盐销往全国……1200多种从前不能外运的西南特产,被大量运往华东、华北等地区。

成渝铁路激活了成都、重庆及沿线10多个城市的"一池春水"。数据显示,至20世纪90年代初,沿线地区年人均工农业总产值从通车前的183.2元提高到3218元,增长了17.56倍。

时光飞逝,除了成渝铁路,沪蓉线成遂渝段、成渝客专陆续开通,将成渝双城融入了全国高速铁路网。

除了奔驰在广袤的神州大地,成渝两地的火车还一路向西,载着电子产品、机械零部件、汽车等开往欧洲。

2011年3月19日,首趟中欧班列从重庆团结村始发,揭开了我国开行中欧班列的序幕。

2021年1月,成渝两地的中欧班列统一为中欧班列(成渝号)。2022年6月30日,中欧班列(成渝号)第20000列纪念专列,从重庆和成都同时发出,分别驰往德国杜伊斯堡和波兰罗兹。

成渝铁路及与之接轨的国内国际大通道,让成渝地区双城经济圈积极融入"国内国际双循环"大格局中,并与国家"一带一路"倡议无缝连接。

多项高铁指标世界第一
70载巨变，书写中华民族崛起奇迹

2020年12月24日，重庆沙坪坝站。

已经开了20多年火车、拥有2本火车驾驶证的李治刚，拉响嘹亮的风笛。如爷爷李鸿升当年一样，李治刚也成了一名首发司机。不过他开的是最先进的"复兴号"，62分钟后，便抵达成都东站。

"从蒸汽机车时速40公里，到今天的时速350公里。我们圆了爷爷那辈人的'铁路贴地飞行梦'。"李治刚说。

让李治刚感慨的不只是速度，还有"高铁强国"的崛起。

2017年，具有完全自主知识产权的中国标准动车组"复兴号"投入运营后，标志着我国高铁技术装备开始领跑世界。

李治刚坐在驾驶室内，再也不用像爷爷和父亲一样，要探头出去瞭望信号灯。靠着先进的GSM-R无线通信传输列车控制信息，他就能准确判断前方路况。

据中国国家铁路集团数据，截至目前，中国高铁运营里程突破4万公里，稳居世界第一，铁路电气化率、客运周转量、运输密度指标也位居世界第一，商业运营速度世界最快，运营网络通达水平世界最高。

预计到2025年，全国铁路运营里程将突破17万公里，其中高铁运营里程将达到5万公里。

变化不仅在数字里，还藏在细节中——从纸质车票到电子票，从窗口排长队买票到互联网购票，从人工检票到自助验证刷脸乘车，从推车卖货到网上订餐……

70年，从新中国第一条铁路通车，到中国高铁多项指标世界第一。祖孙三代成渝铁路司机，见证着中国大地上跨越时空的"沧桑巨变"，也见证着勤劳勇敢的中国人民，在中国共产党领导下书写的历史奇迹。

（作者：连肖、佘振芳、李文科；2022年7月1日重庆华龙网新重庆客户端发布；获第三十三届中国新闻奖一等奖）

乡村振兴蹲点记

【编选手记】

四川日报社的系列报道《乡村振兴蹲点记》,在乡村振兴的时代语境召唤下,将践行"四力"的要求与调查研究有机结合。作者通过一年的实地探访调研,用文字记录了万年村的发展动态,深刻展现了"好新闻"与"走基层"的密切关系,为乡村振兴提供了经验借鉴。这是一篇有温度、有深度、高质量的系列报道作品。

(衡鑫)

代表作 1

记者夜宿雅安市荥经县龙苍沟镇万年村,记录下干群共话村情、共商发展的生动场景——

围炉夜话:万年村的"背水一战"

瓦屋山下,龙苍沟里,荥经河畔,夜色正浓。一处农家乐院坝内,一炉篝火烧得正旺。火光映红了围炉而坐的万年村村民,也隐约照亮了村子依山而建的道路。

"万年村现在是背水一战,必须要迈出第一步,把方竹笋产业搞起来。""我们村为何比其他的村子发展得慢些?""把土地入股村集体,头几年没分红不得行哦。"……2月11日,正月十一,雅安市荥经县龙苍沟镇万年村组织了村史上的第一次围炉夜话,村干部和村民等20余人围坐一圈,在热烈讨论中,想办法寻找改变现状的突围路径。

"村里特产卖不起价怎么办"

万年村所在地，曾是茶马古道上的一处商贸集散地。在当地许多干部群众看来，地处大熊猫国家公园南入口社区的万年村，迎来了史上最佳发展机遇。可是，目前无论是村集体经济增长还是村民收入，和周边村落相比都还有不小的差距，部分村民在思想上也存在畏难情绪。

"万年村已到了发展的关键节点，今年也是村里发展的关键一年。"万年村驻村第一书记毕涵说，为让村民都动起来，村上组织起村民，让大家谈想法、说办法。

一开始大家有些拘谨，毕涵鼓励道："放开说，敞开说。"

返乡创业代表朱仕祥挑起了话头："在我们店里，方竹笋卖得最好，但现在村里的产品既不规范也没有品牌，我们自己做好后装到袋子里就卖了，既卖不起价，也做不大规模。"

38岁的朱仕祥是土生土长的万年村人，以前在外务工。四川启动大熊猫国家公园体制试点后，从村里穿行而过的游客越来越多。看到"流量"商机，2019年他返乡回村，和爱人开了一家超市，超市位于村中心的主干道上。朱仕祥说，方竹笋一年能卖数百公斤，"这些竹笋是从村民手里收来的，烘干后用保鲜袋包装，上面没有品牌也没有标识。"

朱仕祥的话，让徐太武感触颇多。徐太武是从万年村考出去的大学生，在成都创业有成。前几年，徐太武回到龙苍沟镇开起高端农家乐。"用方竹笋做的菜很受欢迎，大家都说好吃，但它的名气走不出龙苍沟。"徐太武一直在琢磨怎么把方竹笋打造成万年村的一张名片。

方竹笋产业的话题，一时间引发热烈讨论。

之前，万年村曾探索过茶叶、黄柏等产业，但效果都不理想。后来，结合当地自然条件，2017年村里首次尝试种植500亩方竹，从去年开始产生收益。

因为首批种植区域较为零散，万年村又规划了集中连片的500亩方竹基地。

村党总支书记杨晓林说，这个项目从去年7月开始谋划，村民以土地入股，交由村股份经济合作联社统一管理，产生收益后进行分红。项目共涉及180户村民，目前130多户村民已同意入股，还有40余户在观望。

有村民提出："方竹栽下后，至少要三年才开始产笋。这期间既没土地耕作又没有其他收入，生活怎么办？"

村里给出的方案是：方竹基地优先聘用入股者及困难人群，按月发管护工资；同时发展蘑菇、跑山鸡等林下种植养殖业，也可给大家带来一些短期收入。

"发展方竹笋产业是大家所急，也是村里所急。"杨晓林说，村里即将开始基地测量勘界，"大家提到的品牌打造和产品规范，我们会抓紧时间落实。"

"不能光羡慕，还要想办法"

"我有个想法，看看政府能不能支持下。"说完方竹笋产业，方顺芹接过话筒，"今年，我想把我们家的民宿装修升级，再增加一些特色餐饮。但是有两个问题，一是没有经验，不知道该怎么做；二是资金上还有不小的缺口。"方顺芹今年50岁，在村里经营一家客栈，生意虽说不上红火，但每年还是能攒下一些钱。

在村里经营饭店小有名气的韩凤银接着说："我们家的店，现在这样也能做起走。提档升级要花不少钱，对于收益心里也没底。"

"眼光要放长远一些，眼界要跳出万年村。大家可以看看眉山、乐山以及成都等地是怎么做的。"毕涵说，周边有些村的民宿已做成了品牌，特别是高端民宿，过年期间俏得很。

"我们也很羡慕。"一位村民代表说，目前万年村的民宿标准低，"100多元就能住一晚，而且相互之间还存在低价竞争。"

"不能光羡慕，还要想办法。"龙苍沟镇党委副书记韩德弘扬透露，镇政府正牵头成立万年村民宿产业联盟，学习借鉴先进经验，建立健全组织架构、运行机制，统一管理、集中营销、规范经营。以"108"品牌为引领，带动片区80套公寓提档升级，打造具有大熊猫文化特色的公寓式民宿。"这项工作计划在6月取得阶段性成果。"韩德弘扬说。

"108"指的是108国道。在雅西高速接通到村里之前，108国道是连接村内外的重要通道。因此，镇上设想推出"万年村108记忆""108味道"，将村里的传统味道与现代化服务进行融合。

韩德弘扬说，县镇两级已在研究、制定相关支持政策。比如对农家乐、民宿的兴建和升级，将考虑进行评估分级并给予一定的支持和指导。

"时不我待,一定要抓住机遇"

从19时30分开始,一道道发展难题、一个个发展目标、一项项发展举措,如炉中火焰,越烧越明,越照越亮:在万年村综合专干程其康看来,发展生态旅游,必须把道路、停车场等旅游服务设施建设好、优化好,把竹林风景打造好;村党总支副书记陶用湖说,他儿子有动漫设计方面的专长,可以给村里做品牌设计;70岁退休教师方顺河说,要鼓励学生返乡创业……

火越烧越旺,大家的兴致越来越高,转眼已到深夜。

毕涵起身添了一把柴,火焰又亮了许多。"只有众人拾柴,炉火才能烧得旺、烧得久。"毕涵意味深长地说。

毕涵举了几组数据:从2020年到2021年,万年村集体收入增长了263%。虽然速度很快,但规模很小,只有13.8万元。人均收入1.4万元,比邻村少四五千元。

"这就是摆在我们面前的差距,这就是我们的危机,如果不能赶上,差距会越来越大。"杨晓林说,在乡村振兴的新形势下,我们要抓住机遇、共同发展。

"背水一战,没有退路。"毕涵说罢,村民鼓起热烈掌声。

"今天能在这样的场合,听到大家的心里话,看到大家对万年村和自己发展有希望有打算,我们对万年村的发展也更有信心。"专程赶到现场全程旁听的荥经县县长古玉军有些动容,他说,"我们会把大家的意见、建议和想法带回去,县里一定会仔细研究,有针对性地出台相关政策、制定相关办法来帮助大家。"

从去年开始,荥经县抽调精兵强将常驻龙苍沟镇,专门谋划如何高水平规划大熊猫国家公园南入口社区,万年村是其中的核心。

时近子夜,围炉夜话快要结束,毕涵再次对大家说:"时不我待,从脱贫攻坚到乡村振兴,我们一定要抓住机遇。"

春夜的熊熊篝火,映出了一派欣欣向荣的景象。大家说的似乎是当下的问题,但是看得更多的是这山水间的未来——那是一条把绿水青山变成金山银山的可持续发展之路。

代表作 2

结合自身区位优势、自然禀赋,雅安市荥经县龙苍沟镇万年村逐渐打造出颇具特色的"熊猫社区"——

"三色"绘就熊猫社区版"富春山居图"

6月25日,记者再次从成都出发,经雅西高速前往雅安市荥经县龙苍沟镇万年村。雅西高速龙苍沟收费站站房上,"蹲"着的大熊猫吸引了人们的目光:白色弧形建筑勾勒出圆润轮廓,还"长"着两只橙色的耳朵。蓝黄交织的站棚点缀着鸽子花,上面写着"龙苍沟 大熊猫国家公园南入口"。

看到这个标识,就意味着进入大熊猫国家公园南入口社区,万年村就在这里。

自四川正式启动大熊猫国家公园体制试点以来,荥经县龙苍沟镇万年村结合自身区位优势、自然禀赋,以建设入口社区为"主色",以熊猫文化为"亮色",在村民新风尚的"底色"铺陈下,逐渐打造出颇具特色的"熊猫社区"。

今年5月,中共中央办公厅、国务院办公厅印发《乡村建设行动实施方案》,要求遵循的一项原则就是:注重保护、体现特色。即传承保护传统村落民居和优秀乡土文化,突出地域特色和乡村特点,保留具有本土特色和乡土气息的乡村风貌,防止机械照搬城镇建设模式,打造各具特色的现代版"富春山居图"。

万年村位于山坳之中,80%以上的土地位于中高山以上,这些大山曾经阻碍制约了当地经济发展,但如今,这些绿水青山正在成为万年村的"富春山"。

夯实"主色" 擦亮"熊猫社区"金字招牌

"毛冠鹿——国家二级保护动物""珙桐——国家一级保护植物"……从雅西高速龙苍沟收费站到万年村村中心陶家坝是一段4公里的盘山路,公路两侧已挂上崭新的道旗,上面有"大熊猫和它的朋友"的介绍。

在道旗指引下，正在变化中的大熊猫国家公园南入口社区跃然眼前。

6月25日，虽然是周末，但万年村里仍是一片忙碌景象。荥经县大熊猫国家公园龙苍沟入口社区共建共管共享办公室（以下简称"共建办"）副主任毛艳燕正在接待来自汉源县的考察团。

毛艳燕是荥经县人大常委会副主任，3个月前开始兼任共建办副主任，驻点办公，推动入口社区建设。共建办的工作人员则是从荥经县多个部门调集的精兵强将。

"从龙苍沟收费站到万年村场镇，再从场镇到龙苍沟深处，你们所见到的这些新布置，是6月初开始施工，13日完成的。"毛艳燕说，目的就是突出这里的熊猫特色，强化社会大众对大熊猫国家公园入口社区的认识。

作为南入口社区的门户，万年村的打造是重中之重。为发挥合力效应，共建办与万年村的党群服务中心合署办公。该中心的一楼原本是大熊猫国家公园荥经片区的展示厅，从今年5月开始，荥经县邀请专业机构设计了全新的"大熊猫国家公园南入口荥经展示馆"，目前已经进入施工阶段，预计9月完工。

此外，从龙苍沟收费站到万年村场镇，共建办还规划了多组不同形态的熊猫主题雕塑、观景平台等设施。

"南入口社区是我省最早启动建设的大熊猫国家公园入口社区项目，我们一定要抓住先机，用好大熊猫国家公园的品牌，把入口社区的'主色'做出来，让游客从进入万年村开始，就在大熊猫和它的朋友们的带领下，参观、休闲、旅游、度假。"毛艳燕说。

此前一天，6月24日，国家林草局局长关志鸥一行到大熊猫国家公园荥经片区调研，专门来到万年村，对入口社区的建设给予高度肯定。

提升"亮色" 处处体现"与熊猫为邻"

集全县之力建熊猫社区，各种资源在万年村汇集，"富春山居图"正逐步呈现。

万年村党群服务中心西侧的"熊猫会客厅"，已经完成封顶等主体工程，按计划将在年底竣工。

"'熊猫会客厅'是万年村目前最重要的项目。"万年村第一书记毕涵介绍，该项目前期的选址、设计就用了大半年时间，"首要原则是，一定要结合万年村的定位、特点以及自然景观进行设计。"

从万年村北望，是一座名为"马耳"的山，山如其名，奇峰罗列。"马耳山是大熊猫国家公园内大相岭的余脉，在村民心中的地位也很高。"昂赛迪赛（北京）建筑设计有限公司首席设计师刘亮说，受此启发，他将"熊猫会客厅"屋顶设计成象征山势的多组大三角，呼应酒店背后起伏的山峰；配套的风雨廊桥则以竹子为主要建材，和酒店前方山上的方竹基地对照；多个点位设置创意熊猫雕塑，以此告诉大家"大熊猫是这里的主人，人类是大熊猫请来的宾客"。

"熊猫会客厅"东侧是万年村的"熊猫之眼"房车营地，已在"五一"假期试运营。随着旅游旺季的到来，营地专门配置了供游客租用的房车。再向东，是万年村的集体项目"熊猫养氧"民宿，整体改造已初步完成，内部装修已进入尾声。继续向东，是为"熊猫会客厅"配套的温泉工程，已经钻探到1170米，较上月掘进400余米。

变化也来自村民的笑脸。在万年村经营饭店十多年的韩凤银发现，到村里的游客、考察团越来越多。这个月，他以万年村的特产竹笋为原料，精心研发了"熊猫菜谱"：熊猫清心笋，以时令苦笋制作；南入口口香，是楠竹笋烧肉；温泉笋汤，则是用笋子煲汤。"菜谱一经推出，受到大家好评，都说有特色。"说罢，韩凤银又去招呼客人。

"作为大熊猫国家公园南入口社区第一村，万年村就在大熊猫家园的大门口，我们要擦亮大熊猫这块金字招牌，让来到这里的人都有一种感觉，山居万年村，与大熊猫做邻居。"龙苍沟镇党委书记高小松如是说。

凝铸"底色" 村规民约引领新风尚

"建公园，南入口。产业兴，乡村旺。"这句话出自万年村现行的村规民约。

6月25日，万年村党总支在位于师家沟的13组举行坝坝会，讨论修改村规民约。

"这是第三次修订，每一次修订都与村里的发展紧密相关。"万年村党总支书记杨晓林说。

在2013年芦山7.0级强烈地震中，万年村老场镇受损严重。经过评估，陶家坝区域成为易地集中安置点。

2016年6月，400余户村民搬入安置楼房。时任村民委员会主任陶用湖回忆，当时村民搬到楼房里最大的问题是"住不惯，垃圾乱扔"。村里做了大量工作，比如先教育小朋友养成正确的卫生习惯，通过"小手牵大手"的方式，安置区域的卫生问题逐渐得到解决。

此后，陶家坝逐渐发展成为万年村的新中心，村里制定了第一版村规民约，号召大家和睦相处，保持整洁。

2017年，四川正式启动大熊猫国家公园体制试点，万年村被划入试点范围，村民传统的挖笋以及捕鱼等行为被禁止。"当时老百姓总结为'不能上山，不能下河'。"陶用湖说，为解决村民生活、生产问题，村里一方面引导发展方竹产业，另一方面向村民宣讲国家公园对万年村及村民未来发展的意义。

随着入口社区建设的推进，万年村老百姓尝到甜头，众多村民自发成为保护大熊猫、保护生态的宣传员。2020年，村里顺势修订形成了现行的村规民约，专门增加了关于大熊猫国家公园和入口社区的内容。

"在此后近两年时间里，村里发展速度很快，村民增收，村容村貌大幅提升，大家觉得有必要在村规民约中体现更多万年村和大熊猫、绿水青山的关系，所以我们召开坝坝会，听取大家的意见。"杨晓林说。

坝坝会举办地师家沟的村民对此也深有体会。这里是万年村传统民居保存较好的一处聚落，但从山脚进村有一段泥土路。今年5月，村里通过以工代赈的方式，仅用十多天便完成"最后一公里的路面硬化"，同时结合旧居风貌打造了生态沟渠、生态小湿地。下一步，万年村还将通过村资公司的力量整合闲置房屋进行民宿改造。

"如此，既传承保护传统村落民居，又推动农村美的愿景一步步成为现实。"杨晓林说，"村规民约是万年村老百姓集体认可价值观的体现，我们从公园中受益，同时又在保护、建设公园，说到底是在保护我们生活的家园，所以大家从心里都把自己当作'公园人'，这也是我们万年村的'底色'。"

代表作3

围绕大熊猫国家公园南入口社区门户打造，传统小村落持续深挖大熊猫IP内涵——

万年村变身"貊貊家园"

"再钉高点。"10月26日,雅安市荥经县龙苍沟镇万年村村口,"貊(mò)貊走廊"观景平台施工点,成都珍爱大熊猫文化传播有限公司设计师邓亦含正忙着指挥工人安装绿化美化设施。

虽然比预计时间晚了一个月,但"貊貊"已正式"入驻"万年村。

"貊"出自《山海经》,是古人对大熊猫的称呼之一。如今,"貊貊"是荥经县重点打造的大熊猫独特形象IP。在万年村中心的陶家坝,"貊貊走廊""貊貊世界""貊貊空间""貊貊星球"等项目即将竣工,"貊貊学校"也在紧张建设中。这些与"貊貊"有关的项目,共同组成了一座充满熊猫元素的"貊貊家园"。

作为大熊猫国家公园南入口社区门户的万年村,今年以来按照荥经县大熊猫国家公园"圈层发展"模式,以"大熊猫国家公园+"为思路,持续深挖大熊猫IP内涵,布局新型业态。

一条走廊打开熊猫家园新"视界"

"大熊猫国家公园南入口"——汽车沿雅西高速从成都向万年村行驶,刚驶入龙苍沟出口匝道,迎面而来是一座10月中旬刚设立的彩绘大熊猫雕塑,雕塑前的10个大字提醒游客即将抵达目的地。

从龙苍沟收费站进入万年村,道路靠山坡一侧立起一座大型雕塑景观:在蓝色飘带围绕下,身着花格子衣服的熊猫单脚站立,身旁是一群"飞翔"的白色鸽子花;向前,又出现一座睡在鸽子花下的熊猫雕塑;继续向前,在视野宽阔的道路拐弯处,一只巨大的熊猫跷着腿"躺"在鸽子花下,雕塑周围新种植了数十株鸽子花树。这里还建有一座观景平台,站在上面可以俯瞰万年村的陶家坝区域。

"从雅西高速龙苍沟收费站到陶家坝,这条连接线有3.3公里,我们将它命名为'貊貊走廊'。"荥经县委常委、荥经县大熊猫国家公园龙苍沟入口社区共建共管共享办公室(以下简称"共建办")主任石华志介绍,这条主题文化走廊以大熊猫、鸽子花两大荥经"国宝"800万年的守望相惜为灵感，依次设置了相遇、相守、相望3组大型雕塑，再加上大熊猫主题收费站、"貊貊踪迹"主题文化挡墙、竹林景观绿化、生物多样性道旗等，展示大熊猫国家公园南入口的窗口形象，绘就人与自然和谐相处的绿色画卷。

驶出"貊貊走廊"，万年村村口的风雨长廊已经被改造成一座"貊貊世界"——通过多组雕塑展示大熊猫走向世界的过程。

"貊貊世界"的东侧，是万年村的居民小区，这里现在被命名为"貊貊安居楼"。靠近公路一侧的两栋楼房墙面上，是不久前刚刚绘制完成的巨型大熊猫彩绘。

石华志介绍，这些大熊猫雕塑、彩绘依据的底本都是"貊貊"。从今年7月起，荥经县开始打造专属大熊猫形象，经过多次讨论、设计和网上投票，最后有了如今的"貊貊"。

记者看到，"貊貊"身着蓝色汉服，身上满是荥经元素，比如身戴鸽子花吊坠、荥经地图形状的眼眶等。

"作为大熊猫国家公园南入口社区第一村，万年村起着门户的作用，我们要在这里不断强化大熊猫的IP属性，使其成为能让游客认知的一种品牌力量。"石华志说。

一座展厅讲述大熊猫国家公园的故事

"慢慢提，看看合不合适？"26日中午，万年村原党群服务中心院坝里，两台吊车将一个数吨重的建材缓缓吊起，准备安装到屋顶。这里正在建设的是"貊貊空间"，按照计划将于11月初竣工。

最初，荥经县在万年村党群服务中心一楼设立了大熊猫国家公园荥经片区展示厅。随着大熊猫国家公园建设的加快，前来参观、考察的团体和个人越来越多，原有的展示厅已无法满足需要。从今年5月开始，荥经县邀请专业机构设计了全新的展示馆——"貊貊空间"。万年村党群服务中心搬到马路对面，将原址腾出来，让新展示馆有了更大的空间。

经过5个月的建设和优化，"貊貊空间"即将开门迎客。走进展厅，时尚、科技、生态、文化等元素的融合呈现，让人耳目一新。"跟着貊貊游荥经""保护者之树"等互动体验区内，游客不仅能亲身参与，还可以聆听大熊猫喜怒哀乐的"语言";巨型电子沙盘前,整个大熊猫国家公园及荥经片区建设情况一目了然……

"'貊貊空间'是大熊猫国家公园南入口的展示窗口、发展名片、科普基地,通过新颖丰富的互动形式和内容,让参观者看得懂、长知识、玩尽兴,进而形成集游、玩、学、购于一体的新型文化消费体验空间。"共建办共享部工作人员周杨说,从全国来看,"貊貊空间"也是非常具有特色的以大熊猫国家公园和大熊猫文化为主题的沉浸式展馆。

"你们看,这就是'貊貊家园'整个片区,包括'貊貊走廊''貊貊世界''貊貊空间''貊貊学校''貊貊星球'等组成项目。"站在电子沙盘前,周杨向记者介绍万年村的新格局。

"貊貊星球"和"貊貊空间"仅一河之隔。万年村驻村第一书记毕涵介绍,"貊貊星球"项目总建筑面积1万余平方米,是大熊猫国家公园青少年活动中心,也是全省面积最大的沉浸式互动体验场所。

穿村而过的经河水,日夜流淌,见证着万年村的变迁。"在我们的设想中,万年村未来将会成为大熊猫故事、大熊猫国家公园故事的展示平台。"龙苍沟镇党委书记高小松说。

一座界碑标注了万年村的时空方位

从万年村沿着主干道向山里进发,生活的气息逐渐退去,茂密的森林扑面而来。

汽车行驶半个多小时,在路边可以看到一座高大的界碑。"这是大熊猫国家公园龙苍沟片区第一块界碑。"大熊猫国家公园荥经县管护总站巡护员付明霞说,界碑的意义在于区分国家公园内外界限,界碑以内是国家公园内的一般控制区,只允许有限的人类活动。由界碑处再向山里走10多公里,是大熊猫野化放归基地,也就是大熊猫国家公园的核心区,无关人员禁止进入。万年村则处于界碑外的功能承载区。

按照3种不同区域的划分,荥经县提出了大熊猫国家公园"圈层发展"模式。

今年6月,大熊猫国家公园龙苍沟片区正式开始国家公园打桩定界工作。在龙苍沟镇党委副书记韩德弘扬看来,这座界碑,标注了万年村的时空方位,也让万年村的发展方向更加明晰。"我们可以提供哪些服务,服务的边界延伸到哪里,服务侧重点如何确定,等等,都能从这块界碑上窥探一二。"

距离界碑1.5公里左右,记者来到位于一般控制区内的大熊猫国际森林探秘学校,这是目前大熊猫国家公园南入口区域最深入公园内部的人类经营活动。这所学校主打大熊猫文化主题,是集亲子游、科普教育等功能为一体的自然教育营地。

学校负责人陈悦告诉记者,该校与管护站共建,设有80个床位,目前正进行改造升级,预计11月底投用。

同时,在万年村,"貊貊学校"也在建设中,一期项目将于明年初竣工。"我们将把这所学校打造成为大熊猫国家公园建设和生物多样性保护的学术交流中心、实训基地。"石华志说,学校建成后将成为大熊猫国家公园首个集培训、实践、创新于一体的干部培训基地。

如今,"貊貊"形象的雕塑、彩绘等元素已遍布万年村各个角落,一座全新的"貊貊家园"诞生在大熊猫国家公园南入口社区第一村。

(作者:李鹏、王怀、王国平、王代强、杨树;原载2022年1月12日至12月23日《四川日报》;获第三十三届中国新闻奖一等奖)